고령시대와 노인장기요양보험제도

-한국·일본·독일을 중심으로-

정 재 욱

도서출판 대영문화사

머 리 말

지금 한국 사회는 저출산·고령사회라는 높은 파도를 만나서 향후의 진로 모색과 관련하여 많은 어려움을 경험하고 있다. 특히, 소위 1.2명으로 대변되는 낮은 수준의 여성합계출산율, OECD 국가 중에서도 가장 빠른 고령화 속도, 성숙되어 있지 못한 각종 연금제도와 이에 따른 노후 경제생활의 어려움, 급속한 산업화 및 도시화에 따른 고령층의 사회적 소외감 증대, 건강보장체제의 미흡에 따른 후기 고령층의 건강유지에 따른 어려움과 같은 현상이 동시다발적으로 증폭되어 나타나면서 노인문제는 한국 사회의 지속가능한 발전 방향을 모색함에 있어서 중요한 시험장으로 변모하여 가고 있다. 특히, 2018년경에 고령사회로의 진입을 목전에 두고 있다는 점에서 노인문제는 단순히 특정 연령층에 국한되는 현안 과제가 아닌, 국가적 차원의 현안 과제로 부각되고 있다.

한편, 한국 정부는 이와 같은 노인문제의 심각성을 예견하고 중장기적 관점에서 이에 대한 일련의 대책 마련도 하여 왔는데, 이와 같은 맥락에서 제도화된 것의 하나가 본 서에서 살펴보고자 하는 노인장기요양보험제도이다. 어느 조사에 따르면 한국 사회의 고령층이 경험하고 있는 어려움은 크게 소득 보장 및 건강 보장으로 나타났다. 둘 중의 어느 하나도 쉽게 해결될 수 있는 것은 아니겠지만, 노인장기요양보험제도는 이와 같은 과제의 해결과 관련하여 향후 핵심적 역할을 할 것으로 평가된다. 따라서 향후, 한국 사회에서의 노인복지는 노인장기요양보험제도를 제외하고는 설명하기에 많은 어려움이 있을 것으로 본다.

한편, 저 자신이 노인문제에 대하여 관심을 가지고서 본격적인 연구를 하게 된 계기는 오사카시립대학(大阪市立大學)의 시라사와(白澤政和) 교수님을 만나면서 였다. 한국 사회에서 노인문제가 사회적 관심으로 부상하기 시작하였던 2000년 초반기에 시라사와 교수님께 편지를 보내어 기회가 되면 일본의 노인문제를 공부하고 싶다는 의향을 전하였다. 이후 교수님께서는 일한문화교류기금(日韓文化交流基金)과 함께 당해 대학에서의 연구를 안내하여 주셨다. 이를 계기로 개호보험제도(介護保險制度)를 중심으로 한 일본의 노인문제를 연구하게 되었다. 본인이 당해 대학에서 연구하고 있었던 그때, 마침 한국에서는 노인장기요양보험제도를 본격적으로 준비하고 있었던 시기였기 때문에, 한국으로부터의 많은 관계자(관료 및 연구진)의 방문과 그들의 열정을 지켜보기도 하였다.

일본의 경우, 개호보험제도는 노인복지, 특히 후기 고령층의 안정된 노후 일상생활의 유지와 관련하여 필수불가결한 제도의 하나로써 자리잡아가고 있다. 특히, 예방개호, 케어매니지먼트, 지역포괄지원센터를 중심으로 한 지역지원사업(지역복지의 차원) 등은 개호보험제도를 통하여 제도화된 대표적인 현상으로 볼 수 있다. 한국 사회 역시, 후기 고령층의 증대와 함께 노인장기요양 니즈가 급증하면서 노인장기요양체제의 중요성은 날이 갈수록 증대하여 가고 있다. 장수시대의 도래와 함께 은퇴 이후 약 30~40여 년에 걸친 오랜 노후생활을 고려할 때, 노인층에 대한 사회적 차원의 일상생활 지원은 피할 수 없는 현상으로 볼 수 있다.

이와 같은 차원에서, 본 서의 내용은 한국의 노인장기요양보험제도에 대한 이해는 물론, 한국과 유사한 제도를 도입・시행하고 있는 독일 및 일본의 관련 제도를 이해하는 데도 일정 수준 도움을 줄 수 있을 것으로 본다. 특히, 노인장기요양 서비스를 실천하고 있는 전문인력의 경우, 당해 제도의 기본구조 및 작동 방향을 총체적으로 이해하는 데 도움이 될 것으로 본다. 물론, 사회환경의 변화에 따른 OECD 국가의 개혁 내용 역시 한국의 장기요양보험제도의 개혁 방향을 모색하는 데도 시사점을 줄 수 있을 것으로 본다. 본 서는 주로 제도론적 입장에서 기술되었기 때문에, 제도 시행에 따른 각종 통계자료나 과제를 살펴보는 데는 상대적으로 소홀했고, 일본의 관련 제도를 소개하는 데 비교적 많은 지면을 할애하였다. 이상과 같은 부족한 부분에 대해서는 이후, 개정판을 통하여 보완하기로 한다.

한편, 「본 저서는 2013~2014년도 창원대학교 학술연구비에 의거하여 이루어지게 되었기」에 이에 관계 기관에 감사를 드리는 바이다. 여기에 소개된 내용의 대부분은 이 분야를 앞서서 연구하였던 분들의 노력과 연구물에 크게 의존하였기에 그 분들께 감사를 드린다. 나아가서 출판사의 어려운 사정에도 불구하고 본 서의 발간에 흔쾌히 동의하여 주신 「도서출판 대영문화사」의 임춘환 사장님과 직원 여러 분들에게 깊은 감사의 말씀을 전하는 바이다.

2015년 6월
봉림산(鳳林山) 기슭에서
저자 씀

차 례

제 1 장 고령시대와 노인복지 동향

제 2 장 고령시대의 고령자 기본대책과 장기요양

제 3 장 노인장기요양보장체제와 주요 국가의 현황

제 4 장 한국의 노인장기요양보험제도

제 1 장 고령시대와 노인복지 동향

제 1 절 전 세계의 고령화

1 깊어가는 지구촌 고령화

흔히 현대 사회를 「노인의 시대」라고 하는데, 이와 같은 배경에는 20세기 중반 이후 전 세계적으로 진행하고 있는 「급속한 고령화」의 물결과 깊은 관계가 있을 것이다. 최근 들어 인류 사회는 지금까지 경험하여 보지 못했던 빠른 수준의 고령화와 이에 따른 과제들에 직면하여 대응책 마련에 많은 노력을 기울이고 있다. 즉, 인류는 산업혁명 이후, 급속한 경제성장과 더불어 영양체제의 개선 및 보건・의료기술의 발달 등에 힘입어 평균 수명의 연장과 함께 고령층의 급속한 증가를 경험하게 되었으며, 특히 OECD 국가를 중심으로 시작되었던 이와 같은 고령화 현상은 마침내 전 지구적 현안 과제로 등장하게 되었다.

예를 들면, 1956년 국제연합(이하, UN으로 표기)은 전 국민 대비 65세 이상 고령자의 비율이 7%를 초과하는 지역을 고령화사회(aging society)로 규정하였는데, 당시 OECD 국가의 평균 고령화율은 7.9%이었고, 전 세계의 평균 고령화율은 5.2%이었다.[1] 그런데 이와 같은 양상은 이후 시간이 지나면서 급변하여, 2005년 현재 OECD 국가의 평균 고령화율은 15.3% 수준으로써 이미 고령사회

(aged society)로 변모하였고,[2] 나아가서 개발도상국 역시 평균 고령화율이 5.5%까지 증가하여, 전 세계의 평균 고령화율이 7.0%에 달하여 마침내 전 세계가 하나의 고령화사회로 변모하게 되었다. 이와 같은 흐름은 향후 상당 기간 지속될 것으로 전망되기에, 고령화와 이에 따른 노인문제는 고령시대의 인류 사회가 직면하게 될 현안 과제의 하나가 될 것으로 본다.[3]

한편, 전 세계의 인구 및 고령화의 현황에 대하여 UN의 통계 자료를 중심으로 이를 간단히 살펴보면 다음과 같다. 먼저, 〈표 1-1〉에서도 제시하고 있듯이, 2013년도 현재 전 세계의 인구(추정치)는 약 7,162(백만)명이며, 그 중에서 0~14세가 1,878(백만)명으로 총 인구 대비 26.2%, 15~64세가 4,173(백만)명으로 65.8%, 그리고 65세 이상이 570(백만)명으로 약 8.0%이며, 남녀의 비율은 약 101.1로써 남자가 약간 많은 편이다. 이와 같은 통계 자료에서도 나타나고 있듯이 전 세계는 조만간 「깊어가는 고령화의 물결」에 휩싸이게 될 것으로 본다. 이와 같은 현황을 지역별로 살펴보면 다음과 같다.

첫째, 아프리카 지역의 현황이다.

당해 지역의 경우, 동 년도의 총 인구수는 1,111(백만, 100.0%)명이며, 그 중에서 0~14세가 454(백만)명으로 40.9%, 15~64세가 618(백만)명으로 55.6%, 그리고 65세 이상이 39(백만)명으로 3.5%이며, 남녀의 비율은 약 100.0으로써 남녀 비슷한 수준이다. 따라서 아프리카 지역은 현재 지구상에서 노인 비율이 상대적으로 가장 낮은 지역, 다른 측면에서 보면 가장 젊은 연령층으로 구성되어 있는 지역으로 볼 수 있다. 그 중에서도 특히 중앙아프리카와 서아프리카 지역은 고령화율이 2.8~2.9% 수준에 지나지 않아, 세계에서 가장 고령화율이 낮은 지역에 해당된다.[4]

둘째, 라틴아메리카 및 카리브 연안 지역의 현황이다.

---

1) UN이 7%를 고령화사회의 기준으로 삼았던 중요한 이유의 하나는 당시 OECD 국가의 평균 고령화율이 7.9%였다는 것이었다(增田雅暢, 2014).

2) UN에서는 1956년에 전 국민 대비 65세 이상의 노인의 비율이 7% 이상인 지역(국가)을 고령화사회(aging society), 14% 이상인 지역(국가)을 고령사회(aged society)로 규정하였다.

3) 본 서에서는 고령시대의 의미를 UN에서 규정하였던 고령화사회 및 고령사회 등이 형성·작동하는 사회현상을 포괄하는 넓은 의미로 사용한다. 이는 장수사회(長壽社會)라는 용어로 환원하여도 좋을 것으로 본다.

4) 이와 같은 고령화 수준은 1960년대의 한국 사회의 현황과 유사한 수준이다.

당해 지역의 경우, 동 년도의 총 인구수는 617(백만, 100.0%)명이며, 그 중에서 0~14세가 166(백만)명으로 26.9%, 15~64세가 406(백만)명으로 65.9%, 그리고 65세 이상이 45(백만)명으로 7.2%이며, 남녀의 비율은 약 96.8로써 여자가 상대적으로 많은 편이다. 한편, 당해 지역은 이미 고령화사회로 진입하였지만, 중앙아메리카 지역은 고령화율이 6.1%로써 다른 지역에 비하여 고령화율이 상대적으로 낮으며, 특히 0~14세까지의 비율(30.0%)이 상대적으로 높은 점이 주목된다.

셋째, 북아메리카 지역의 현황이다.

당해 지역의 경우, 동 년도의 총 인구수는 355(백만, 100.0%)명이며, 그 중에서 0~14세가 68(백만)명으로 19.2%, 15~64세가 237(백만)명으로 66.7%, 그리고 65세 이상이 50(백만)명으로 14.1%이며, 남녀의 비율은 약 97.0으로써 여자가 상대적으로 많은 편이다. 당해 지역은 고령화사회를 넘어서서 이미 고령사회가 진행되고 있음을 알 수 있다. 한편, 당해 지역은 이와 같은 인구 고령화에 대한 대안의 하나로써 이민정책을 일정 수준 활용하고 있는데, 독일 및 일본 역시 이와 같은 측면에 많은 관심을 보이고 있다.[5)]

넷째, 아시아 지역의 현황이다.

당해 지역의 경우, 동 년도의 총 인구수는 4,299(백만, 100.0%)명이며, 그 중에서 0~14세가 1,065(백만)명으로 24.8%, 15~64세가 2,926(백만)명으로 68.1%, 그리고 65세 이상이 308(백만)명으로 7.2%이며, 남녀의 비율은 약 104.8로써 남자가 여자보다 상대적으로 많은 편이다. 당해 지역의 경우, 고령화율의 입장에서 보면 고령화사회에 진입하였다고 볼 수 있다.

그러나 아시아 지역은 전체적으로 볼 때, 매우 넓기도 하지만 단위 지역별로 많은 차이를 보이고 있다. 예를 들면, 일찍부터 근대화·산업화가 진행되었던 동아시아 지역은 10.3% 수준의 고령화율을 보이고 있지만, 기타 지역은 라틴아메리카 지역보다도 오히려 낮은 5.1~5.7% 수준의 고령화율을 보이고 있다. 따라서 향후 동아시아 지역은 「고령화 지역」으로, 기타 지역은 「청·장년층 지역」으로 재구성될 것으로 본다. 특히, 인도와 필리핀 지역 등은 향후 「젊은 산업인

5) 한국 사회도 향후 급속한 고령화 및 유아출산율의 저하 시대에 즈음하여 이와 같은 이민정책에 많은 관심을 가져야 할 것으로 본다.

력 지역」으로 재구성되어 세계 인력시장으로부터 많은 주목을 받을 수 있을 것으로 본다.

다섯째, 유럽 지역의 현황이다.

당해 지역의 경우, 동 년도의 총 인구수는 742(백만, 100.0%)명이며, 그 중에서 0~14세가 116(백만)명으로 15.6%, 15~64세가 502(백만)명으로 67.6%, 그리고 65세 이상이 125(백만)명으로 16.9%이며, 남녀의 비율은 약 92.9로써 지구상에서 상대적으로 여자가 가장 많은 지역에 해당된다.

한편, 당해 지역은 북미 지역과 마찬가지로 고령화사회를 넘어서서 이미 고령사회로 진입하였을 뿐만 아니라, 그 정도는 훨씬 심한 편이다. 즉, 지구상에서 가장 고령화율이 높은 지역에 해당되는데, 특히 서유럽 지역은 19.2%의 수준으로 사실상 초고령사회로의 진입을 눈앞에 두고 있다. 다만, 유럽 지역 중에서 구 공산권에 속했던 동유럽 지역의 경우에는 고령화율이 14.1%로써, 유럽의 다른 지역에 비하여 상대적으로 고령층의 규모가 낮은 편에 속한다.

여섯째, 오세아니아 지역의 현황이다.

당해 지역의 경우, 동 년도의 총 인구수는 38.30(백만, 100.0%)명이며, 그 중에서 0~14세가 9.13(백만)명으로 23.86%, 15~64세가 24.81(백만)명으로 64.8%, 그리고 65세 이상이 4.36(백만)명으로 11.4%이며, 남녀의 비율은 약 100.1로써 남녀의 비율이 비슷하다.

한편, 당해 지역의 경우, 호주와 뉴질랜드의 인구 비중이 압도적인 관계로 호주와 뉴질랜드의 인구 특성이 당해 지역의 전체적 특성으로 크게 반영되고 있다. 따라서 당해 지역에 고령화가 상당 수준 진행되고 있는 것처럼 나타나고 있지만, 이는 호주와 뉴질랜드의 현황이 반영된 것이고, 다른 지역은 오히려 아동층의 규모가 상당히 높은 편(30~37%)에 속한다.

이상과 같은 통계 자료에서도 나타나고 있듯이, 전 세계는 이미 고령화사회로 진변모된 지구촌의 모습이며, 이와 같은 흐름은 향후 지속되어 전 세계는 조만간 「고령사회 지구촌」, 좀 더 적극적으로 표현하면 「노인사회 지구촌」으로 변모될 것으로 본다.

이와 같은 흐름 속에서 볼 때, 아프리카 지역과 동남아시아 지역은 향후 세계 인력 구조에서 큰 주목을 받을 수 있을 것으로 본다. 즉, 아프리카 지역의 경우,

표 1-1 세계 지역별 인구 현황(추계치, 2013년 현재)

(단위: 백만 명, %)

지역 · 지구	인 구				성 별		성 비
	전체	0~14세	15~64세	65세 이상	남	여	남/여
전 세계	7,162(100.0)	1,878(26.2)	4,173(65.8)	570(8.0)	3,610	3,552	101.7
아프리카	1,111(100.0)	454(40.9)	618(55.6)	39(3.5)	555	555	100.0
동아프리카	373(100.0)	164(43.8)	198(53.1)	11(3.1)	186	187	99.3
중앙아프리카	136(100.0)	61(45.0)	71(52.1)	4(2.9)	68	68	99.0
북아프리카	210(100.0)	66(31.3)	143(63.7)	11(5.0)	105	105	100.4
남아프리카	60(100.0)	18(30.3)	39(64.4)	3(5.3)	29	31	94.7
서아프리카	331(100.0)	145(43.9)	177(53.3)	9(2.8)	167	164	101.9
라틴아메리카 (카리브 연안)	617(100.0)	166(26.9)	406(65.9)	45(7.2)	303	313	96.8
카리브 연안국	43(100.0)	11(25.6)	28(65.5)	4(8.9)	21	21	98.3
중앙아메리카	167(100.0)	50(30.0)	107(63.9)	10(6.1)	81	86	94.8
남아메리카	407(100.0)	105(25.7)	271(66.7)	31(7.5)	201	206	97.5
북아메리카	355(100.0)	68(19.2)	237(66.7)	50(14.1)	175	180	97.0
아시아	4,299(100.0)	1,065(24.8)	2,926(68.1)	308(7.2)	2,200	2,099	104.8
동아시아	1,621(100.0)	284(17.5)	1,170(72.2)	167(10.3)	833	787	105.8
중앙아시아	1,813(100.0)	539(29.7)	1,181(65.1)	93(5.1)	931	883	105.5
동남아시아	619(100.0)	168(27.2)	415(67.1)	35(5.7)	308	311	98.8
서아시아	246(100.0)	73(29.8)	160(65.1)	13(5.1)	128	117	109.2
유 럽	742(100.0)	116(15.6)	502(67.6)	125(16.9)	358	385	92.9
동유럽	294(100.0)	45(15.3)	208(70.8)	42(14.1)	138	156	88.3
북유럽	100(100.0)	18(17.6)	65(65.0)	17(17.4)	49	51	96.8
남유럽	156(100.0)	23(14.9)	103(66.3)	29(18.8)	76	80	96.0
서유럽	192(100.0)	30(15.5)	125(65.3)	37(19.2)	94	98	95.7
오세아니아	38.30(100.0)	9.13(23.8)	24.81(64.8)	4.36(11.4)	19.16	19.15	100.1
호주 · 뉴질랜드	27.85(100.0)	5.36(19.3)	18.15(66.5)	3.79(14.3)	13.83	14.02	98.7
멜라네시아	9.27(100.0)	3.41(36.8)	5.54(59.8)	0.32(3.4)	4.73	4.55	104.0
미크로네시아	0.51(100.0)	0.15(29.6)	0.33(64.7)	0.03(5.7)	0.26	0.25	102.8
폴리네시아	0.67(100.0)	0.20(30.3)	0.43(63.4)	0.04(6.3)	0.34	0.33	103.8

* 자료: http://unstats.un.org/unsd/demographic/products/dyb/dybsets/2013.pdf

고령화율이 3.5%로써 향후 상당 기간에 걸쳐서 「젊은 대륙」으로 활동할 것으로 예측된다. 아시아 지역 역시 일찍 근대화·산업화가 진행되었던 동아시아 지역을 제외하고는 고령화율이 약 5% 정도에 지나지 않으며, 특히 인도나 필리핀 지역 등은 향후 생산가능인력의 주요한 공급 지역으로써 주목을 받을 것으로 본다.[6)]

2 주요 국가의 고령화 및 향후 전망

지금까지 살펴보았던 세계적 차원의 고령화 현황에 더하여, 주요 OECD 국가 및 개발도상국가, 그리고 아시아 지역의 주요 국가를 대상으로 고령화의 현황 및 향후 전망 등을 간단히 살펴보면 다음과 같다. 이때, OECD 국가에는 미국, 유럽 지역, 호주·뉴질랜드 및 일본 등이 포함되었고, 개발도상국가에는 아프리카, 아시아 및 중남미 지역의 일부 국가가 포함되어 있다.

이와 관련하여 [그림 1-1]에서도 제시하고 있듯이, OECD 국가는 1960년대 이후 대부분 고령화사회로 진입하였으며, 나아가서 2010년 현재 세계에서 고령화 수준이 가장 높은 일본(23.0%)을 비롯하여, 독일(20.8%), 이탈리아(20.3%), 스웨덴(18.2%), 스페인(17.1%) 등은 고령사회(14%)는 물론, 초고령사회(20%)로의 진입을 눈앞에 두고 있다.[7)]

한편, OECD 국가의 경우, 이와 같은 빠른 고령화 속도는 상당 기간 지속되어 2050년을 전후하여서는 고령화율이 22~23% 수준까지 상승하여 국민 4명 중의 1명 이상이 65세 이상의 고령자로 구성될 전망이며, 특히 일본의 경우에는 약 40%까지 상승하여 국민 2~3명 중의 1명이 65세 이상의 고령자로 구성될 전망이다. 따라서 향후 OECD 국가의 경우, 노인 관련 정책이 국가의 최우선적 과제가 될 것으로 본다.

---

6) 한국 사회의 경우, 중·장기적 관점에서 이들 지역에 대한 종합적·체계적 연구 및 교류가 보다 활발하게 이루어져야 할 것으로 본다.

7) 일본은 이미 초고령사회에 진입하였다. 한편, 고령화율과 관련하여 65세 이상이 아닌 60세 이상으로 분석하는 경우도 있는데, 이와 같은 경우에는 고령화율이 상대적으로 더 높게 나타나게 된다(현외성, 2010).

한편, 지금까지 아동 및 청·장년층이 상대적으로 많은 것으로 알려졌던 아시아 지역의 경우에도 조만간 고령화에 휩싸일 것으로 본다. 물론 이와 같은 상황은 소 지역별로 많은 차이가 있을 것이다. 예를 들면, 2013년 현재 아시아 대륙 전체의 고령화율은 7.2%로써 고령화사회에 진입한 양상이지만, 이를 소 지역별로 살펴보면 비교적 일찍 근대화·산업화되었던 동아시아 지역을 제외하고는 아프리카 지역과 함께 지구상에서 가장 노인의 비율이 낮은 지역도 존재한다.

즉, 아시아 대륙 중에서 동아시아 지역에 속하는 일본, 한국, 중국의 일부 대도시 지역의 고령화는 서구 사회와 비견되는 속도로 빠르게 진행되고 있으며, 이와 같은 흐름은 태국, 싱가포르, 중국의 다른 지역으로 확산되고 있다. 특히, 중국의 경우, 상해나 북경과 같은 대도시 지역을 중심으로 한 급속한 고령화가 내륙 지역으로 옮겨가면서 노인문제는 향후 국가적 현안 과제가 될 것으로 본

그림 1-1 OECD 주요 국가 및 아시아 주요 국가의 현황

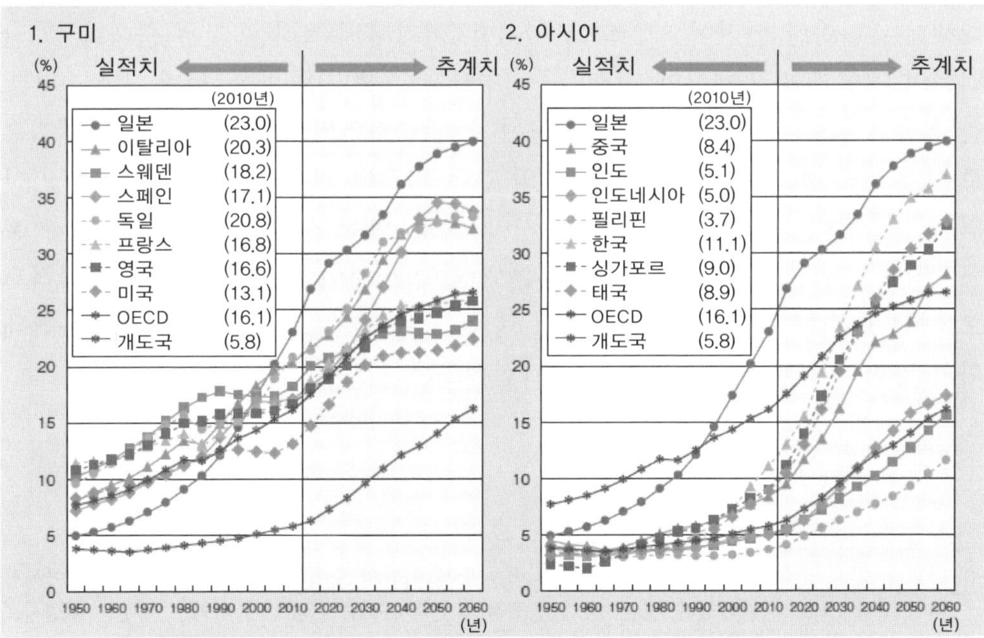

*자료: U.N.(2012), World Population Prospects: The 2012 Revision; 日本内閣府(2014), 平成25年版高齢社會白書.

**자료: OECD 국가에는 미국, 일본, 유럽, 호주(뉴질랜드) 등이 포함되며, 개발도상국가에는 아프리카, 아시아(일본 등 제외), 중남미, 오세아니아(호주·뉴질랜드 제외) 등이 포함됨.

다.[8]

한편, 고령화와 관련하여 주목되는 또 다른 과제는 고령화의 속도이다. 고령화와 관련하여 특정 국가의 고령화율, 즉 고령화의 수준에 대한 이해도 중요하겠지만, 그 속도를 이해하는 것도 향후 전망과 관련하여 매우 중요한 부분이 된다. 즉, 고령화의 속도에 따라서 향후 전개될 노인 관련 국가정책의 방향과 정도에 많은 차이가 나타나게 될 것이기 때문이다. 고령화의 속도와 관련하여 자주 인용되는 지표의 하나가 소위 「배가연수」(倍加年數)이다. 이는 고령화율이 7%에서 14%되기까지 걸리는 기간을 의미한다. 이와 같은 기간이 짧을수록 고령화의 속도는 빠른 것으로 이해된다. 세계 주요 국가의 배가연수를 살펴보면 〈표 1-2〉와 같다.

당해 자료에 따르면, 프랑스의 배가연수는 115년, 스웨덴은 85년, 미국은 72년, 영국은 47년, 독일은 40년, 일본은 24년으로 되어 있고, 한국은 약 18년이 소요될 것으로 전망된다.[9] 이와 같은 고령화의 속도에 차이가 나타나는 배경에 대해서는 다양한 입장이 제시되고 있지만, 여기서 주목하는 것은 근대화 및 산업화의 경험과의 관계이다(直井道子・中野いく, 2010). 예를 들면, 독일, 일본, 한국 등과 같이 소위 후발산업국가군에 속하는 지역의 고령화 속도가 상대적으로 매우 빠르게 진행되고 있으며, 이와 같은 입장의 연장선상에서 근대화 및 산업화의 경험이 비교적 빨랐던 동아시아 지역, 예를 들면 싱가포르・대만・홍콩・상해・마카오 등도 아시아의 다른 지역에 비하여 고령화 속도가 상대적으로 빠르게 진행되고 있다.[10] 따라서 향후 고령화 및 그 속도를 산업화・근대화의 경험과의 관계에서 체계적으로 살펴보는 것도 필요할 것으로 본다.

---

8) 중국의 경우, 상해나 북경과 같은 대도시 지역은 65세 이상의 노인인구의 비율이 14%를 넘어서서, 이미 고령사회로 진입하였다. 물론, 국가 전체적 수준에서도 중국의 도시 지역은 대부분 고령사회로의 진입 단계에 놓여있다고 볼 수 있다.

9) 2014년 현재 한국 사회는 14%의 수준에는 미치지 못했기에 때문에 14%에 도달한 년도는 전망치에 해당된다.

10) 물론, 근대화 및 산업화가 일찍 이루어진 지역이 상대적으로 왜 고령화 속도가 빠른지에 대한 체계적 논의는 더 필요할 것으로 본다.

표 1-2 주요 국가의 고령화율 및 배가연수 비교

구 분	고령화율 및 배가연수					
	1975	2010	2050	7%	14%	소요기간
스페인	10.4	17.0	32.6	-	-	-
독일	14.8	20.4	30.9	1932	1972	40
스웨덴	15.1	18.2	25.3	1887	1972	85
프랑스	13.5	16.8	25.1	1864	1979	115
영국	14.0	16.6	24.4	1929	1976	47
미국	10.5	13.1	21.5	1942	2014	72
일본	7.9	23.0	40.5	1970	1994	24
한국	3.5	11.1	32.9	2000	2018	18
대만	3.5	10.7	39.7	-	-	-
중국	4.6	8.2	28.1	-	-	-

* 자료: U.N.(2010), World Population Prospects: The 2010 Revision; 全國社會福祉協議會(2012); 直井道子・中野いく(2010) 등의 관련 자료의 재구성.

제 2 절 고령시대의 출현 배경 및 노인복지 니즈

1 노인과 노화

1) 노 인

어떤 사회가 고령화되어 간다는 것은 일차적으로 노인층의 규모가 커져 간다는 의미와 관계가 있다. 따라서 고령화 현상에 대한 합리적 논의를 위해서는 노인에 대한 이해가 필요하다. 장수(長壽) 또는 장수사회로 상징되는 고령시대에는 앞에서도 살펴보았듯이 전 국민의 약 30~40% 정도가 노인층으로 구성될 전망이기 때문에 노인에 대한 체계적 이해는 매우 중요하다. 한편, 노인에 대한 이해와 관련하여 상당한 혼란도 일부 나타나고 있는데 개념 규정의 혼란, 용어(term)의 다양성, 연령대의 차이 및 노화에 대한 인식의 차이 등이 이를 상징한다. 이와 같은 부분을 간단히 살펴보면 다음과 같다.

먼저, 노인에 대한 개념 규정의 어려움이다. 노인에 대한 관심이 고조되면서 최근 들어 노년의학(geriatrics)이나 노년학(gerontology) 등과 같이 노인을 대상으로 한 새로운 학문까지 등장하고 있다. 노인과 관련된 용어는 고대 그리스 시대에도 노인(geron) 또는 노년(geras)과 같은 용어가 사용되었지만, 당시는 비교적 부정적·비관적 의미가 많이 내포되어 있었다(那須宗一, 1989). 그러나 1900년대 이후 생물학과 임상의학 등의 발달에 힘입어 노인의학(geriatrics)이 나타났고, 이후 노화(aging)에 대한 학제적 연구(interdisciplinary research)를 바탕으로 노년학 및 노년학회(gerontological society)가 나타나면서 노인에 대한 체제적 접근과 긍정적 이미지가 강화되게 되었다.

그러나 이와 같은 노력에도 불구하고 노인에 대한 개념 규정에는 여전히 한계를 보이고 있으며, 이와 같은 혼란은 노인복지 실천 현장에서도 비슷하게 나타나고 있다. 예를 들면, 노인복지 서비스 현장에서는 노인복지를 「노인이 인간다운 생활을 영위할 수 있도록 그들이 필요로 하는 자원과 사회적 서비스를 제공하는 공적·사적 차원의 사회적 활동체제」로써 이해하고 있지만,[11] 그와 같은 자원이나 서비스를 향유할 노인의 범위 및 연령대 등에 대한 합의에는 여전히 어려움을 겪고 있다.

노인에 대한 개념 규정과 관련하여 주목되는 것이 국제노년학회(1951년) 및 브린(L. Breen, 1960)의 정의이다. 제2회 국제노년학회에서는 노인을 「인간의 고령화 과정에서 나타나는 생리적·심리적·환경적 변화와 행동의 변화가 상호작용하는 복합적 형태의 과정에 놓여 있는 사람」으로 규정하면서, 이들은 환경변화에 적응할 수 있는 자체 조직력의 결핍, 자신을 통합하는 능력의 감퇴, 인체기관의 감퇴 현상이 급속히 나타나는 것으로 보았다. 브린은 노인을 「생리적 측면에서의 쇠퇴기, 심리적 측면에서의 정신기능 및 성격 변화, 그리고 사회적 측면에서의 지위와 역할 상실 등이 나타나는 사람」으로 이해하였다.

한국 사회에서는 이상과 같은 입장의 연장선상에서 노인을 개념 규정하는 경향이 강하다. 예를 들면, 노인을 「생리적 및 신체적 기능의 감퇴와 더불어 심리적 변화가 생겨 개인의 자기유지 기능과 사회적 역할 기능이 퇴화되는 사람」

11) 이와 비슷한 입장은 권중돈(2007) 및 현외성(2010) 참조. 이들은 상대적으로 사회복지에 대한 입장을 기술.

(장인협 · 최성재, 1987), 「나이가 들어감에 따라서 신체적 · 심리적 · 사회적 기능이 감퇴되어 정상적인 사회생활을 수행함에 있어서 어려움을 경험하는 시기에 있는 사람」(박차상 외 5인, 2008) 등과 같은 접근이 이에 해당된다. 이와 같은 논의에 따르면 노인은 「생리적 · 신체적 · 사회적 기능 감퇴에 따른 사회적 역할 상실이 나타나는 사람」으로 이해할 수 있을 것이다.

한편, 노인에 대한 이해에 혼란을 더하는 또 다른 하나는 용어의 다양성과 의미의 차이이다. 예를 들면, 서구 사회에는 노인을 'the aged, older person, the elderly, senior citizen' 등으로, 그리고 한자문화권인 동북아시아에서는 '老人, 老年, 高齢者, 어르신' 등으로 표현하고 있다. 물론, 이와 같은 용어가 지닌 뉘앙스(nuance)에도 일정한 차이가 있다. 이와 관련하여 최근 주목되는 사례의 하나가 일본의 경험이다. 일본은 2000년까지는 노인이라는 용어를 사용하였지만, 2000년 4월 1일 이후 개호보험법(介護保険法)의 시행과 함께 용어의 중립성 등에 주목하여 「고령자(高齢者)」라는 용어를 법적 · 공식적으로 사용하고 있다. 이와 유사한 경험은 한국 사회에서도 일부 있었는데,[12] 이를 바탕으로 사회복지 현장과 실무자를 중심으로 「어르신」이란 용어를 자주 사용하고 있다.

한편, 어르신과 같은 용어는 나이가 많은 상대방을 존경한다는 측면에서는 순기능도 있겠지만, 용어의 중립성이나 서비스 이용자와 제공자 간의 공동체의식의 형성 등과 관련해서는 역기능도 있을 것으로 본다. 즉, 이와 같은 용어의 사용으로 인하여 도리어 나이에 따른 눈에 보이지 않은 구분 · 격리 등이 생길 수도 있지 않을까 한다. 좀 더 중립적인 용어의 선택도 고려하여 볼 필요가 있을 것으로 본다.

한편, 노인에 대한 연령 규정의 다양성 역시 노인에 대한 이해에 어려움을 주고 있다. UN에서는 고령화사회를 규정하면서 65세 이상을 기준으로 노인을 규정하고 있지만, 한국에서는 〈표 1-3〉과 같이 관련 법률에 따라서 상당한 차이를 보이고 있다. 예를 들면, 노인복지법에서는 노인을 65세 이상인 자로 규정하면서도, 동법에 따른 입소 조치의 경우에는 65세 이하의 경우도 노인으로 인정하

12) 한국 사회에서도 노인이란 명칭을 대체할 용어를 모색한 적이 있었는데, 서울시에 의한 노인을 대체할 수 있는 용어 공모가 이를 대변한다. 공모 결과, 어르신이란 용어가 최우수 용어로 선정된 바가 있었다(서울시, 2012. 9. 6).

표 1-3 법률상의 노인 관련 규정

법 률	규 정	내 용
노인복지법	생업지원(제25조)	65세 이상의 자(상담입소 등의 조치는 노쇠현상이 현저한 경우 65세 미만도 해당)
	경로우대(제26조)	
	건강진단(제27조)	
	상담입소 등의 조치(제28조)의 대상자	
	노인복지주택 입소	60세 이상의 노인
국민연금법	노령연금수급권자(제61조)	60세가 된 때
고령자고용촉진법 등	정의(제2조)	고령자는 55세 이상인 사람으로, 준고령자는 50세 이상 55세 미만인 사람
기초연금법	목적(제1조) 기초연금수급권자의 범위 등(제3조)	노인: 65세 이상인 자
노인장기요양보험법	정의(제2조)	노인 등이란 65세 이상의 노인 또는 65세 미만의 자로서 치매·뇌혈관성 질환 등 대통령령으로 정하는 노인성 질병을 가진 자

* 자료: 관계 법률 규정 재정리.

고 있다. 특히 노인복지주택입소와 관련하여서는 60세 이상인 자도 노인으로 일부 인정하고 있다. 국민연금법에서는 60세 이상인 자, 고령자고용촉진법에서는 55세 이상인 자, 기초연금법에서는 65세 이상인 자를 노인으로 규정하고 있다.

2) 노 화

위에서도 살펴보았듯이 노인을 「생리적·정신적·사회적 기능의 감퇴가 나타나는 사람」으로 인식한다고 하였지만, 현실적 입장에서 보면 이와 같은 현상이 나타나는 시기 및 정도는 개인 간에도 연령대별로 상당한 차이가 나타난다. 예를 들면, 희귀성 질병 등으로 인하여 젊은 나이에도 불구하고 생리적·정신적 기능이 감퇴되는 사람이나, 학교생활의 부적응 등으로 인하여 청소년기부터 사회적 기능이 약화되는 사람도 있지만, 다른 한편으로는 좋은 영양과 사회 환경 등으로 많은 나이에도 불구하고 생리적·정신적·사회적 기능이 왕성한 사람도 있다. 따라서 이와 같은 현상과 관련하여 노인을 설명하고자 하는 접근의 하나가 노화(aging) 또는 노쇠(senescence)에 대한 이해이다.

일반적으로 인간은 노년기에 들어서면 신체적·정신적·사회적 기능이 급격히 감퇴함에 따른 소위 「복합 상실」을 경험하게 되지만, 사람에 따라서는 노년기에도 왕성한 신체적·정신적·사회적 활동 기능을 유지하는 사람도 있다(임연옥, 2010). 사람은 자연 나이(曆年齡)와 생물학적 나이가 비슷하게 진행되어 노년기에 생리적·정신적·사회적 기능이 급격히 쇠퇴되는 경우가 많지만 그렇지 않는 사람도 있는데, 노화이론은 이와 같은 부분에 대한 설명에 도움을 준다(福祉士養性講座編集委員會, 2007).

노화라는 현상은 인간이 태어나서 죽을 때까지 시간적 흐름과 함께 진행되는 심신상의 변화와 관련이 있지만, 이것은 단순히 전체 시간적 흐름에 따라 나타나는 변화(加齡變化)와는 일정한 차이가 있다(福祉士養成講座編集委員會, 2007).

노화는 이와 같은 가령변화 중에서도 일정 시기에 보다 뚜렷하게 나타나는 심신상의 기능 쇠퇴와 일차적으로 깊은 관계가 있고, 이와 같은 현상은 노년기에 보다 뚜렷하게 나타나는 것으로 평가된다. 물론, 사람에 따라서 이와 같은 현상이 나타나는 연령대나 그 정도에는 많은 차이가 있다.

노화현상은 크게 생리적 측면과 병적 측면으로 구분되어 설명되기도 한다. 이때, 생리적 측면은 주로 나이를 먹어감에 나타나는 생리적 기능 감퇴현상과 관계가 깊고, 병적 측면은 이와 같은 생리적 기능에 각종 질환이나 환경 요인 등이 스트레스로 전환되어 부감됨으로써 수명과 관련되어 나타나는 현상과 깊은 관계가 있다.

한편, 인간의 대부분은 노년기에 생리적 기능 감퇴를 경험하게 되는데, 이와 같은 현상은 유전적 측면도 있지만, 생활환경이나 생활습관 등과도 관계가 깊다. 이와 같은 이유로 개인별로 노화가 나타나는 연령대의 차이는 물론, 노화에 따른 신체적·정신적·사회적 기능의 감퇴 정도에도 차이가 나게 된다. 즉, 사람에 따라서는 노년기와 함께 신체적 기능의 감퇴에도 불구하고 정신적·지능적 감퇴는 나타나지 않는 사람도 있다. 이와 같은 이유로 최근에는 노년기에도 정신적·인격적 발전이 지속가능하다는 소위 「생애발달이론」이 주목을 받고 있다(福祉士養成講座編集委員會, 2007).

이와 같은 이유로, 고령시대에 있어서 노화에 대한 체계적 이해는 학문적 차원은 물론, 노인복지 서비스의 실천현장에서도 매우 중요한 역할을 할 것으로 본다. 한국 사회의 경우, 학문적으로는 물론이고 노인복지 실천현장에서도 노화에 대한 체제적 논의가 미약한 실정이다(현외성, 2010). 고령시대에 있어서의 노인복지 환경의 변화에 따른 노인문제에 대한 효과적인 접근을 위해서는 노화에 대해 생물학·의학·심리학·사회학·사회복지학 등이 함께 참여하는 학제적 연구(interdisciplinary research)의 필요성이 더욱 요청될 것으로 본다.[13)]

2 고령시대의 출현 배경과 특징

1) 급속한 고령화

이미 지적하였듯이 고령화는 전 세계적 차원의 주요 관심사가 되고 있지만, 고령화가 주목받는 또 다른 측면의 하나는 소위 「3S」로 상징되는 고령화의 확대·강화 현상이다. 이는 고령시대에 들어서도 여전히 진행되고 있는 빠른 고령화의 속도(high speed), 확대되고 있는 고령자의 규모(larger scale) 및 증가되고 있는 후기 고령층의 규모(larger senior older)를 의미한다. 이와 같은 현상으로 고령시대에 있어서, 노인복지의 니즈와 관련 서비스는 이전 시대와 비교하여 매우 복잡·다양한 모습으로 전개되며, 특히 장기요양 니즈가 큰 비중을 차지할 것으로 평가된다(仲村優一·秋山智久, 2001).[14)]

한편, 앞에서도 살펴보았듯이 고령화의 속도와 관련하여 인용되는 중요한 지표의 하나가 배가연수이다. 고령화 및 속도와 관련하여 앞 절의 〈표 1-2〉는 물론 다음의 〈표 1-4〉에서도 나타나고 있듯이, OECD 국가는 이미 14%의 고령화율을 초과하여 고령사회에 진입하였음은 물론, 일부 국가는 20%를 초과하여 초고령사회로 진입하고 있음을 나타내고 있다.

이때, 고령화의 속도와 관련하여 주목하게 되는 또 다른 부분은 시간의 흐름에 따라서 그 속도가 증가하고 있다는 점이다. 예를 들면, 미국을 제외한 대부

---

13) 노화에 대한 내용은 다음 참조. 장인협 외 1인(1987); 김정휘(역)(1990); 현외성(2010); 박차상 외 6인(2008). 한림대학교 고령사회연구소(2010).

14) 秋山智久 교수 등은 이와 같은 견해를 세계에서 가장 고령화가 빠르고도 심한 일본 사회를 중심으로 전개하였다.

분의 OECD 국가는 고령화사회에서 고령사회로 진입하는 데 40년 이내의 기간이 소요되었지만, 미국을 포함한 대부분의 OECD 국가가 고령사회로부터 초고령사회로 진입하는 데는 그 기간이 약 절반으로 줄어들었다. 따라서 OECD 국가를 중심으로 살펴볼 때, 고령화의 속도는 고령사회에 들어선 이후 더욱 빨라지는 경향을 나타내고 있음을 엿보게 한다.

표 1-4 주요 국가의 고령화 현황[15]

구 분	목표 년도			소요 기간(년)	
	고령화사회(7%)	고령사회(14%)	초고령사회(20%)	고령사회 도달	초고령사회 도달
한국	2000	2018	2026	18	8
일본	1970	1994	2006	24	12
독일	1932	1972	2009	40	37
미국	1948	2015	2036	73	21
프랑스	1864	1979	2018	115	39

* 자료: 보건복지부(2009).

한편, 고령시대에 있어서 급속한 고령화와 함께 부각되는 또 다른 중요한 특징의 하나는 고령층 전체는 물론이고, 시니어 고령층에 속하는 후기 고령층의 규모가 확대되고 있다는 점이다.[16] 이와 관련하여 많은 시사점을 주는 것이 일본의 경험이다. 〈표 1-5〉에서 제시하고 있듯이, 일본은 1970년에 고령화사회로 진입한 이후 그 속도가 지속되어 1994년에 고령사회, 그리고 2006년에 초고령사회로 진입하였다. 이와 같은 빠른 고령화와 함께 후기 고령층의 규모가 상대적으로 크게 증가하는 양상을 보였다.

이와 같은 모습은 특히, 2000년 이후부터 소위 일본의 전후 베이비붐 세대에 해당되는 「단카이 세대」(団塊の世代)[17]의 은퇴와 함께 더욱 가속화되었다.[18]

15) 앞 절의 〈표 1-2〉와 비교하여 통계치, 특히 예측치(미국 등) 등에 있어서 약간의 차이가 나는 것은 기준 년도의 차이 때문일 것으로 본다.

16) 65세 이상을 고령자로 규정하면서, 이에 더하여 65~74세까지를 전기 고령자, 75세 이상을 후기 고령자로 분류하기도 한다. 이때, 후기 고령자를 일부에서는 시니어 고령자로 부르기도 한다.

17) 이 세대는 1947년부터 1949년 사이에 태어난 세대로써, 일본 사회에서 가장 큰 인구 규모를 나타내고 있다. 이들은 2010년을 전후하여 직장에서 은퇴하기 시작하였다.

그리하여 1990년대까지는 전기 고령자와 후기 고령자의 비율이 약 6 : 4 정도였지만, 2000년을 전후하여서는 약 5 : 5의 수준으로 증가하였고, 이와 같은 증가현상은 2020~2025년까지 더욱 가속화할 것으로 전망된다.

고령시대에 즈음하여 빠른 고령화와 함께 나타나고 있는 후기 고령층의 증가는 다른 한편으로 노인복지 환경 및 노인복지 니즈에 대한 질적 변화를 요구하고 있다. 고령시대에 즈음하여 고령층의 오랜 노후생활이 일상화되면서, 이에 따른 사회적 · 경제적 · 신체적 안정성 등과 관련하여 노인복지 환경 및 노인복지 니즈도 급속히 변화하고 있다. 예를 들면, 정년 및 은퇴 이후의 오랜 노후생활에 따른 각종 연금제도의 운용 방법, 사회 기능의 감퇴에 따른 효과적인 사회참여, 신체 기능의 감퇴에 따른 각종 수발 기능의 확충 등을 둘러싸고 새로운 모습의 노인복지 니즈가 증가하고 있다.

이와 같은 고령시대에 따른 노인복지 환경 및 니즈의 변화에 즈음하여 새롭게 주목을 받고 있는 노인복지제도의 하나가 장기요양보장체제(long-term care

표 1-5 일본의 인구 및 고령자 현황

(단위: 천 명, %)

년 도	총 인구		65세 이상		65~74세(전기)		75세 이상(후기)		상대비율 (전기/후기)
	인구수	(%)	인구수	(%)	인구수	(%)	인구수	(%)	
1950	84,115	100	4,155	4.9	3,086	3.7	1,069	1.3	74/26
1960	94,302	100	5,398	5.7	3,756	4.0	1,642	1.7	69/31
1970	104,665	100	7,393	7.1	5,156	4.9	2,234	2.1	69/31
1980	117,060	100	10,167	9.1	6,987	6.0	3,660	3.1	68/32
1990	123,611	100	14,895	12.0	8,922	7.2	5,973	4.8	59/41
1995	125,570	100	18,261	14.5	11,091	8.8	7,170	5.7	60/40
2000	126,926	100	22,005	17.3	13,028	10.3	8,999	7.1	59/41
2010	127,473	100	28,735	22.5	14,942	11.7	13,792	10.8	51/49

* 자료: 2000년까지의 통계자료는 日本 總務廳이 발간하는 「國勢調査」상의 관련 자료를 재정리한 것이고, 2010년의 통계자료는 國立社會保障 · 人口問題研究所가 발간하는 「日本の將來推計人口」(平成 14年 1月)을 재이용하였음.

18) 일본 사회는 단카이 세대의 은퇴에 따른 충격이 사회 전반에 걸쳐 나타났고, 이에 사회복지제도는 물론 사회 전반에 걸친 제도개선을 요구받게 되었다. 이와 관련하여 일본은 2014년도에 기존의 개호보험제도(介護保險制度)를 전면 개선하여 2015년 4월 1일부터 이를 시행하고 있다.

systems for the elderly)이다. 따라서 향후 고령사회에 있어서의 노인장기요양 보장체제는 노인복지제도의 핵심적 위치를 차지할 것으로 본다. 이와 같은 전망은 이후에 살펴보게 될 UN의 1991년의 제46차 국제연합총회를 통하여 정리된 「고령자를 위한 국제연합원칙」, 일본의 1990년의 「골드플랜」, 미국의 2005년의 제5차 「워싱턴 백악관 회의」 등을 통해서도 충분히 엿볼 수가 있다.[19]

2) 합계출산율 저하

현대 사회가 급속히 「고령사회화」[20]하여 가는 또 다른 중요한 요인의 하나는 여성의 합계출산율[21]의 저하 현상이다. 이때, 합계출산율이란 출산이 가능한 여성, 즉 15세부터 49세까지의 가임 가능한 여성이 평생 동안에 낳을 수 있는 자녀의 수를 평균한 값을 의미한다.[22]

특정 국가의 인구 규모와 합계출산율과의 관계를 간단히 살펴보면 다음과 같다. 즉, 인구사망률을 일정한 것으로 가정할 경우, 합계출산율이 높으면 당해 국가의 장래 인구 및 생산가능인구의 규모는 증가할 것이고, 낮으면 인구 및 생산가능인구의 규모는 감소할 것이다. 한편, 합계출산율이 2.0이면 통계학적으로는 특정 국가의 장래 인구와 현재 인구의 규모가 같을 것으로 평가할 수 있겠지만, 사실은 전쟁이나 사고 등으로 인하여 자연사망률보다 전체 사망률이 일반적으로 높게 나타나기 때문에 합계출산율이 2.0 이상이 되어야만 현재 인구 규모를 유지할 수 있다. 이와 같은 이유로, OECD 국가에서는 합계출산율 2.07을 현재 인구 규모의 유지를 위한 경계점으로 평가한다.

한편, 세계 차원의 합계출산율에 관한 현황을 간단히 살펴보면 다음과 같다. 먼저, 동 기간(2005~2010년 간)의 세계의 합계출산율의 평균치는 약 2.56명이다. 이를 국가별로 살펴보면 나이지리아(Nigeria)가 7.15명으로 가장 높고, 아프가니스탄 6.63명, 동티모르 6.53명 등이 그 뒤를 잇고 있다. 이와 같이 개발도상

19) 이와 같은 부분에 대한 보다 구체적인 내용은 제2장에서 기술하고 있음.

20) 「고령사회화」라는 의미는 고령화사회 및 고령사회를 포괄하여, 사회체제의 인구 구성이 고령화되어 가는 사회라는 의미에 초점을 두고 있다.

21) 합계출산율은 국가별 출산력 수준을 비교하는 주요한 지표로써 이용된다.

22) 합계출산율을 표현하는 용어는 국가마다 약간의 차이는 있다. 예를 들면, 일본은 합계특수출생률(合計特殊出生率), 영국은 TFR(total fertility rate) 등으로 기술하고 있다.

국가의 합계출산율이 상대적으로 높게 나타나고 있다. 이에 비하여 OECD 국가의 경우에는 프랑스 2.44명, 미국 2.09명, 영국 1.84명, 캐나다 1.57명, 스페인 1.43명, 이탈리아 1.38명, 러시아 1.37명, 독일 1.32명, 일본 1.39명 등으로 대부분 2.0 이하로 나타나고 있다(UN, 2010).[23)24)]

주요 국가별 합계출산율의 흐름을 요약하면 [그림 1-2]와 같다. [그림 1-2]에서도 제시하고 있듯이, 관련 국가 모두 합계출산율이 급속히 감소하고 있음을 알 수 있다. 예를 들면, 1960년대에는 대부분 약 2.5명을 전후하였지만, 2013년경에는 1.9명을 전후하는 모습으로 바꾸어졌다. 2013년 현재 한국 1.19명, 일본 1.43명, 이탈리아 1.43명, 미국 1.88명, 스웨덴 1.91명, 영국 1.92명, 프랑스 2.01명과 같이 대부분 2.0명 이하로 나타나고 있다.

그림 1-2 주요 국가의 합계출산율 흐름

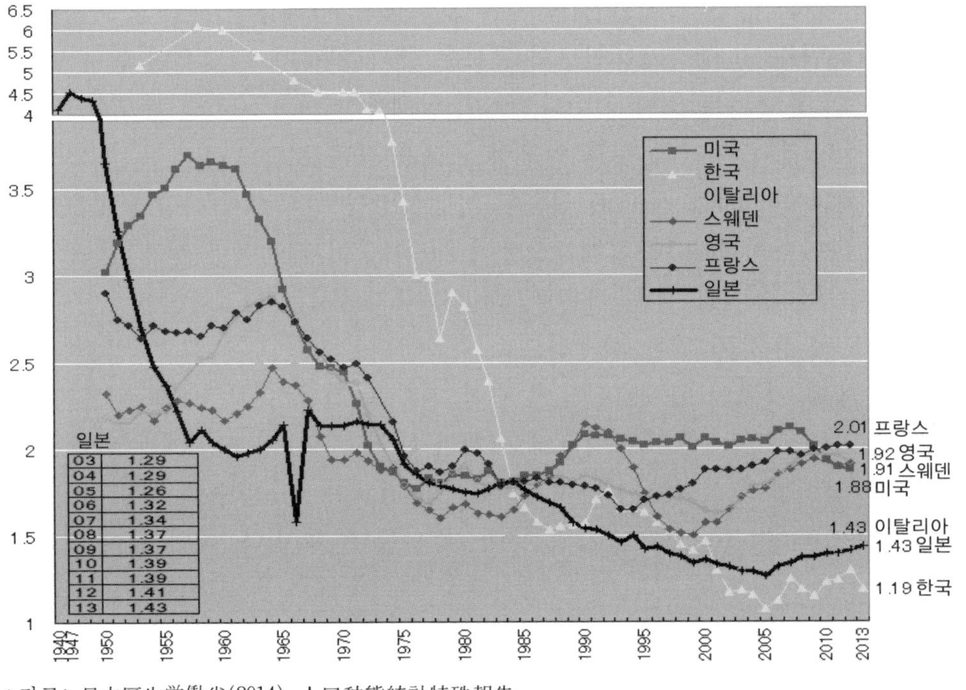

* 자료: 日本厚生労働省(2014), 人口動態統計特殊報告.

23) http://www.unfpa.or.jp/issues/glossary/glossary-KA.html

24) 당해 연도 북한의 합계출산율은 1.86명으로 나타나고 있다.

한편, [그림 1-2]에서 나타나고 있듯이 합계출산율의 급속한 저하는 특히 일본과 한국 사회에서 보다 뚜렷하게 나타나고 있다. 이와 관련하여 일본의 현황을 간단히 살펴보면 다음과 같다.[25] 일본의 합계출산율의 변화가 지닌 가장 중요한 특징의 하나는 지속적인 빠른 감소 현상이다. 예를 들면, 1950년에 3.65명이었지만, 이후 1960년에 2.00명, 1980년에 1.75명, 1990년에 1.54명, 2000년에 1.36명, 2005년에 1.26명, 2010년에 1.39명, 2012년에 1.41명, 그리고 2013년에 1.43명으로 지속적인 감소 현상이 나타나고 있다. 따라서 동 기간에 합계출산율은 약 61% 정도 감소하였고, 이에 따른 출생자의 규모도 크게 감소하였다. 예를 들면, 1950년도에 아동출생자의 수가 2,337,507명이었지만 2013년 현재는 1,029,816명으로써 약 절반 정도로 감소하였다. 따라서 일본 사회의 생산가능인구 및 전체 인구의 규모가 조만간 크게 감소할 것으로 평가된다(日本厚生勞働省, 2014).

이상과 같은 자료에 따르면 개발도상국가는 향후 상당 기간에 걸쳐 고령사회화로의 전환에 대한 큰 우려는 없을 것으로 평가되지만, OECD 국가는 높은 수준의 고령화와 함께 인구 규모가 크게 감소하게 되는, 지금까지 인류 사회가 경험하지 못했던 소위 「축소지향적 고령사회」가 지속될 수 있을 것으로 전망된다.

3 한국의 고령사회화와 향후 전망

1) 고령화의 현황

급속한 고령화와 이에 따른 노인문제는 한국 사회에서도 이미 국가적 차원의 중요한 현안 과제로 등장하고 있다. 고령화와 관련하여 한국인의 평균 수명만 보아도, 1970년대 초반기에 약 60세였지만, 2012년 현재 남자 77세에 여자 83세까지 늘어나면서 고령층의 규모도 급속히 확대되게 되었다.

고령화와 이에 따른 고령층의 규모를 살펴보면 〈표 1-6〉과 같다. 당해 자료에 따르면, 65세 이상의 고령자가 1970년도에는 전체 국민의 3.1%인 991천 명이었지만, 2013년 현재 12.2%인 6,138천 명으로 늘어났다. 이는 동 기간에 고령층의

25) 한국 사회의 경험은 이하에서 따로 살펴보기로 한다.

규모가 약 4배 가까이 증가하였음을 보여준다(통계청, 2014). 이와 같은 모습은 지금까지 OECD 국가 중에서 고령화의 속도 및 고령층 규모의 증가가 가장 빠른 것으로 평가되었던 일본 사회를 앞지르는 것으로써, 향후 한국 사회에 있어서 고령화와 이에 따른 노인문제가 얼마나 중요한 국가적 현안 과제가 될 것인지를 상징하고 있다고 본다.

한국 사회의 고령화 현황을 좀 더 구체적으로 살펴보면 다음과 같다. 한국 사회의 경우, 2000년에 고령화율이 7.2%로 나타나면서 고령화사회에 진입하게 되었고, 이후 고령화는 지속되어 2018~2019년경에는 고령화율이 14%를 초과하는 고령사회로, 그리고 2024~2025년경에는 20%를 초과하여 초고령사회에 진입할 것으로 전망된다.

물론, 이후에도 고령화의 속도는 지속되어 2050년을 전후하여서는 고령화율이 약 37~38%에 이르게 되어, 국민 5명 중의 2명 정도가 65세 이상의 고령자로 구성되는 세계 최고 수준의 초고령사회로 구성될 전망이다.

한편, 0~14세까지의 아동 규모와 65세 이상의 노인 규모 간의 상대적 크기를 나타내는 고령화지수를 살펴보면, 노인문제의 심각성 내지 어려움을 더욱 느끼게 한다. 한국 사회의 고령화지수를 보면, 2016년경까지는 아동집단의 규모가 노인집단의 규모보다 상대적으로 커서 고령화지수가 100.0보다 낮았지만, 이후부터는 고령화지수가 급속히 증가하는 모습을 나타내고 있다.

즉, 2016년을 기점으로 세월이 흐를수록 아동 규모보다 노인 규모가 절대적으로도 커져서, 향후 한국 사회는 생산가능인구(15~64세)의 상대적 축소, 그에 따른 청·장년층(1인당)의 노인부양 부담이 크게 증가할 것으로 전망된다. 이와 같은 현상이 지속될 경우, 향후 노인부양과 관련하여 2명의 청·장년층(부부)이 4명의 고령자(양가부모)를 부양하게 되는, 지금까지 한국 사회가 경험하지 못했던 노인부양 형태가 나타날 것으로 본다.

한편, 이와 같은 지구촌의 급속한 고령화의 물결과 이에 따른 사회복지 환경의 변화에 즈음하여, 사회복지 서비스의 운용 방법과 관련하여 최근에 큰 주목을 받고 있는 것의 하나가 소위 혼합복지(mixed model, welfare mix) 및 복지다원주의(welfare pluralism)에 대한 접근이다.[26] 이에 대한 개념 규정은 매우 다양하지만, 근본 취지는 사회복지제도에 시장기능을 일부 도입·시행함으로써

표 1-6 한국의 인구 및 고령화의 현황

(천 명)

구 분	총 계	0~14세		15~64세		65세 이상		고령화 지수[27]
		소 계	구성비(%)	소 계	구성비(%)	소 계	구성비(%)	
1970	32,241	13,709	42.5	17,540	54.4	991	3.1	7.2
1980	38,124	12,951	34.0	23,717	62.2	1,456	3.8	11.2
1985	40,806	12,305	30.2	26,759	65.6	1,742	4.3	14.2
1990	42,869	10,974	25.6	29,701	69.3	2,195	5.1	20.0
1995	45,093	10,537	23.4	31,900	70.7	2,657	5.9	25.2
2000	47,008	9,911	21.1	33,702	71.7	3,395	7.2	34.3
2005	48,138	9,241	19.2	34,530	71.7	4,367	9.1	47.3
2008	48,949	8,489	17.3	35,408	72.3	5,052	10.3	59.5
2010	49,410	7,975	16.1	35,983	72.8	5,452	11.0	68.4
2011	49,779	7,771	15.6	36,353	73.0	5,656	11.4	72.8
2012	50,004	7,559	15.1	36,556	73.1	5,890	11.8	77.9
2013	50,220	7,370	14.7	36,712	73.1	6,138	12.2	83.3
2014	50,424	7,199	14.3	36,839	73.1	6,386	12.7	88.7
2015	50,617	7,040	13.9	36,953	73.0	6,624	13.1	94.1
2020	51,445	6,788	13.2	36,563	71.1	8,084	15.7	119.1
2025	51,972	6,739	13.0	34,902	67.2	10,332	19.9	153.3
2030	52,160	6,575	12.6	32,893	63.1	12,691	24.3	193.0
2040	51,091	5,718	11.2	28,873	56.5	16,501	32.3	288.6
2050	48,121	4,783	9.9	25,347	52.7	17,991	37.4	376.1

* 자료: 통계청(2014), 보건복지부(2014)의 관련 내용의 재구성.

사회복지 서비스에 대한 공공성과 경쟁성의 강화는 물론, 이를 통하여 이용자 지향적인 사회복지 서비스체제를 확대·강화하고자 하는 것으로 볼 수 있다.

즉, 혼합복지는 사회복지 서비스를 성격 및 유형에 따라서 공공부문, 민간부

26) 혼합복지(mixed model)에 대해서는 다음을 참조(김상균 외 8인, 2013; 현외성, 2012; 현외성 외 12인, 2011; 福祉士養性編集委員會, 2007).

27) 노령화지수는 0~14세까지의 총 인구 규모와 65세 이상의 총 인구 규모를 상대 비교한 수치를 의미한다. 즉, 노령화지수는 「(65세 이상자의 총인구수) / (0~14세까지의 총인구수) × 100」으로, 100보다 낮으면 아동 규모가 상대적으로 크고, 높으면 노인 규모가 큰 것을 의미한다.

문 및 제3의 영역(the 3rd sector) 등이 공공성과 시장기능에 따라서 이를 각각 분담・수행함으로써 사회복지 서비스의 공급 확대는 물론 이용자 지향적인 서비스의 전달체제를 확대・강화하고자 하는 흐름과 연관되어 있으며, 이와 같은 배경에는 공공부문의 비대화에 따른 서비스 전달상의 정부실패(government failure) 및 인구 고령화에 따른 서비스 비용의 증대 등이 자리하고 있다.

물론, 복지다원주의하에서는 사회복지 서비스의 이용과 관련하여 일정 수준의 이용자 부담이 수반되기 때문에, 사회복지 서비스의 이용에 따른 일정 수준의 자기 부담도 나타나게 된다. 한편, 급속한 고령화 등에 따른 사회복지 환경 및 노인복지 니즈의 변화에 즈음하여, 혼합복지 내지 복지다원주의적 차원에서 최근 한국 사회에서 주목을 받고 있는 노인복지제도의 하나가 노인장기요양보험제도이다. 따라서 한국 사회에 있어서의 노인장기요양체제는 향후 노인복지의 핵심적 기반이 될 것으로 본다.

2) 후기 고령층의 급증

한국 사회에 있어서 급속한 고령화에 따른 노인 규모의 증대와 관련하여, 특히 주목되는 부분의 하나가 75세 이상의 후기 고령층의 증대와 함께 장기요양 서비스를 필요로 하는 노인층의 증대이다. 즉, 전기 고령층(65~75세까지)에 비하여 후기 고령층의 경우, 치매나 와상노인(침상지기노인)과 같은 노인성 질병자로 전환될 수 있는 소위 노인성 질환자로의 전환율이 상대적으로 높기 때문에, 후기 고령층의 규모 증대는 사실상 잠재적 장기요양 수요층의 확대로 연계되게 된다.

한국 사회에 있어서의 80세 이상 후기 고령층의 비율을 살펴보면 〈표 1-7〉과 같다. 동 자료에 따르면, 후기 고령층이 1994년에 356(천)명으로 총 국민 대비 0.8%이었지만, 2004년에 636(천)명으로 1.30%, 2014년에는 1,316(천)명으로 2.6%, 2014년에 는 2,264(천)명으로 4.4%, 그리고 2034년에는 3,306(천)명으로 6.4%까지 증가할 것으로 전망된다.

따라서 한국은 10년 단위로 80세 이상의 후기 고령층이 약 100% 이상씩 증가하는 것으로 나타나고 있으며, 이와 같은 수치는 고령화율을 훨씬 앞서는 모습이다. 따라서 한국 사회는 빠른 고령화와 함께 80세 이상의 후기 고령층이 급증하는 세계적으로도 사례가 많지 않을 소위 「후기 고령사회」로 전환될 수 있을 것으로 본다. 이와 같은 영역에 대한 대책은 한국 사회의 지속가능성 여부에 대한 방안 모색과도 깊은 관계가 있을 것으로 본다.

표 1-7 후기 고령층 증가 현상

(천 명, %)

구 분	1994	2004	2014	2024	2034
준고령자(60세 이상)	5,398(12.1)	6,806(14.2)	10,507(20.8)	12,635(24.4)	11,910(22.9)
고령자	2,542(5.7)	4,166(8.7)	6,386(12.7)	9,834(19.0)	14,325(27.6)
65~79세	2,178(4.9)	3,530(7.3)	5,070(10.1)	7,570(14.6)	11,022(21.2)
80세 이상	365(0.8)	636(1.30)	1,316(2.6)	2,264(4.4)	3,303(6.4)

* 자료: 통계청(2011).

3) 저출산 사회

앞에서 OECD 국가를 대상으로 한 분석에서도 살펴보았듯이, 한국 사회 역시 노인부양과 관련하여 향후 청·장년층의 부담을 가중시켜줄 중요한 요인의 하나가 여성의 합계출산율의 급감 현상이다. 예를 들면, 한국 사회는 1970년대까지의 「다자녀 사회」와 1970~1990년대의 「2자녀 사회」를 거쳐, 2000년 이후부터는 사실상 미래의 총 인구 규모가 감소할 수 있는 「1.5자녀 사회」를 맞이하고 있다. 이와 같은 수치는 세계에서 낮은 합계출산율에 해당된다. 한국 사회는 매년 출생아동의 수가 급격히 줄어들고 있으며, 그와 같은 여파는 조만간 생산가능인구(15~64세)의 감소 및 청·장년층의 노인부양 부담의 증가로 이어지면서, 한국 사회의 운영 원리에 대한 근본적인 재설계가 요구될 것으로 본다.[28]

한국 사회의 연도별 합계출산율을 간단히 살펴보면 다음과 같다. 예를 들면, 1997년도에는 1.52명이었고, 이후 1999년도에 1.41명, 2001년도에 1.30명이다. 이후의 자료는 [그림 1-3]에서 제시하고 있으며, 2013년도 현재 1.19명으로 나타나고 있다. 한국 사회의 경우, 합계출산율이 2000년도부터 1.1~1.2명을 나타낸 이후 이와 같은 양상이 거의 정착되고 있다는 측면에서 그에 대한 심각성을 충분히 엿볼 수 있게 한다.

---

28) 이와 같은 차원에서 이민정책에 대한 재검토도 필요할 것으로 본다(모종린, 2013).

한국에 있어서의 합계출산율의 저하에 따른 출생아동수의 감소 현상을 살펴보면 다음과 같다. 예를 들면, 2002년도에 492.1(천)명이었던 출생아동의 수가 2013년도에는 436.6(천)명으로 감소하였는데, 이는 동 기간에 출생아동의 규모가 약 12% 수준으로 감소하였음을 알 수 있다. 이와 같은 현상이 지속될 경우, 2014년 이후에는 곧 바로 생산가능인구의 수가 줄어들게 될 것이고, 이에 따른 청·장년층의 노인부양 부담은 증가될 것이다.

그림 1-3 **출생아동의 수 및 합계출산율**

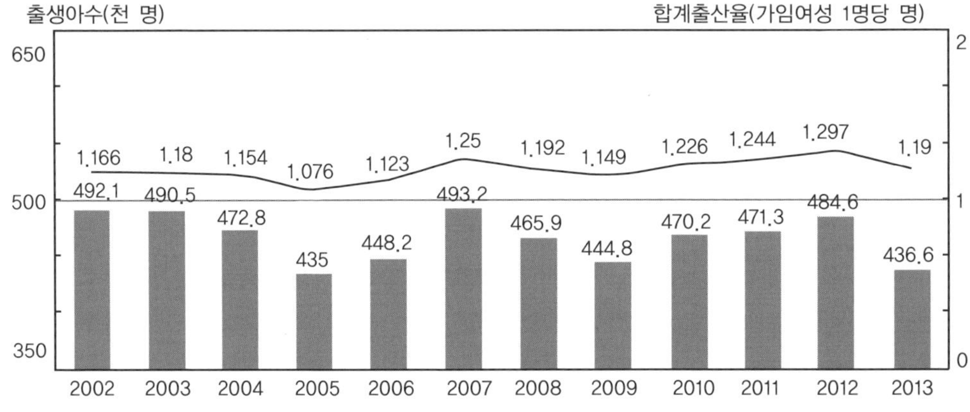

* 자료: 통계청(2014).

한국 사회가 격면하고 있는 이와 같은 합계출산율의 저하 현상은 세계적으로도 주목되는 바이다. 예를 들면, 유엔인구기금(UNFPA)의 발표 자료에 따르면, 한국은 전 세계 조사대상국인 224개국 중에서도 가장 낮은 그룹에 해당되는 220위로 나타나고 있다. 한국보다 합계출산율이 낮은 지역 또는 국가는 홍콩(211위, 1.17명), 대만(222위, 1.11명), 마카오(23위, 0.93명), 싱가포르(224위, 0.8명) 등이 있다(인구보건복지협회, 2014). 일정 규모의 인구를 가진 독립국가라는 입장에서 보면, 한국은 사실상 세계에서 합계출산율이 가장 낮은 국가에 해당된다고 볼 수 있다.

이와 같은 현상이 지속될 경우, 한국 사회는 향후 현재 수준의 인구 규모를 유지하기가 매우 어려울 것으로 본다. 그런데, 이와 같은 상황의 향후 지속가능성을 엿보게 하는 것이 합계출산율의 증가 및 인구 규모의 확대에 대한 전망이 밝지만은 않다는 점이다. 예를 들면, 어느 보고서에 따르면 한국의 청·장년층(20~49세 남녀)은 다른 국가의 동일 집단에 비하여 「자식을 가지고 싶어 하는 경향이 약한 것」으로 나타났다. 일본의 내각부(內閣府)는 [그림 1-4]와 같이 2010년 10~12월까지 스웨덴, 프랑스, 미국, 한국 및 일본에 살고 있는 남녀 1,000명(각국 20~49세까지)을 대상으로 「향후 기회가 주어지면 자녀를 더 가지고 싶어 하는지」에 대한 조사를 하였다. 물론, 조사대상자는 「자신들이 평소에 가지고 싶어 했던 만큼의 자녀를 가지고 있지 않은 사람」으로 하였다.

조사 결과, 미국·프랑스·스웨덴 등은 「기회가 주어지면 자식을 더 가지고 싶다.」는 응답자가 전체 응답자의 80% 전후였지만, 한국과 일본은 그 응답자가 50% 수준이었고, 나아가서 「기회가 주어져도 더 갖고 싶지 않다.」는 적극적 부정자도 45%로 나타났다. 이렇게 볼 때, 향후 한국 사회의 합계출산율의 증가를 위해서는 지금까지와는 다른 특단의 정책적 접근이 필요할 것으로 본다.

이와 관련하여 일본의 관련 정책을 세심히 검토하는 것도 필요할 것으로 본다. 예를 들면, 합계출산율의 급격한 저하에 따른 사회적 위기감 속에서 일본

그림 1-4 「기회가 주어지면 자녀를 더 가지고 싶어 하시는지요?」

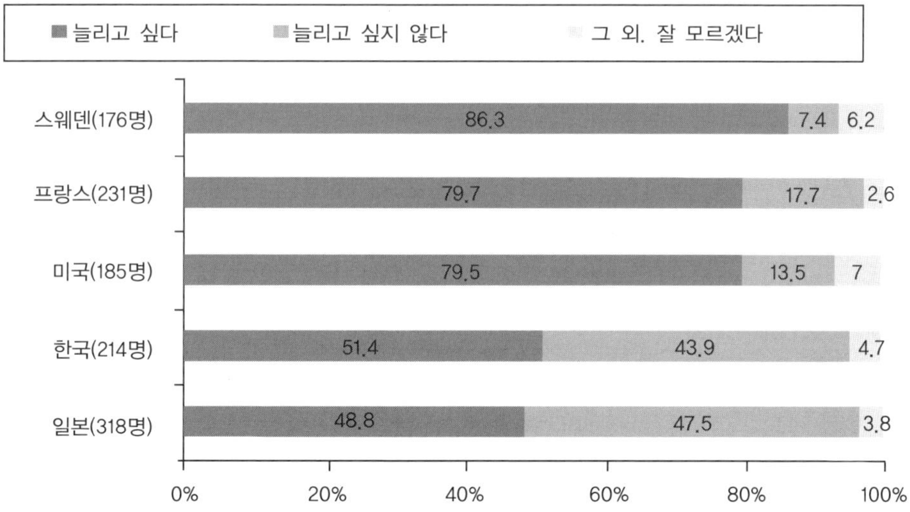

* 자료: 內閣府(2010).

사회는 소위 소자고령화사회(少子高齡化社會)라는 용어까지 만들어가면서까지 1990년대 이후 아동정책을 중심으로 한 사회복지제도 전반에 걸친 제도 개혁을 단행하였다(정재욱, 2007). 그와 같은 정책의 결과물로써만 보기는 어렵겠지만, 일본 사회는 최근 들어서 합계출산율이 조심씩 증가하고 있는 것도 사실이다. 예를 들면, 2005년을 기점으로 1.26까지 떨어졌던 합계출산율이 2010년 이후부터는 조금씩 개선되어 최근에는 1.40까지 증가하고 있다. 이와 같은 일본의 경험 및 관련 정책 등에 대하여 보다 세심한 검토는 유익한 시사점을 얻을 수 있을 것으로 본다.

4 고령시대의 노인문제 및 노인복지 니즈

1) 접근 방법 및 주요 과제

고령시대에 있어서의 특정 국가의 인구학적 특징에 대해서는 다양한 설명이 가능하겠지만, 본 서에서는 주로 급속한 고령화, 인구 규모의 축소 및 후기 고령층의 증대 등과 관련하여 이를 살펴보았으며, 나아가서 이와 같은 양상은 OECD 국가와 한국 등에서 매우 뚜렷하게 나타나고 있음을 살펴보았다. 따라서 노인문제에 대한 대응은 향후 국가적 차원의 주요 현안이 될 것으로 본다. 이와 같은 입장에서, 고령시대에 있어서의 노인문제에 대한 이해를 위하여 먼저 노인문제의 발생 배경에 대한 이론적 접근과 함께 현실적으로 나타나고 있는 주요한 노인문제를 간단히 살펴보기로 한다.

먼저, 현대 사회에 있어서의 노인문제의 발생 배경에 대한 이론적 논의는 매우 다양하다. 예를 들면, 기능주의적 접근을 비롯하여 갈등주의, 상호작용주의, 교환주의, 현대화론적 접근 등이 이에 속한다(최일섭·최성재, 1996; 박차상 외 5인, 2008; 현외성, 2010). 이와 같은 접근은 고령시대의 노인문제를 설명함에 있어서 그 나름의 장·단점을 가지고 있다. 그러나 본 서에서는 한국 사회가 경험하고 있는 빠른 고령화는 물론 빠른 정보화와 도시화, 그에 따른 고령층의 부적응 및 사회적 격차 등에 초점을 둔 위에 노인문제를 바라보고자 하는 입장에서 현대화이론(modernization theory)에 초점을 두고서 노인문제의 발생 배경

및 주요 과제를 간단히 살펴보기로 한다.[29]

현대화이론에 따른 사회 변화, 즉 현대화는 보건·의료기술의 발전, 생산기술의 발전, 대중교육의 확대 및 도시화 등으로 인하여 나타나는 사회 전반에 걸친 변화를 의미한다. 이때, 노인문제와 관련하여서는 이와 같은 요인들이 다른 사회적 요인들과 결합하여 노인들의 사회적 지위를 상대적으로 하락시킴은 물론, 이에 따른 새로운 형태의 노인문제가 나타나게 된다는 입장이다. 예를 들면, 급변하는 생산기술의 발전이나 도시화 등으로 인하여 노인의 사회적 지위는 상대적으로 하락하게 되고, 이는 노인의 역할 상실, 수입 감소, 경제적 의존성 증대, 건강보호의 어려움, 사회적 소외·고립 등과 같은 노인문제가 나타나게 된다는 것이다.

한국 사회의 경우, 고령화와 함께 빠르게 진행되고 있는 도시화와 정보화를 고려할 때, 이와 같은 현대화이론은 한국 사회의 노인문제의 발생 배경 및 현주소, 나아가서 이에 대한 대안 모색과 관련하여 많은 시사점을 제시할 수 있을 것으로 본다.[30]

한편, 현실적 차원에서 한국 사회가 직면하고 있는 노인문제의 주요 과제 또는 영역에 대한 입장은 매우 다양하다. 예를 들면, 박차상 외 5인(2008)은 빈곤과 부양문제, 질병과 보호문제, 역할상실과 여가문제, 심리·사회적 소외와 고립문제, 성과 재혼문제 등을 제시하고, 현외성(2010)은 빈곤문제와 소득보장, 질병과 보건의료의 보장, 역할상실과 고독, 주거문제와 주거보장, 노인학대문제, 노후의 삶의 보람과 노인문화 증진 미흡 등을 제시하고 있다. 그 외에도 빠른 고령화, 노년부양비의 증가, 노인의 경제적 문제, 노인의 건강문제(윤철수 외 8인, 2008) 등도 지적되고 있다. 이와 같은 노인문제의 발생 배경은 도시화이론과도 관계가 있겠지만, 일부는 한국 사회의 전통적 특성과도 연관되어 있을 것으로 본다.

한편, 한국 사회가 직면하고 있는 노인문제에 대한 이해와 관련하여 〈표 1-8〉

29) 현대화이론에 대해서는 다음을 참조(최일섭·최재성, 1996; 박차상 외 5인, 2008; 김정헌, 2003; Cowgill & Homes, 1972).

30) 물론, 노인을 존중하는 유교문화와 같은 한국 사회의 전통적인 모습도 노인문제 해결을 위한 대안 모색과 관련하여 중요한 부분이 될 수 있을 것이다.

은 많은 시사점을 주고 있다. 노인이 겪고 있는 어려운 점에 대한 실증조사의 형식으로 진행되었던 당해 조사 결과에 따르면(조금 시간이 지난 자료이기는 함), 노인들이 겪고 있는 가장 큰 어려움은 경제적 어려움(40.1%)이며, 이어서 건강문제(40.7%), 직업이 없거나 고용이 불안정한 것(3.8%), 외롭고 소외감을 느끼는 것(3.2%) 및 가족으로부터의 푸대접(0.3%) 등으로 나타났다.

표 1-8 우리나라 노인문제 현황

지 역	연령/대상	노인들이 겪는 가장 어려운 문제					
	60세 이상 가구원	경제적인 어려움	직업이 없거나 고용이 불안정	소일거리 없음	건강문제	외로움/ 소외감	가족으로부터 푸대접
전 국	계	40.1	3.8	5.3	40.7	3.2	0.3
	남자	41.8	6.1	6.2	34.7	2.6	0.3
	여자	38.9	2.0	4.6	45.2	3.6	0.3
경 남	계	39.5	2.3	2.7	45.0	3.7	0.1
	남자	37.9	4.6	4.1	39.9	4.6	-
	여자	40.6	0.8	1.7	48.5	3.1	0.2

* 자료: 통계청(2007).

앞에서 살펴보았던 여러 학자들의 견해 및 실증조사의 결과를 기반으로 이를 재해석하여 보면, 한국 사회에 있어서의 노인문제는 크게 「2대 핵심 과제」와 다양한 「주변부 과제」으로 구분할 수 있을 것으로 본다. 이때, 2대 핵심과제는 소득(경제)문제와 건강문제이며, 기타 주변부 과제는 소외감, 인권, 가족관계 등과 같은 사회활동 영역으로 볼 수 있다. 따라서 이하에서는 이와 같은 입장에서 한국 사회의 노인문제 및 관련 내용을 간단히 정리하여 보기로 한다. 한편, 고령시대에 직면하여 급증하고 있는 새로운 형태의 노인복지 니즈와 이에 따른 노인문제, 예를 들면 노인장기요양과 같은 부분은 따로 살펴보기로 한다.

첫째, 경제, 즉 소득보장과 관련된 문제이다.

경제적 어려움은 빈곤 및 부양문제, 빈곤 및 소득보장 등과도 맥락을 같이하는 부분이다. 거시적 관점에서 볼 때, 한국의 노년층이 겪고 있는 가장 핵심적인 과제의 하나가 경제적 능력의 저하이다. 한국의 경우, 급속한 고령화와 후기 고령층의 급증과 함께 새롭게 나타나고 있는 현안 과제의 하나가 높은 수준의 노인빈곤율이다. 한국의 노인빈곤율은 OECD 국가 중에서도 가장 높은 편에 속한다. 예를 들면, 2014년 현재 노인빈곤율의 보면 한국 48.6%, 스위스 24%, 이스라엘 20.6%, 칠레 20.5%의 순이다. 한국의 노인빈곤율은 다른 국가를 압도하는 모습이다(김복순, 2014).

한편, 국민연금의 경우, 당초 법(제정 1986년, 시행 1988. 1. 1.)에서는 감액노령연금 수급을 위한 최소가입기간을 15년, 재직자 및 조기노령연금 수급을 위한 최소가입기간을 20년으로 규정하였지만, 이후 개정법(개정 1998. 12. 31, 시행일 1999. 1. 1.)에 의하여 모두 10년으로 조정되었다. 한편, 소득대체율의 경우, 40년 가입자의 급여 수준을 기준으로 살펴보면, 본인의 평균소득 대비 급여 수준이 당초 법에서는 70% 수준으로 설계되었지만, 연금재정의 안정화를 위한 제1차 개혁(개정법)에서 평균소득의 60%로 조정되었고, 이후 제2차 개혁(2007. 7. 23, 개정법)을 통하여 2008년에 평균소득의 50%, 2009년 이후부터는 매년 0.5%씩 단계적 감축을 통하여 2028년부터는 평균소득의 40% 수준을 지급하는 것으로 조정되었다.[31] 이와 같은 이유로, 한국 노인의 상당 규모는 노년기의 안정된 생활을 위해 경제적으로 자녀 등에 크게 의존하게 되었다(鄭載旭, 2006).

한편, 경제적 어려움은 심리적 상태에까지 전파되어 나타나고 있다. 예를 들면, 대부분의 노인층은 본인 또는 본인 가구의 경제 상태가 상대적으로 매우 낮은 것으로 인식하고 있다. 어느 조사에 따르면 노인을 대상으로 한 설문조사에서 응답자의 약 49.6%가 본인 가구의 경제상태가 「하」의 수준이라고 응답하였고, 동년배 노인층과 비교해서도 자신의 경제 상태가 「나쁘다」는 응답률이 50.0%로 나타났다(정경희 외, 2005).

한편, 노인빈곤율을 성별을 기준으로 살펴보면 여성이 남성보다 상대적으로 더 빈곤함을 알 수 있다. 예를 들면, 국민연금 수급률을 보면, 2014년 현재 남성노인은 45.5%이지만, 여성노인은 20.3% 수준이다. 한편, 국민기초연금 수급 현황을 보면, 여성노인의 수급률이 72.5%로써 남성노인보다 약 1.3배나 높은데, 이는 여성노인의 저소득층이 상대적으로 더 많은 것을 의미한다(장미혜, 2013).[32]

31) 2015년 현재 국민연금의 소득대체율은 약 46.5% 수준이다.
32) 특히, 75~84세의 여성노인의 빈곤이 매우 높은 것으로 나타나고 있다(장미혜, 2013).

그림 1-5 **한국 남녀노인가구 월소득 비교(%)**

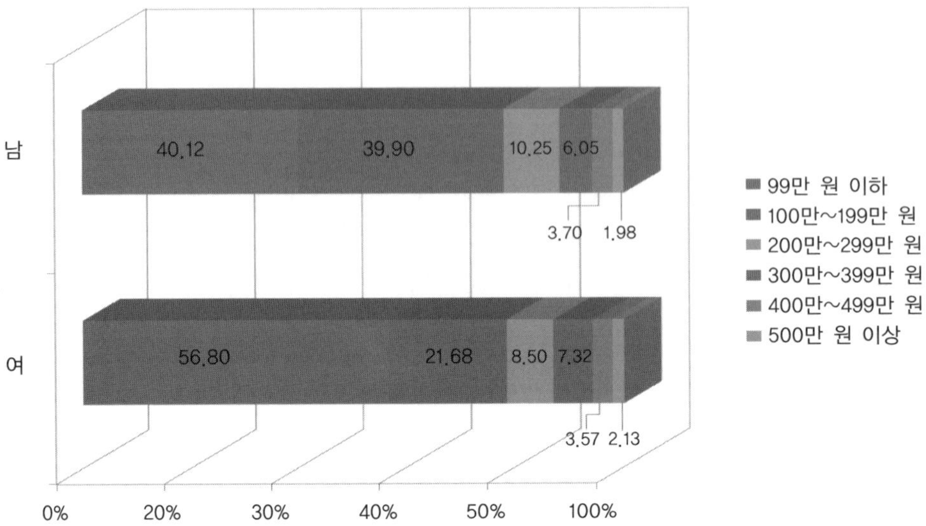

* 자료: 한국여성정책연구원(2012).

한편, 세대별로 보면 독거노인이 더 빈곤하며, 교육 수준으로 보면 교육 수준이 낮을수록 상대적으로 더 빈곤한 것으로 나타났다(홍백의, 2005).

둘째, 질병 및 건강과 관련된 문제이다.

현대 사회에 이르러 영양체제의 개선 및 의료기술의 발달 등이 급속히 진행되면서 인간의 평균 수명은 크게 늘어났다. 그러나 노년기에 나타나게 되는 급속한 신체적 노화와 이에 따른 효과적인 대응 체제의 미비, 급속한 사회 환경의 변화에 따른 노년층의 상대적 부적응과 이에 따른 사회·심리적 병리 현상 등이 겹쳐지면서 노인의 건강 상태의 악화는 물론, 노인성 질환자가 증가하고 있다. 어느 연구조사에 따르면, 전체 노인의 90.9%가 한 가지 이상의 노인성 질환을 가지고 있고, 노인성 만성질환을 가진 노인은 1개 질병(17.11%) 또는 2개 이상의 질병(73.8%)을 동시에 가지고 있는 것으로 나타났다.

이와 같은 노인성 만성질병을 가진 노인이 경험하게 되는 일상생활상의 어려움을 살펴보면, 일상생활 수행상의 제한(43.3%), 치료비로 인한 경제적 어려움(22.4%), 사회활동의 제한(17.0%), 외로움·소외감·자존감 상실 등(5.8%), 간호와 수발에 따른 어려움(0.9%) 등으로 나타났다(정경희 외, 2005). 따라서 노년층의 질병문제는 단순히 보건·의료적 측면에만 국한되지 않고 경제 지원, 가사 지원, 간병 지원 등에 이르기까지 매우 다양한 형태로 연계되어 있음을 알 수 있다.

셋째, 역할 상실 및 소외·고독감의 문제이다.

급속한 사회변화에 따른 핵가족화의 심화, 세대 간의 사고방식 및 행동양식의 차이, 개인주의 팽배 등으로 노인의 심리적 고립 및 소외감은 늘어나고 있다. 특히, 고령에 따른 현업, 즉 직장으로부터의 은퇴에 따른 역할 상실이 나타나면서 그들의 소외감 및 고독감은 더욱 가중된다. 집안생활 역시, 자녀들의 장성과 출가에 따른 부부만의 '빈 둥지 집안'(空きの巣)의 생활이 지속되면서 사회로부터의 소외감은 물론 가족으로부터의 소외감도 증폭되게 된다.

한국의 노인들이 겪고 있는 이와 같은 소외감 및 고독감에 대한 심각성은 노인 자살 및 우울증 환자의 증가에서도 엿볼 수 있다. 어느 언론 자료에 따르면 OECD 국가 중에서 2003년도를 기준으로 한국 노인의 자살률이 가장 높은 것으로 나타났다. 2003년도에 자살한 65세 이상 노인은 2,760명으로 노인 10만 명당 71명 수준이며, 이는 2000년의 10만 명당 26명이었던 점에 비하여 두 배 이상의 빠른 증가 현상을 나타내고 있다.

한편, 이와 같은 노인 자살은 노인 우울증과도 깊은 관계가 있는 것으로 알려져 있다. 2003년에 노인 우울증 진료를 받은 60세 이상의 환자수는 11만 340명으로써 2000년의 6만 366명에 비해 약 82.8%가 증가하였다(중앙일보, 2005년 5월 20일자; 박차상 외, 2008).

한편, 고독과 소외의 문제는 현대 사회의 중요한 특징 중의 하나이기 때문에 누구나 경험할 수 있는 문제이다. 그러나 노인의 경우 그 심각성이 더하다고 볼 수 있다. 즉, 노인은 질병이나 은퇴 등으로 인하여 사회적 참여와 관련된 중요한 역할 상실이 나타나기 때문에 고독과 소외감을 더욱 강하게 느끼게 된다. 특히, 한국 노인이 경험하는 또 다른 차원의 고독과 소외감은 세대 간의 가치관의 혼재에 따른 부분도 크다. 예를 들면, 부모는 자녀에게 높은 기대감을 가지고 있지만, 자녀는 그와 같은 기대에 부응하지 못함으로써 부모인 노인은 자녀와의 관계에서 소외감을 느끼기도 한다.

한편, 한국 노인의 경우, 너무도 빠른 속도로 역할 상실이 나타나고 있다는 점이다. 전통적으로 한국의 노인은 '집안의 큰 어른'이라는 이름으로 집안의 대소사(大小事)에 대하여 상당한 수준의 영향력을 행사하여 왔다. 그러나 지금은 현업으로부터의 은퇴에 따른 사회적 역할의 감소는 물론, 가정 내에서도 주변적 역할자로 밀려나면서 '웃어른'의 역할은 크게 위축되고 있다. 이와 같은 빠른 속도의 역할 상실은 노인의 자아개념과 사회적 정체감에 대한 상실 또는 혼란으로 연계되어 노인들의 사회부적응을 가중시킬 우려도 있다.

넷째, 노인학대의 문제이다.

노인학대는 가족 또는 타인이 노인에게 신체적, 언어·정서적, 성적, 경제적으로 고통이나 장해를 주는 행위 또는 노인에게 필요한 최소한의 적절한 보호조차 제공하지 않는 방임, 자기방임 및 유기를 의미한다(보건복지부, 2004). 노인복지법에서는 "노인에 대하여 신체적·정신적, 성적 폭력 및 경제적 착취 또는 가혹행위를 하거나, 유기 또는 방임을 하는 것을 말한다."라고 이를 규정하고 있다. 한국 사회에서 노인학대가 사회문제로 주목받기 시작한 것은 1990년대 후반기부터이다. 한국 사회의 경우, 전통적으로 노인학대는 일반 가정과는 상관없는 것으로 생각되었다. 다만, 정신적·신체적으로 의존성이 높은 취약 노인계층에 대해 노인학대가 나타나는 것으로 인식하여, 노인학대를 개별 가족의 문제로 인식하였다.

그러나 지금에 이르러서는 노인학대는 피해노인과 학대행위자의 병리적 특성보다는 피해노인과 학대행위자가 스스로 해결하기 힘든 가족관계 차원의 문제로 인식하기 시작하였다. 그리하여 노부모와 성인자녀 간의 관계, 부양스트레스, 부양불일치, 노인부양에 따른 역할과중 등과 노인학대와의 관련성이 지적되고 있다. 나아가서는 노인학대와 사회구조적 변화와의 상관관계도 밝혀지면서 노인학대는 단순히 병리적 가족구성원에 의해 발생하는 것이 아니라 급속한 고령화, 가족구조와 기능의 변화, 가치관 및 노인부양의식의 변화, 사회적 자원 부족 등에 의해 발생하는 노인문제를 사회와 가족이 방치하였을 때 나타날 수 있는 현상으로 인식하는 경향도 나타나고 있다(김미혜, 2007; 현외성, 2010).

다섯째, 노인의 성과 재혼의 문제이다.

한국의 노인문제와 관련하여 최근에 급속히 등장하고 있는 과제의 하나가 성

(性)과 재혼의 문제이다. 기존에는 노인은 성에 대한 욕구는 없는 것으로 간주되었지만, 어느 조사에 따르면 65세 이상의 결혼한 노인(64명) 중에서 67.2%(43명)가 성에 대한 욕구가 있고, 32.8%는 성생활을 하고 있는 것으로 나타났다(김주희 · 이창은, 1999). 한국 사회에서의 노인의 성이 사회적 주요 과제로 등장한 계기는 노인을 대상으로 하는 매춘행위에 대한 보도와 관계가 있다.[33]

따라서 지금은 노인의 성에 대한 욕구의 존재 여부에 대한 논의의 단계를 넘어서 실질적 대책이 필요한 단계에 들어섰다. 특히, 영양체제의 개선과 평균수명의 연장 등으로 인하여 노인의 성생활기간은 연장되고 있고, 나아가서 부부사별에 따른 성의 문제는 재혼의 영역과도 연결되어 있다. 이와 관련하여 어느 연구에서는 노인도 성에 대한 욕구를 가지고 있기 때문에 재혼에 대한 긍정적 인식 전환이 필요하며, 이와 관련하여 노인의 재혼이나 성에 대한 전문상담소나 전문가의 활용을 활성화할 필요가 있다고 하였다(이윤숙, 1983; 박차상 외, 2008).

여섯째, 노인부양의 문제이다.

한국 사회가 안고 있는 또 다른 차원의 심각한 수준의 노인문제는 노인부양이다. 노인부양은 앞에서 언급하였던 '경제적 어려움'의 영역으로 볼 수도 있겠지만, 우리의 경우 최근 들어서 노인부양의 문제는 그 자체만으로도 중요한 과제가 되고 있다. 우리의 경우, 고령 인구의 급속한 증가 추세는 물론, 연금제도의 뒤늦은 출발과 연금급여 수준의 미흡, 노후 경제생활 대비책의 부족 등이 나타나면서 노인부양이 중요한 사회적 과제로 나타나고 있다.

즉, 가족 구성원의 경제적 및 사회적 생활방식이 급변하면서, 기존의 가족제도나 혈연적 근린연대에 의한 노인부양의 기능이 급속히 쇠퇴하여 가고 있지만, 노후 경제생활에 대한 대비를 하지 못한 노인들은 은퇴 이후, 자녀들의 부양이나 사회보장제도에 크게 의존해서 생활할 수밖에 없게 되었다. 그러나 사회보장제도의 미비와 자녀들의 노인부양에 대한 부담이 가중되면서 노인부양은 심각한 사회문제가 되고 있다.

특히, 노인부양과 관련하여 사회 전체적 입장에서 볼 때, 다음의 〈표 1-9〉와

---

33) 탑골 · 종묘공원주변에서의 노인 대상 매춘행위 성행에 대한 보도 이후, 노인의 성문제가 크게 부각되었다(한겨레신문, 2001. 3).

같이 노인을 부양할 생산가능인구(15~64세)는 물론, 차세대의 생산가능인구에 해당되는 유소년인구(0~14세)의 규모가 급속히 감소하여 감으로써 향후 한국의 노인부양은 심각한 사회적 현안 과제가 될 가능성이 높다. 예를 들면, 노년부양비율의 경우,34) 2009년 현재 14.7로써 1999년(9.6)에 비하여 5.1포인트가 증가하였고, 2009년 현재 노인 1명을 부양하는 데 소요되는 생산가능인구는 6.8명으로 나타나고 있다.

한편, 노령화지수(유소년인구 100명에 대한 65세 이상 인구의 비율)의 경우, 2009년 현재 63.5로써 1999년(32.3)에 비하여 31.2포인트가 증가하였고, 2016년에는 100.7까지 증가하여 고령인구가 유소년인구를 초과할 것으로 예상된다. 이와 같은 현상이 지속될 경우, 한국 사회는 노인부양을 책임질 차세대 인구 규모의 급속한 감소로 노인부양체제에 대한 근본적 차원의 대책 모색이 필요할 것으로 본다.

표 1-9 노년부양비 및 노령화지수

구 분	1980	1999	2009	2010	2016	2020	2030
노년부양비	6.1	9.6	14.7	15.0	18.2	21.7	37.7
노령화지수	11.2	32.3	63.5	67.7	100.7	125.9	213.8
노인 1명당 생산가능인구(명)	16.3	10.4	6.8	6.6	5.5	4.6	2.7

* 노년부양비=(65세 이상 인구/15~64세 인구)×100), 노령화지수=(65세 이상 인구/0~14세 인구)×100), 노인 1인당 생산가능인구=(15~65세 인구/65세 이상 인구).

** 자료: 통계청(2009), 고령자통계 중 일부 발췌.

2) 노인장기요양 니즈 확대

고령시대에 접어들면서, 노인복지를 둘러싼 복지환경의 변화는 물론 복지 니즈 역시 급속히 변화하고 있다. 즉, 평균 수명의 연장과 함께 신체적·정신적·사회적 기능의 감퇴에도 불구하고 오랜 노후생활을 영위하게 되는 장수사회가 급속히 진행되면서 고령시대에 있어서의 노인복지 환경은 후기 고령자를 비롯

34) 노인부양비율은 65세 이상의 노인 대비 생산연령인구(15~64세)의 비율을 의미한다. 즉, (65세 이상 인구/생산연령인구)×100이다.

하여 상당한 수준의 노인복지 대상자를 보유하게 되었다. 이와 같은 이유로 고령시대에 접어들면서 노인장기요양을 비롯한 새로운 형태의 노인복지 니즈(needs)가 크게 확산되었다.[35]

예를 들면, OECD 국가의 경우, 고령사회로의 진전에 따른 후기 고령자의 증가와 함께 장기 입원 치료를 필요로 하는 대상자 역시 크게 증가하였다. 이와 관련하여 제1차적으로는 이들을 위한 의료기관의 확충이나 의료 예방과 같은 치료・의료 관련 접근이 확대되겠지만, 이와 같은 접근만으로는 고령시대에 있어서의 노인복지 니즈를 종합적으로 이해하는 데 한계가 나타난다.

즉, 후기 고령자의 급증에 따른 노인성 질병자의 증가와 함께 노인의료복지 니즈가 증가하였지만, 동시에 지금까지 상대적으로 주목을 받지 못했던 「노인장기수발」이나 「노인일상생활지원」과 같은 분야에 대한 노인복지 니즈도 크게 확대되었다(永和良之助 外 2人, 2011; 全國社會福祉協議會, 2012). 이와 같은 현상이 나타나게 된 중요한 배경은 노인성 질환 등(와상, 중풍, 치매 등)으로 인하여 일상생활에 대한 장기수발지원이 필요로 한 상태에서도 오랫 동안 노후생활을 영위하게 되는 고령자의 규모가 늘어났기 때문이었다.

따라서 고령시대에 있어서의 노인문제에 대한 종합적・체계적인 이해와 대응책 모색을 위해서는 이와 같은 노인복지 니즈의 변화 및 내용에 대한 이해가 중요하다. 이때, 위에서 지적하였던 노인장기수발과 관련된 복지 니즈는 식사, 입욕, 배설 등과 같은 일생생활 동작(activity of daily life, ADL)과 관련된 영역에서 주로 나타나고, 노인일상생활 지원과 관련된 니즈는 장보기, 교통 이용, 대인관계(교류) 등과 같이 영역에서 주로 나타난다.

따라서 고령시대에 있어서의 노인문제는 그들의 신체적・생리적 차원뿐만 아니라, 일상생활 기능까지 함께 고려하는 것이 중요하다. 이와 같은 접근은 세계보건기구(WHO)의 제안 사항과도 깊은 관계가 있다. 즉, WHO는 1984년에 노인 건강과 관련하여 「노인의 건강을 질병의 유무와 함께 그들의 일상생활 기능의 자립 여부도 함께 고려할 것」을 제안하였다. 사람에 따라서는 노년기의 신체

35) 사회복지의 구성 요소의 하나로써 사회적 니즈(social needs)가 있는데, needs를 욕구로 번역하기도 하지만 여기서는 니즈로 기술한다. 사회복지 니즈에 대한 논의는 김상균 외 8인(2013); 大山 博・武川正吾(1991) 등을 참조 바람.

적 기능의 감퇴에도 불구하고 정신적·지능적 감퇴는 거의 나타나지 않는 사람도 있다. 이와 같은 이유로 최근에는 노년기에도 정신적·인격적 발전이 지속 가능하다는 소위 「생애발달이론」이 주목을 받기도 한다(福祉士養成講座編集委員會, 2007). 고령시대에 있어서의 노인복지 니즈는 기존의 생리적·신체적 차원의 치료·재활 등에 더하여 일상생활 차원의 기능 지원과 같은 분야에도 크게 증가하고 있다. 따라서 고령시대에 있어서의 노인문제에 대한 이해의 폭을 넓히기 위해서는 이와 같은 노인복지 니즈에 대한 체계적인 접근이 필요하다.[36]

3) 한국 사회의 노인장기요양 니즈

한국 사회의 경우, 세계적으로 그 유례를 찾기 어려운 모습의 빠른 고령화, 이에 따른 생산연령인구의 감소 및 노인, 특히 후기 고령자계층의 확대 등으로 인하여 노인복지 전반에 걸쳐 다양한 문제가 제기되고 있음과 함께, 급속한 고령화에 따른 고령층의 증대와 함께 75세 이상의 후기 고령층의 증가 현상에 대해서도 살펴보았다.

이때, 고령시대에 있어서의 노인복지 니즈의 변화와 관련하여 주목되는 부분은 후기 고령층의 급속한 증가 현상이다. 이는 후기 고령층의 상당 수준이 치매, 와상(침상지기) 및 노인성 질병 등으로 인하여 일상생활에서 오랫 동안 장기요양 서비스를 필요로 하는 잠재적 장기요양대상자로의 전환율이 상대적으로 높기 때문이다. 이와 같은 경향은 한국 사회에서도 뚜렷하게 나타나고 있다. 즉, 〈표 1-10〉에서도 제시하고 있듯이 급속한 고령화와 함께 장기요양 서비스를 필요로 노인성 질환자의 급증, 그리고 이에 따른 노인장기요양에 대한 니즈 역시 확대되었다. 예를 들면, 약 8% 수준의 고령화에서 장기요양 서비스를 필요로 하는 규모가 전 국민 대비 약 1.3%로 나타났고, 흐름은 더욱 강화되어 14%의 수준에서는 전 국민 대비 약 2.3%까지 증가할 것으로 전망된다.

한편, 당시 세계 최고 수준의 고령화 속도를 보여주었던 일본 사회의 경우, 14%의 고령화 수준에서 그와 같은 규모는 전 국민 대비 약 1.7%로 나타났고,

---

36) OECD 국가는 자신의 정치·경제적 배경을 기반으로 다양한 형태의 노인장기요양제도를 도입·시행하고 있다. 한편, 일본은 2000년 4월 1일부터 개호보험제도를 시행하고 있으며, 한국은 2010년 8월 1일부터 노인장기요양보험제도를 시행하고 있다.

17.2%의 고령화 수준에서 전 국민 대비 약 2.2%로 나타났다(福祉士養成編輯委員會, 2004; 全國社會福祉協議會, 2001). 물론, 이와 같은 통계 수치에 한국은 경도(輕度) 이상의 상태에 있는 노인만을 대상으로 하였지만, 일본은 허약 노인까지 포함하였다는 측면에서 차이도 있겠지만, 일본에 비하여 한국은 고령화에 따른 장기요양 서비스를 필요로 하는 노인층이 상대적으로 많음을 엿볼 수도 있다(鄭載旭 · 白澤政和, 2007).[37]

표 1-10 장기요양 서비스를 필요로 하는 노인층(65세 이상자)

구 분	시 설		재 가				합계(A)	전국민(B) (천 명)	A/B (%)
	최중증	중증	최중증	중 증	경 증	경치매			
2003년	22,573	55,265	22,504	102,697	197,656	195,672	596,466	47,848	1.3
2007년	26,781	65,566	27,171	124,113	238,642	236,242	718,518	48,692	1.5
2010년	29,388	71,950	30,062	137,322	264,048	261,389	794,150	49,220	1.6
2020년	41,480	101,554	43,472	198,575	381,817	377,983	1,144,880	49,956	2.3

* 자료: 한국보건사회연구원의 관련 자료를 재구성.

한편, 한국 사회의 경우 장기요양 서비스를 필요로 하는 노인층의 급증에도 불구하고 이들을 받아들일 노인복지시설이 상대적으로 부족한 것도 사실이었다. 예를 들면, 2008년 7월 현재 장기요양 서비스를 필요로 하는 노인층 중에서 공적 시설에 입소할 수 있는 사람은 원칙적으로 국민기초생활보장대상자로 제한되어 있었고, 입소 과정 역시 행정조치에 의하여 이루어졌기 때문에 당사자의 입장에서 보면 매우 제한적이면서도 폐쇄적인 양상이었다.

당시의 공적 시설의 현상을 살펴보면 다음과 같았다. 즉, 2003년(현) 공적 입소시설은 241개소, 입소 가능 인원은 16,262명 정도였음에 비하여 장기요양 서비스를 필요로 하는 대상자는 약 596,466명이었다. 따라서 공적 시설 이용 가능자는 장기요양 서비스를 필요로 하는 대상자의 약 3~4% 수준에 지나지 않았다.

이와 같은 이유로, 장기요양 서비스를 필요로 하는 대부분의 노인층은 사실상

37) 이와 같은 내용은 다음 논문 내용을 일부 수정 · 보완하여 기술(鄭載旭 · 白澤政和, 2007).

가족을 중심으로 한 가족지원체제하에 놓이게 되었고, 나머지 일부는 높은 비용을 수반하는 유료노인서비스체제를 이용하였다. 그러나 여성의 사회진출의 확대와 함께 여성을 중심으로 한 기존의 가족지원노인장기요양체제는 많은 한계를 나타내었고, 도시근로자의 급료 수준을 초과하는 매월 약 150~250만 원에 달하는 유료서비스체제 역시 많은 한계를 보여주었다.

이와 같은 흐름 속에서 주목하게 되었던 또 다른 흐름의 하나는 노인장기요양에 대한 국민의식의 변화였다. 당시까지 한국 사회는 경로효친 사상 등에 입각하여 자식이 부모를 가정에서 봉양하는 것을 미덕으로 삼았다. 따라서 부모가 장기요양 서비스를 필요로 하는 상태에 놓일지라도 자식이 가정에서 이를 수발하는 것을 당연한 것으로 인식하였다. 그런데 이와 같은 사고방식, 즉 가치관에도 변화가 나타났다.

예를 들면, 보건복지가족부(당시)는 노인장기요양과 관련하여 2004년 11월부터 2005년 6월까지 세 차례에 걸쳐 국민의식조사를 실시하였는데, 조사 결과에 따르면 노인장기요양은 당해 가족만이 책임지기보다는 사회공동책임으로 해결하는 것이 보다 바람직하다는 것으로 나타났다(한길리서치, 2005).

한편, 이와 같은 조사 결과를 좀 더 자세히 살펴보면 다음과 같다. 즉, 노인장기요양은 당해 가족만이 아니고, 사회적 연대의식에 기초하여 이를 해결하는 것이 바람직하다는 응답자가 전체 응답자의 약 87% 수준으로 나타났다. 이와 동시에, 향후 공적 노인장기요양보험제도를 도입하게 될 경우, "매월 노인장기요양보험료를 지불하겠다."라는 응답자 역시 전체 응답자의 약 72% 수준이었다. 특히, 가족중심적 노인장기요양 서비스제도의 핵심적 담당 연령층에 속하는 25~59세의 경우, 이와 같은 응답자의 비율이 77%로 나타났다. 이와 같은 자료에 따르면, 당시 노인장기요양을 둘러싼 국민 의식이 기존의 가족중심에서 사회연대의식 또는 사회공동체의식으로 크게 전화되고 있음을 엿볼 수 있게 했다.

이와 같이 한국 사회는 급속한 고령화와 함께 노인복지에 대한 인식이 당사자, 관련 가족 및 사회 분위기까지 변화하는 모습으로 나타났다. 즉, 고령시대의 도래에 직면하여 노인장기요양 니즈의 확대와 함께 이와 같은 니즈에 대한 사회적·공공적 차원의 대응에 대하여 긍정적 반응이 나타났다. 이와 같은 사회적 분위기 속에서 한국 사회는 2000년 이후부터 관련 제도를 검토하기 시작하였고, 나아가서 2008년 7월 1일부터 노인장기요양보험제도라는 이름으로 급증하고 있는 노인장기요양 니즈에 대응하게 되었다.

제 3 절 고령시대의 노인복지환경 및 흐름

1 사례를 통해 본 노인복지환경

A씨(72세, 여성)는 25년 전부터 스몬병(SMON)[38]을 앓아왔으며, 8년 전부터는 파킨슨병(Parkinson's disease)까지 앓고 있다. 그녀는 지금까지 5회에 걸쳐서 입・퇴원을 반복하여 왔고, 최근에는 퇴원하여 약 반년에 걸쳐 인근 지역에 살고 있는 여동생에 의탁하여 요양지원을 받아왔는데, 그 동안 두 사람 간의 관계가 나빠져서 지금은 자택에서 혼자 거주하고 있다. 지금은 매주 2회 정도 가사봉사원이 그녀의 집을 방문하여 가사를 도와주고 있고, 약간 떨어져 있는 종합병원으로부터 매주 1회 정도 택시를 이용하여 통원 치료를 받고 있다. 보행이 어려워 지팡이를 이용하여 겨우 일상생필품을 사오고는 있지만, 일상생활의 대부분은 휠체어에 의존하여 생활하고 있다. 아픈 몸에도 불구하고 자신을 의탁할 수 있는 사람이 없어 장기요양과 관련하여 많은 불안감을 느끼고 있으며, 최근에는 밤에 잠을 잘 자지 못하고, 우울증과 같은 증세도 보이고 있다. 지금까지 상담을 받아왔던 의료진으로부터는 이와 유사한 신체적 상태(여건) 속에서 향후 일상생활이 지속될 가능성이 높은 것으로 이야기되었다. 그리하여 A씨는 지역사회에 있는 어느 사회복지전문기관을 방문하여 상담을 받았다.

한편, A씨로부터 상담을 요청받은 사회복지전문요원은 A씨와의 몇 차례에

38) SMON은 'Subacute Myelo-Optico-Neuropathy'의 약자 표기임. 1955년 무렵 일본 각지에 발생한 소위 '복부증상을 수반하는 뇌척수염증'을 말한다. 당해 질병은 설사, 복통 등에서 출발하여 급성 또는 아급성으로 이어지는 감각장애, 시력장애 등이 나타나며, 척수의 등쪽 시신경이 썩어서 말초신경이나 시신경이 침해되는 질병으로 알려져 있다.

걸친 상담은 물론, 그 동안의 관련 자료 등을 통하여 A씨가 겪고 있는 각종 사회생활 상황에 대한 구체적인 파악과 함께 이에 따른 요양지원 방안을 모색하게 되었다. 구체적으로는 A씨가 겪고 있는 각종 사회생활 상황에 대한 종합적 파악과 함께 이에 따른 지원 방향을 [그림 1-6]과 같이 계획하게 되었다. 즉, 지원 방안으로써 크게 일상생활에 대한 지원, 신체적 기능의 저하 방지와 관련된 지원, 고립적 생활 방지를 위한 지원, 지역사회와의 격리 방지에 대한 지원, 불안감 등에 따른 이상행동의 가능성에 대한 방지 지원 등을 구체적인 실천목표로 규정하고, 이와 관련된 장기요양실천 계획을 수립하게 되었다.

그림 1-6 A씨를 둘러싼 복지환경

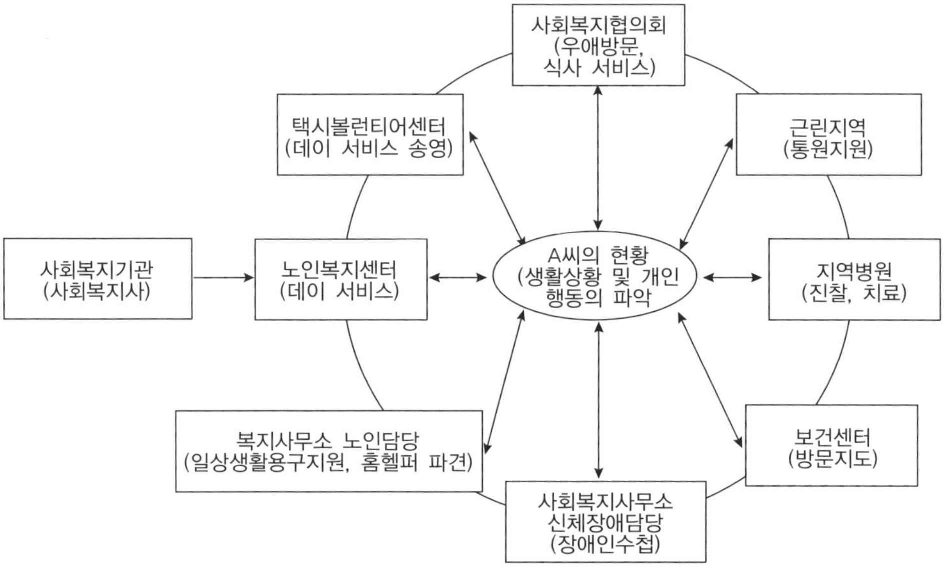

* 자료: 白沢政和(2003), 원용.

고령시대에 접어들면서 우리 사회는 앞에서 살펴보았던 A씨와 유사한 상황에 놓여 있는 고령층이 증가하고 있다. 즉, 오랜 기간에 걸쳐 신체적 기능은 물론, 일상생활에까지 장기간에 걸친 요양지원을 필요로 하는 고령층이 증대하고 있다. 이와 같은 이유로 인하여 고령시대에 있어서의 노인복지환경, 특히 기존에 비하여 노인장기요양을 둘러싼 복지환경에 많은 변화가 나타나게 되었으며,

이에 1980년대 이후부터 OECD 국가를 중심으로 이에 대한 대응책 마련에 큰 관심을 보여 왔다.

2 주목되는 새로운 흐름

고령화사회의 시작을 알렸던 21세기는 물론, 향후 전개될 지구촌 고령시대에 즈음하여 노인복지환경은 물론, 사회복지체제 전반에 걸쳐, 다가올 것으로 예상되는 중요한 흐름을 살펴보면 다음과 같다(정재욱, 2006a; 全國社會福祉協議會, 2001).

첫째, 세계화와 지방화의 지속적인 진행과 이에 따른 영향이다.

누구도 지금이 세계화(globalization)의 세기임을 부정하는 사람은 없을 것이다. 오늘날 어떤 국가도 국경을 초월한 인적·물적 자원의 급속한 이동, 국가 간의 긴밀한 협력 증대 등으로부터 자유스러울 수 없는 바, 이를 일컬어 세계화라고 부른다. 한편, 특정 국가 내로 눈을 돌리면 지방정부 또는 지역사회로의 중앙정부의 권한·사무·책임 등이 이양되는 분권화·지방화(decentralization·localization)가 지속적으로 이루어지고 있다.

이와 같은 차원에서 21세기의 흐름을 일부에서는 세방화(glocalization, 世方化)라는 표현도 사용한다. 사회복지 역시 이와 같은 거대 흐름 속에서 자신의 역할을 재조명할 수밖에 없을 것이다. 이와 관련하여 사회복지는 세계화와 관련하여서는 서로 다른 역사·문화·속성·개성을 가진 민족 또는 국가 간의 공생·공존 및 공동 번영하는 데 기여하는 몫을 찾아야 할 것이며, 지방화와 관련하여서는 지역사회 또는 지방자치단체를 중심으로 한 지역밀착형 사회복지의 전개가 중요할 것으로 본다.

둘째, 시장기능의 강화·확대와 이에 따른 영향이다.

서구 사회의 경우, 1970년대까지만 하여도 소위 복지국가의 이름으로 국가(중앙정부)가 지원, 보조, 보호 등의 이름으로 국민의 일상생활에 폭 넓게 관여하는 모습을 보였다. 그러나 이는 행정조직의 비대화와 비효율성, 국민의 소극화 등과 같은 정부실패(government failure)의 또 다른 모습으로 나타났다. 그리하여 1980년대 이후 신자유주의 등의 이름으로 다양한 분야에 걸쳐 시장기능의 도입・강화의 목소리가 높았고, 이와 같은 모습은 사회복지의 분야에 특히 강하게 나타났다. 그리하여 대부분의 OECD 국가에서는 민간 부분의 활력을 확대・강화시키는 방향으로 사회복지의 이념이 변화하였다.

셋째, 이용자 중심의 노인복지 기능의 확대・강화이다.

복지국가라는 이름하에서 이루어졌던 사회복지 서비스의 이용 구조는 이용자의 복지욕구(needs)나 복지권리에 기초하기보다는 제공자(정부)측의 입장이 더 강조되었던 측면이 있었는데, 이를 상징하는 것이 소위 행정조치(行政措置)이다. 이와 같은 행정조치에는 선의의 의미도 있을 수 있겠지만, 기본적으로는 행정기관의 우월적 입장에서 사회복지 서비스의 이용방법이 결정되었다.

이와 같은 이유로, 일본은 전후에 법제화되었던 '사회복지기초구조'의 기본틀을 개혁하는 차원에서 사회복지에 있어서의 조치제도를 폐지하는 대신, 사회복지 서비스의 이용에 따른 이용지원제도(계약제도 포함)를 2000년 이후 전격적으로 도입하였다. 나아가서 사회복지 서비스 이용자의 권리 보호(옹호), 특히 노인이나 장애자와 같이 사회복지 서비스의 이용에 따른 신체적・언어적・정신적 차원에서 어려움을 가지고 있는 그룹을 대상으로 한 다양한 형태의 서비스 이용자 권리옹호제도를 도입하였다.

넷째, 장기요양 니즈의 확대 및 제도화이다.

앞에서도 살펴보았듯이 오랜 노년기에 즈음하여, 안정된 노후생활을 영위하기 위한 핵심적 과제는 크게 소득보장과 건강보장으로 구분할 수 있다. 이때, 노년기의 건강보장과 관련하여 주목받고 있는 것이 노인장기요양이다. 이와 같은 현상이 발생하게 된 중요한 배경에는 평균 수명의 연장에 따른 후기 고령층의 증가와 함께 장기요양을 필요로 하는 고령층 역시 증가하고 있기 때문이다. 이와 같은 장기요양 대상자의 급증은 사회 전반에 걸쳐서 심각한 영향을 끼치고 있다. 예를 들면, 기존의 국민건강보장체제 운영에 따른 재정상의 어려움, 가족 중심적 지원에 따른 부담과 갈등, 고용시장에의 참여 애로, 시설을 중심으로 한 사회적 격리 등에 따른 차별 등이 이를 대변한다. 1990년대 중반기 이후 OECD 국가에서는 이와 같은 현안에 직면하여 다양한 접근을 하여 왔으며, 한국에서의 노인장기요양보장체제의 도입 역시 이와 같은 흐름의 연장선으로 볼 수 있다.

다섯째, 사회통합(social inclusion)을 통한 사회적 격차 해소이다.

인간은 태어나면서부터 경제적·사회적 능력의 측면에서 보면 상대적으로 차이가 있을지도 모르지만, 인간으로서의 존엄과 인격의 측면에서는 모두가 숭고한 존재이다. 이와 같은 차원에서 볼 때, 비록 가족, 이웃, 국가 등에 의존하여 생활하는 경우에도 그와 같은 의존은 그들의 자립(독립)을 위한 의존이지, 배제나 격차 유지 차원의 의존이어서는 아니 될 것이다. 이와 같은 차원에서 사회통합과 사회적 격차 해소가 사회복지의 중요한 이념의 하나로써 조명되고 있다.

3 노인복지의 기본방향과 기능

1) 기본방향

노인복지의 기본방향 또는 기능에 대한 고찰에 즈음하여 다시 되새겨보는 것이 노인 또는 노년기에 대한 인식이다. 이와 관련하여 이시카와(市川)의 인식은 주목된다. 즉, 그는 "노년기는 인생에 있어서 특별한 단계나 시기가 아니고 인생에 있어서 빠뜨릴 수 없는 하나의 단계에 지나지 않는다. 따라서 노년기 역시 인생에 있어서의 다른 시기와 온전히 같은 것이며, 타인이나 사회와의 접촉이나 교류 역시 빠질 수 없다."라고 했다(市川禮子, 1993). 이는 노인 또는 노년기에도 다른 세대와 똑같이 지역사회에서 자기존경과 자기결정에 기초한 삶의 보장이 중요하다는 의미로 이해할 수 있다.

이와 같은 정신은 1991년 제46차 유엔총회의 '노인을 위한 유엔원칙'(United Nations Principles for Older Persons)과도 맥락을 같이한다. 당해 결의에서는 노인을 위한 5개의 원칙으로써 자립(independence)[39], 참여(participation), 보호(care), 자기실현(self-fulfillment), 존엄(dignity) 등을 제시하였다. 이와 같은 내용은 노인복지 또는 노인복지 서비스가 나아갈 기본방향의 모색을 위한 지침으로 볼 수 있다.

---

39) independence를 독립으로 번역하기도 하지만, 노후생활의 보장이라는 의미에서 독립보다 자립으로 표현한다.

이와 관련하여 한국 사회의 경우, 노인복지법 제2조에서 노인복지의 기본이념으로써 "노인은 …… 존경받으며, 건전하고 안정된 생활을 보장받아야 하며, 또한 그 능력에 따라 적당한 일에 종사하고 사회적 활동에 참여할 기회를 보장받는다."라고 하고 있다. 이와 같은 내용에 의거하여 노인복지의 기본원칙을 재정리하면 다음과 같다.[40]

첫째, 참여와 자기결정이다. 이것은 노인이 인간관계 및 지역사회에 있어서 독립된 인격체로서 다른 사람들과 동등하게 의사결정과정에 참여함은 물론, 자신의 문제를 포함한 각종 사안에 대하여 주체적이 입장에서 이를 결정한다는 것을 의미한다.

둘째, 자립이다. 노인복지에 있어서의 자립의 핵심적 의미는 노인 자신의 소득은 물론 당해 가족 및 지역사회의 지원 등을 통하여 자신의 능력에 맞추어서 가능한 범위 내에서 자립생활을 영위할 수 있도록 하는 것을 의미한다.

셋째, 보호이다. 화재를 비롯하여 각종 사회적 재난이 발생하였을 경우, 피해를 입을 수 있는 가능성이 높은 계층이 노인 및 아동집단과 같은 약자집단이다. 따라서 노인 자신의 신체·정신·정서적 안녕을 최적의 수준으로 유지할 수 있도록 사회적 위해로부터는 물론, 건강보호와 같은 개인 차원의 보호 등이 우선적으로 지원되어야 함을 의미한다.

넷째, 자기실현이다. 노인이 자신의 잠재력을 개발하여 자기성취를 통한 자아실현이 가능하도록 교육·문화·사회·정신적으로 이를 지원하여야 한다는 것을 의미한다.

다섯째, 존엄이다. 노인은 인간으로서의 존엄을 가진다. 즉, 노인은 어떠한 상황에서도 차별을 받지 아니하는 존엄성을 가진 존재이다. 따라서 이와 같은 존엄성을 확대·강화하는 방향으로 노인복지가 작동하여야 할 것이다.

2) 주요 기능

노인복지의 기능은 크게 노인문제를 사전에 예방하는 사전적 기능과 구호·재활·치료와 같은 사후적 기능으로 대별할 수 있다. 물론, 학자에 따라서는 이

40) 이하의 내용은 다음을 참조하였음(창원대학교 사회복지대학원 강의용 교재, 2013).

를 좀 더 세분화하여 예방적 기능, 보호적 기능, 조정적 기능, 개발적 기능 등으로 분류하기도 하지만(한창영, 1979), 이와 같은 경우에도 보호적 기능, 조정적 기능 및 개발적 기능은 넓은 의미의 사후적 기능의 하나로 볼 수도 있다.

한편, 사회복지의 기능이 보충적 사회복지(residual social welfare)의 의미에 가까웠던 사회복지발전의 초기 단계에서는 노인복지의 주요 기능도 주로 사후적 기능에 초점을 두었지만, 제도적 사회복지(institutional social welfare)로의 초점이 옮겨지면서 노인복지의 기능도 점차적으로 사전적 기능에 대한 비중이 증가하는 경향을 보이고 있다. 이와 관련하여 노인복지의 주요 기능을 간단히 정리하면 다음과 같다(박차상 외 5인, 2008).

첫째, 사전적 · 예방적 차원의 노인복지기능 및 관련 사업(프로그램)이다. 이와 관련된 주요한 사회복지 시책 또는 프로그램을 제목의 차원에서 간단히 나열하면 다음과 같다.

- 각종 연금, 연금수급자 생활상담, 융자 등
- 정년제도 개선, 퇴직자 재고용 훈련, 산업복지 활성화, 재취업을 위한 훈련 수당지급 등
- 노인건강진단, 건강상담, 보건센터활성화, 영양지도, 노인가정방문사업 등
- 노인가족상담, 독거노인 가정방문 · 가정원조, 주택대출금지원 등
- 노인클럽운영, 경로당 및 노인회관의 효율적 관리, 노인스포츠센터운영 등

둘째, 사후적 · 대책적 차원의 노인복지기능 및 관련 사업(프로그램)이다. 이와 관련된 내용을 간단히 정리하면 다음과 같다.

- 보호적 기능과 관련된 프로그램은 다음과 같다. 예를 들면, 경제적 안정과 관련하여 공공부조, 생활상담 등이 있고, 의료보장과 관련된 프로그램으로는 노인전문병원, 단기보호시설 등이 있고, 사회참여와 관련하여서는 우정방문, 특수노인클럽활동 등이 있다.
- 조정적 기능과 관련된 프로그램으로는 다음과 같다. 예를 들면, 경제적 안정과 관련하여 연금제도조정회 참가, 저소득노인대책회 참가 등이 있고, 의료보장과 관련된 프로그램으로는 노인의료보장 관련 회의 참가, 노인간호 관련 회의 참가 등이 있고, 사회참여의 확대와 관련된 프로그램으로는 노인문제 개선회의 참가, 노인교육 관련 회의 참가, 노인레크리에이션 관련 회

의 참가 등이 있다.

• 개발적 기능과 관련된 프로그램은 다음과 같다. 즉, 경제적 안정과 관련하여 노령연금 증액운동, 저소득노인 대책운동, 노령자 직업훈련 등이며, 의료보장과 관련하여 노인특별요양대책 개선, 노인의료제도 개선, 재활기술 및 시설 개선 등이 있고, 사회참여의 확대와 관련하여서는 노인문제조사, 노인복지향상을 위한 각종 입법활동, 노인자원봉사활동 등이 있다.

제 2 장 고령시대의 고령자 기본대책과 장기요양

제1장에서는 지구촌의 고령화 현황과 함께, 고령시대가 진행되게 된 주요한 배경과 관련하여 급속한 고령화, 고령층 특히 후기 고령층의 증대, 합계출산율 저하 사회(저출산 사회)의 등장 및 관련 현황을 살펴보았다. 이와 함께 후기 고령층이 급증하고 있는 고령시대의 노인복지와 관련하여, 의료 영역의 니즈는 물론이고 일상생활지원 또는 수발지원과 같은 장기요양 영역의 니즈도 함께 증가하고 있다는 점도 살펴보았다.

제2장에서는 이상과 같은 논의를 바탕으로 고령시대에 즈음한 주요 국가 및 한국 사회의 고령자를 위한 정책 방향 및 관련 내용을 간단히 살펴보기로 한다. 이와 같은 논의는 향후 한국 사회의 새로운 시책 수립에 있어서 많은 시사점을 줄 수 있을 것이다. 이와 함께 고령시대에 즈음하여 확대되고 있는 노인생활지원(수발) 니즈에 대한 대응과 관련하여 주목받고 있는 노인장기요양제도에 대하여 주요 국가를 중심으로 이를 간단히 살펴보기로 한다.

제 1 절 국제 사회의 고령자 기본대책

1 UN 태도

고령화의 문제가 UN의 차원에서 처음으로 제기되었던 것은 1948년 아르헨티나 회의를 통하여 제안되었던 「인권선언초안」에서였다. 동 초안은 기본적으로 인권문제를 다루고 있었지만, 그 내용의 일부가 고령화의 문제를 다루고 있었다. 물론, 당해 초안은 채택되지 못함으로써 고령화는 국제적 과제로는 부각되지 못했다.

한편, UN은 세계적으로 진행되고 있는 고령화의 물결 속에서 1982년 7월 26일~동년 8월 6일까지 오스트리아의 빈에서 고령화를 주제로 한 「고령화에 관한 세계총회」(World Assembly on Aging)를 개최하였으며, 이를 통하여 「고령화에 관한 국제행동계획」(International Plan of Action on Aging)을 채택하였다. 이와 같은 행동계획은 동년에 개최되었던 제37차 국제연합총회의 비준을 통하여 고령화는 마침내 국제적 과제로 등장하게 되었다. 물론, 이와 같은 결정은 1990년에 결의되었던 10월 1일을 「세계고령자의 날」(International Year of Older Person)로 결정하는 데도 큰 역할을 하였다.[1)]

「고령화에 관한 국제행동계획」은 각국의 고령자 기본대책의 수립과 관련하여 많은 기여를 하였지만, 다른 한편으로는 관련 내용이 지나치게 다양하고도 세부적이어서 적실성이 낮다는 평가도 받았다.[2)] 이에 1991년 제46차 국제연합총회에서는 기존의 내용을 18개 항목으로 축약한 「고령자를 위한 국제연합원칙」(United Nations Principles for Older Person)을 채택하게 되었다. 이때, 18개 항목의 국제연합원칙 속에는 고령자를 위한 5개 기본원칙이 포함되어 있었는데, 고령자의 자립(독립)·참여·케어·자기실현·존경(존엄)의 실현 등 이에 해

1) 「세계고령자의 날」의 지정은 1990년 제45차 국제연합총회에서 결정되었다.
2) 당해 행동계획은 크게 118개 항목의 62개 권고 사항으로 구성되어 있다.

당된다.[3]

UN은 국제행동계획 및 국제연합원칙 등을 국제사회에 보다 확대・보급시키고자 하는 차원에서 1992년 제48차 국제연합총회를 통해 1999년을「세계노인의 해」(International Year of Older Person)로 결의하면서, 고령화의 문제가 다양한 분야 및 다양한 세대와 연계되어 있다는 측면에서「모든 세대를 위한 사회를 지향하여」(Towards a Society for All Ages)라는 슬로건과 함께 통합 사회의 구성을 제안하였다.[4]

한편, UN은 깊어가는 세계의 고령화에 즈음하여 2002년 마드리드에서 개최되었던 제2차 세계고령화 회의를 통하여「고령화에 관한 마드리드 국제행동계획 2002」를 채택하였다. 여기서는 1982년 제1차 세계회의에서 채택되었던「국제행동계획」및 1991년에 채택되었던「국제연합원칙」의 성과를 지적하면서, 모든 사람이 존엄성을 가지고 안전한 노후생활과 함께 온전한 권리를 가진 시민으로서 사회 참여가 가능하도록 보장할 것을 강조하였다. 동 계획은 크게 서문, 행동계획, 실천 및 후속조치와 같이 크게 3개 영역의 132개 항목으로 구성되어 있다(보건복지가족부, 2002; 현외성, 2010).[5]

2 미국의 기본대책

1) 개 관[6]

미국 사회의 경우, 고령자를 위한 정책은 연방정부, 주정부, 지방자치단체 및 시민사회가 다양한 관련 법제에 의거하여 다양한 모습으로 각각 담당하고 있기 때문에 이를 일괄적으로 논의하는 데는 상당한 어려움이 있다. 이와 같은 측면을 전제한 위에, 미국 사회에 있어서의 고령자 관련 주요 법제 및 관련 내용을 간단히 살펴보면 다음과 같다.

---

3) 5개 원칙에 대한 번역어는 학자에 따른 약간의 차이가 있다.
4) 관련 내용은 다음 자료 참조(http://ja.wikipedia.org/wiki/国際高齢者年, 접속: 2015. 3. 8).
5) http://www8.cao.go.jp/kourei/program/madrid2002/plan2002.html, 접속: 2015. 3. 1, 2015. 3. 13.
6) 高齢化に関するホワイトハウス会議について-国際長寿センター; http://www.ilcjapan.org/chojuGIJ/-pdf/01-03.pdf

첫째, 「미국고령자법」(The Older American Act, 1965년)과 이에 따른 관련 정책이다.

미국 사회는 동법에 의거하여 연방정부의 「보건복지성 고령자대책국」을 통하여 광범위한 영역에 걸쳐 노인 서비스에 대한 각종 보조금을 지급할 수가 있다. 이와 같은 서비스는 대부분 50개 주정부 소속의 고령자담당기관을 시작으로 하여, 그에 소속된 670개의 지역기관의 네트워크, 이와 같은 지역기관에 소속된 수천 개의 지역사회조직 등을 통하여 시행되는 것이 보통이다.

둘째, 「고령자의료보험법」(Medicare Act, 1965년)과 그에 따른 관련 정책의 시행이다.

Medicare는 기본적으로 고령자(장애자 포함)를 대상으로 한 공적 의료보험 제도의 일종이다. 동법은 65세 이상의 고령자를 대상으로 급성 질환에 따른 치료비·입원비 등을 지급하는 보험제도이다. Medicare는 너싱홈(nursing home) 비용의 일부도 지급할 수 있지만, 이와 같은 급부(benefits)에는 제한 사항이 많다. 예를 들면, 너싱홈 비용의 일부에 대해 의료 급부를 받기 위해서는 일반적으로 최소한 3일 간의 급성 입원 이후, 담당 의사로부터 너싱홈에서의 간호·재활치료 등이 필요하다는 처방을 받은 경우로 한정된다.

셋째, 고령자에 관한 「워싱턴 백악관 회의」(White House Conference on Aging) 및 이에 따른 관련 정책의 시행이다.

미국은 1961년 이후 거의 10년 간을 주기로 관련 회의를 개최하고 있으며, 이에 따른 중요한 의제들을 입법화하는 경향이 있다. 이와 같은 백악관 회의에서는 고령자 관련 단체(NPO, NGO),[7] 전문가 및 행정기관 등이 참가하여 고령화의 문제를 둘러싼 회의는 물론 고령자에 관한 중요한 의제를 정책화하고 있다. 이에 대한 보다 구체적인 내용은 이하에서 따로 살펴보기로 한다.

넷째, 「고용에 관한 연령차별금지법」(The Age Discrimination in Employment Act)과 관련 정책의 시행이다.

동법의 중요한 내용은 사람은 누구나 연령을 이유로 고용에 있어서 차별을 받아서는 아니 된다는 것이다. 동법에 의하여 고령자는 고용에 따른 차별에 대

7) Nonprofit Organization(NPO)와 Nongovernment Organization(NGO) 간에는 일정의 차이도 있지만, 비슷한 의미로 사용되고 있다. 한국에서는 주로 NGO라는 용어를 즐겨 사용하고 있다.

하여 다양한 지원을 받을 수가 있다.

다섯째, 「너싱홈규제법」(Nursing Home Reform Act, NHRA)과 관련 정책의 시행이다.

미국 사회에서는 너싱홈에서의 학대나 부정사건 등이 종종 사회문제로 나타나고 있다. 이에 연방정부는 포괄예산조정법(Omnibus Budget Reconciliation Act; OBRA)상에 이와 같은 내용을 규정화하여 이를 시행하고 있다.[8] 예를 들면, 노인홈 입주자를 위한 서비스 질의 확보를 의무화하거나, 이에 대한 감독 강화와 함께 케어 하우스(care house)의 서비스 질의 향상을 위한 교육프로그램의 시행 등에 대한 규정이 이에 해당된다.

2) 고령자 관련 「워싱턴 백악관 회의」

여기서는 미국 사회에 있어서 고령자 복지정책의 기본방향의 모색과 관련하여 중요한 역할을 담당하고 있는 고령자를 위한 「워싱턴 백악관 회의」 및 관련 내용을 간단히 살펴보기로 한다.[9]

고령화에 관한 소위 「워싱턴 백악관 회의」(White House Conference on Aging)는 미국 사회의 고령화문제에 대한 인식 및 이에 대한 정책 방향의 결정에 있어서 중요한 역할을 담당하고 있다. 동 회의는 거의 10년을 단위로 개최되고 있으며, 본 회의에서의 결의 내용은 대통령과 연방의회의 정책결정에도 많은 영향을 미친다.

즉, 동 회의는 1961년 제1회(당시 대통령은 아이젠하워)를 시작으로 거의 10년 주기로 개최되어 오고 있다. 1961년에 개최되었던 제1회에 이어서, 1971년 제2회, 1981년 제3회, 1995년 제4회 및 2005년 12월에 제5회가 개최되었다. 가장 최근에 개최되었던 제5회에서는 미국 사회의 고령자 및 고령화를 둘러싼 다양한 문제에 대한 각종 보고 및 협의 사항 등이 제안되었다. 예를 들면, 고령자를 위한 사회보장 급부의 증액, 고령자를 위한 주택 공급 확대, Medicare 및 미국

8) 동법에서는 20인 이상의 종업원을 고용한 고용주가 제공하는 단체건강보험의 경우, 종업원 자신은 물론, 기타 사정으로 이들이 퇴직하였을 경우에도 종업원과 그 부양가족에 대한 보험은 계속적으로 제공하여야 한다는 내용이 포함된 연방정부법이다.

9) 이와 관련된 내용은 다음 저서 참조(현외성, 2010).

고령자법의 개선, 고령자를 위한 영양보급 프로그램의 강화, 고령자소수집단협의회(minority association)의 창설 등이 이에 해당된다.

한편, 제5회 회의에서는 각계 각층으로부터 제안되었던 다양한 의견에 대해 17명의 정책위원이 이를 73개 항목으로 다시 재조정하였고, 조정된 73개 항목에 대하여 동 회의에 참여하였던 모든 참여자의 투표를 통하여 그 순위를 결정하였다. 이렇게 하여 결정된 내용 중에서 상위 10위 내에 속하였던 제안 사항을 살펴보면 다음과 같다.

첫째, 미국 고령자법의 수정・재입법화를 회의 종료 이후 6개월 이내에 이를 추진할 것

둘째, 노인장기요양을 둘러싸고 나타나는 문제를 다루는 관민계획을 지원하고, 이와 관련된 재정문제, 서비스의 질 및 제공체제, 유・무상의 노동력에 대한 검토와 함께 이와 관련된 종합계획을 수립할 것

셋째, 고령자의 외출과 자립 지원을 위한 대중교통체제를 확충할 것

넷째, Medicaid를 고령자 지향적으로 보다 확대・발전시킬 것

다섯째, Medicare를 확대・발전시킬 것

여섯째, 의료분야에 종사하는 전문가나 학생, 그리고 사회복지분야에서 일하는 종사자에 대한 노년의학에 대한 교육・훈련의 지원할 것

일곱째, 사회복지시설에 의존하지 않고서도 장기요양이 가능한 혁신적인 장기요양모델의 개발을 위해 노력할 것

여덟째, 고령자의 정신장애나 우울증 등에 대한 판정・접근(access)・치료에 대한 전반적 기법・기술 발전을 지원할 것

아홉째, 노년의학을 전공하고, 그 분야의 기술과 소양을 구비한 인재를 모든 직업분야에 상당한 수준으로 충원할 것

열째, 21세기에 즈음하여 고령자에게 필요로 한 서비스를 종합적으로 제공할 수 있는 통합시스템을 주정부 및 지방자치단체 내에 이를 제도화할 것

3 일본의 기본대책

OECD 국가 중에서 한국 사회의 고령자 기본대책 등과 관련하여 많은 시사점을 주는 것으로 평가되고 있는 일본의 경험 및 주요 제도를 간단히 살펴보기로 한다.[10] 이때, 이와 같은 관련 제도 및 정책은 1980년대 중반기 이후의 내용에 초점을 둔다. 그와 같은 이유는 고령화 대책과 관련하여 일본 정부가 폭넓게 관여하기 시작한 것이 1980년대 중반기 이후부터로 볼 수 있기 때문이다. 한편, 1980년대 중반기 이후 진행된 정책도 몇 단계에 걸쳐서 변화가 있었기 때문에, 이와 같은 흐름을 중심으로 관련 내용을 간단히 정리하기로 한다.

1) 1980년대 중반기의 「장수사회기본대책」의 수립 · 운영

일본은 1980년대에 들어서면서 고령화에 대해 정부 차원의 관심이 고조되었다. 일본은 1980년대에 들어서면서 고령화 속도가 지속적으로 유지되어 마침내 1985년에는 10.3%를 초과하게 되었다.[11] 이와 같은 상황 속에서 내각은 고령화에 대한 대책의 일환으로써 「장수사회대책 관계 각료회의」의 설치와 함께 후생성(당시)산하에 「고령자대책기획추진본부」의 설치 · 운영을 결정하였다.

이와 같은 배경 속에서 설치된 동 추진본부는 당시의 일본 사회를 장수사회의 과도기 상태로 규정하면서 ① 자립 · 자조와 지원시스템의 구축, ② 사회 활력의 유지, ③ 지역에서의 시책 체계화 및 가족에 의한 지원시스템 강화, ④ 공평성과 공정성의 확보, ⑤ 민간 활력의 도입과 같은 5대 항목에 걸친 「고령자대책기본원칙」을 제시하였다.[12]

이와 같은 논의에 기초하여 내각은 1986년에 「장수사회기본대책」(長壽社會對策大綱)의 결정과 함께 기본방향으로써 ① 경제사회의 활력 도모 및 활력 있는 장수사회 구축, ② 사회적 연대의식에 입각한 지역사회 형성 도모 및 포용력

---

10) 일본의 고령화 경험 및 관련 정책은 한국에 직 · 간접적으로 많은 영향을 미쳤다. 예컨대, 장기요양보험제도는 일본의 개호보험제도를 크게 참조하였다(鄭載旭 · 白沢政和, 2007).

11) 일본의 고령화율은 1980년에 9.4%, 1985년 10.3%, 1990년 12.1% 수준이었다. 1980년대 중반기부터 10%를 넘기 시작하였고, 일본 정부는 고령화에 대한 경각심을 가지기 시작하였다.

12) 일본은 이와 같은 논의를 통하여 장수사회의 도래에 대해 본격적으로 대비하기 시작하였다.

있는 장수사회 구축, ③ 전 생애를 통하여 건강하고도 충실한 일상생활을 영위할 수 있도록 풍요로운 장수사회 구축 등을 제시하였다. 이와 같은 제도 개혁을 통하여 일본 사회는 장수사회의 도래에 대비한 사회 전반에 걸친 제도 개선의 계기로 삼게 되었다.

2) 고령자 개호서비스 제도 기반 정비(1989~1990년대 중반)

일본 사회는 고령화에 대비하여 1980년대 중반기에 장수사회기본대책과 이에 따른 일련의 제도 개선을 시행하였지만, 급속한 고령화에 따른 노인문제에 효과적으로 대응하는 데에는 여전히 많은 한계를 보였다. 이와 같은 분위기 속에서 일본은 1980년대 후반기부터 1990년대 중반기에 걸쳐 노인분야를 포함한 사회복지 전반에 걸친 대대적인 제도 개혁을 시도하였는데,[13] 이에 대한 관련 내용을 정리하면 다음과 같다.

첫째, 골드플랜의 책정을 통한 전국적 차원의 개호 기반 확대・정비이다.[14]

일본의 고령자 복지 시책은 장수사회기본대책을 통하여 크게 전환되었는데, 그 중에서도 고령자를 위한 개호기반의 양적 확대・정비가 중요한 관심사항이었다. 이와 같은 차원에서 1989년에 대장성・후생성・자치성(당시 명칭)의 세 장관(대신)의 합의로 「고령자보건복지추진10개년전략」(가칭, 골드플랜)을 발표하게 되었다. 동 전략의 추진과정에 소요되는 재원은 새롭게 도입된 소비세로 충당하고, 1990~1999년까지의 10년 간의 장기계획으로 발표되었다. 일본은 이와 같은 골드플랜을 통하여 고령자를 위한 개호기반을 획기적으로 확대・정비할 수 있는 계기를 마련하였다.[15]

한편, 골드플랜의 중요한 특징의 하나는 전국적 차원에서 추진되는 개호기반

---

13) 사회복지제도의 변화・개혁과 관련하여 일본 사회 최대의 변혁기로 보아도 좋을 것이다.

14) 일본에서는 노인 등에 대한 사회복지 서비스로써의 일상생활지원 서비스와 관련하여 개호(介護)라는 용어를 사용하고 있다. 이에 대한 적절한 번역어를 찾기가 쉽지 않아서 본인이 이를 종합수발 또는 종합수발 서비스로 번역한 바도 있었지만, 지금은 장기요양 서비스, 케어 등과 같은 용어가 이를 대신하는 양상이지만, 올바른 표현인지는 의문이 남는다. 참고로 일본은 개조(介助), 개호(介護), 간호(看護)와 같은 용어가 있고, 의미상의 차이가 조금씩 있다.

15) 일본은 개호보험제도 등의 시행에 앞서서, 중장기계획 차원에서 개호기반시설 등을 대대적으로 확대・정비하였다. 이에 비하여 한국 사회는 노인장기요양보험제도의 시행과 관련 기반시설의 정비가 거의 동시에 이루어졌고, 이에 따른 어려움은 지금까지도 일부 나타나고 있다.

의 확대・정비의 목표가 매우 구체적인 수치목표로써 제시되었다는 점이다. 예를 들면, 재택복지대책의 기반 강화를 위하여 홈헬퍼(home helper) 10만 명의 양성, 단기입소 5만 병상, 주간보호센터 1만 개소 및 거택개호지원센터 1만 개소의 확보 등이 이에 해당된다. 또한 단기입소, 주간보호 및 재택개호센터[16]의 설치・운영 권한을 기초지방자치단체인 시정촌으로 전환하였다.[17] 이와 같은 모습은 복지시설의 경우에도 마찬가지였다. 예를 들면, 특별양호노인홈 24만 명, 노인보건시설 28만 병상, 케어하우스(care house) 10만 명의 수치목표가 제시되었다. 일본은 이와 같은 골드플랜을 통하여 고령자를 위한 재택개호 기반을 확대하게 되었다.

둘째, 사회복지8법의 제・개정 및 시정촌과 재택지향적 노인복지의 추진이다.

일본은 골드플랜 시행을 계기로 대대적인 사회복지관계법의 개정을 추진하였다. 즉, 1990년에 기존의 사회복지사업법[18]을 비롯하여 사회복지 관련 법률 개정을 단행하였고, 이를 통하여 소위 사회복지8법시대가 나타났다. 이때, 사회복지8법과 관련하여 특히 주목을 받았던 것이 아동복지법과 노인복지법의 개정이었다. 노인복지법의 중요한 개정 방향은 기존의 시설 서비스(보호수용)에서 재택 서비스로, 국가에서 시정촌을 기반으로 하는 고령자 복지체제의 구축 등이 있었다. 이와 같은 일련의 제도 정비를 통하여 주민에게 가장 가까이 있는 기초지방자치단체인 시정촌이 고령자 복지와 관련된 계획 구상・기반 정비・이용 결정・재택 서비스 제공 등을 종합적으로 수행할 수 있게 되었다.

셋째, 신골드플랜의 책정과 개호서비스 확대에 따른 신개호제도의 검토이다.

골드플랜이 추진되고 있었던 1993년에 전국적으로 확인되었던 것이 개호시설의 확대・정비 필요성의 수치가 골드플랜의 수치목표를 훨씬 웃도는 것이었다. 한편, 1994년 3월 후생성 장관(대신)의 자문기관이었던 「고령사회 복지비전자문회」로부터 「21세기 복지비전」이 제시되었다. 동 보고서에서는 개호를 비롯한 복지중시형 사회보장제도의 재구축 필요성과 함께, 이를 위해서는 골드플랜의

16) 일본은 한국의 재가복지(在家福祉)와 같은 의미로써 거택복지, 재택복지라는 용어를 사용한다. 본서에서도 이들을 같은 의미로 사용한다.

17) 일본의 지방자치제도는 광역지방자치단체인 도도부현(都道府縣)과 기초지방자치단체인 시(구)정촌(市區町村)으로 구분된다.

18) 동법은 개정 이후, 사회복지법으로 명칭이 변경되었다.

개선이 필요하다는 제안이었다. 그리하여 일본 정부는 1994년에 기존 골드플랜의 후반 5년 간의 내용을 개선하는 차원에서 새로운 모습의「고령자보건복지추진10개년전략수정」, 소위 신골드플랜을 책정하게 되었다. 이와 같은 신골드플랜을 통하여 개호서비스 기반에 대한 정비 목표의 확대는 물론 노인방문간호 등과 같은 새로운 개호서비스가 시행되게 되었다. 한편, 개호서비스에 대한 니즈의 확대에 즈음하여 누구든지 쉽게 이용할 수 있는 공적 개호서비스의 실시 체제에 대한 필요성이 사회 전반에 걸쳐서 나타나기 시작하였다.

3) 고령자를 위한 공적 개호보험제도 창설

일본은 1994년을 기점으로 고령사회로 진입하게 되었고, 이와 같은 흐름은 향후 더욱 심화될 것으로 평가되었다. 이에 새로운 형태의 사회복지제도, 특히 고령자복지제도의 개혁에 많은 노력을 기울였다. 이와 같은 사회적 분위기 속에서 나타난 것이 개호보험제도이다. 이와 같은 내용을 간단히 살펴보면 다음과 같다.

첫째, 고령자사회대책기본법의 제정・시행이다.

일본은 1995년도의「고령자사회대책기본법」의 제정・시행을 계기로, 고령사회에 대한 종합대책이 추진되게 되었다. 동법에서는 다음과 같은 세 가지를 제안하였다(동법 제2조). 즉, ① 국민이면 누구나 전 생애를 통하여 직업은 물론, 기타 다양한 사회활동에 참여할 수 있는 기회가 보장된 공정하고 활력 있는 사회, ② 국민이면 누구든지 전 생애를 통하여 사회를 구성하는 중요한 일원으로서 존중받고, 지역사회가 자립과 연대의 정신에 입각하여 형성된 사회, ③ 국민이면 누구든지 생애를 통하여 건강하고도 충실하게 생활을 영위할 수 있는 풍요로운 사회 등이다. 정부는 이와 같은 관련 법 및 시책 등에 의거하여 고령사회에 대한 기본대책을 입안・추진하게 되었다.

둘째, 새로운 형태의 공적 개호보험제도의 제정・시행이다.

증가하고 있는 고령자복지 니즈에 즈음하여 새로운 형태의 고령자개호제도의 도입을 둘러싸고 논의가 활발하게 나타났다. 즉, 1994년 12월에「고령자개호・자립지원시스템연구회」로부터「새로운 형태의 고령자개호시스템의 구축을 지향하며」라는 보고서가 후생성 장관에게 제출되었던 것이 이에 해당된다. 동 보고서에서는 고령자 자립지원을 기본이념으로 하는 새로운 형태의 공적 개호제도의 도입을 제안하였다. 이때, 새로운 제도의 모습은 고령자가 필요한 개호서비스를 스스로 선택하는 것을 기본이념으로 하는 사회보험방식을 제안하였다.

이와 같은 주장은 이후 노인보건복지심의회의 중간보고서인 「새로운 고령자개호시스템의 확립에 대하여」(1995년 7월), 노인보건복지심의회 제2차 보고서인 「새로운 고령자개호제도에 대하여」(1996년 1월) 등을 거쳐, 마침내 노인보건복지심의회의 최종보고서인 「고령자보험제도의 창설에 대하여」로 종합·정리되었다.

일본 정부는 이와 같은 보고서에 의거하여 1996년 6월 「개호보험제도대강(大綱)」을 노인보건복지심의회 등에 자문·회신을 받았다. 이후 개호보험법안의 국회 제출, 국회에 의한 동법(안)의 가결(1997년 12월 7일)을 거쳐 마침내 개호보험법이 성립되게 되었다. 한편, 동법 시행에 따른 혼란을 방지하는 차원에서 2년 간의 준비 기간을 거쳐 2000년 4월 1일부터 개호보험법이 시행되게 되었다. 동법의 시행으로 개호보험제도는 일본 사회의 고령자복지제도의 핵심적 제도로써 자리하게 되었다.

셋째, 골드플랜 21의 책정이다.

일본은 개호보험제도의 시행에 즈음하여, 기존의 골드플랜의 시행이 종료되게 되는 1999년 12월 이후의 고령자보건복지시책에 대하여 검토하게 되었는데, 이를 대변하는 것이 「이후 5개년 간의 고령자보건복지시책의 방향 : 골드플랜 21」이다(1999년 12월). 이와 같은 「골드플랜 21」에는 다양한 내용이 포함되어 있지만, 핵심적인 것은 새롭게 시행될 개호보험제도하에서의 고령자보건복지시책의 방향성을 명확히 제시하고 있다는 점이다. 예를 들면, 개호예방에 대한 정의와 함께, 향후 개호서비스와 개호예방이 개호보험제도의 양축이 될 것을 제시하였다. 따라서 지금까지 고령자시책의 대상자로 분류되었던 요원호고령자(要援護高齢者)를 개호보험제도하에서 요지원인정자(要支援認定者) 및 요개호인정자(要介護認定者)로 세분함은 물론, 시정촌은 고령자를 대상으로 한 각종 개호예방 및 지역생활지원사업을 추진할 수 있는 제도적 기반을 마련하게 되었다.

4) 최근 경향

일본은 개호보험제도가 시행(2000년 4월 1일)된 이후, 사회복지환경의 변화 등에 직면하여 몇 차례에 걸친 제도 개선을 단행하였다. 예를 들면, 2005년도의 일부 개정, 2011년도의 일부 개정 및 2014년도의 일부 개정 등이 이에 속한다. 이와 같은 일련의 개정 방향 및 내용은 이하의 관련 부분에서 자세히 살펴보기로 한다. 다만, 이를 요약하면 다음과 같다(정재욱, 2013). 즉, 지역밀착형 개호서비스의 확대, 개호예방기능의 확대・강화, 수익자 일부 부담이 수반되는 응능부담(応能負擔)의 확대, 복지와 의료의 종합화, 일상생활지원 기능의 확대 등이 이에 해당된다. 물론, 기초지방자치단체인 시정촌의 역할 확대도 지속적으로 강화되고 있다.[19]

제 2 절 한국의 고령사회 기본대책

1 개 관

한국 사회에 있어서 노인문제를 사회복지분야에서 독립된 영역으로 다루기 시작된 것을 상징할 수 있는 것이 노인복지법(1981년)의 등장으로 볼 수 있다. 즉, 이전까지는 노인문제를 주로 생활보호법 등에 의거하여 구빈적 차원에서 다루어 왔지만, 동법의 등장으로 노인 일반인을 대상으로 보편적 수준에서 노인문제를 접근하기 시작하였다.

한편, 노인문제 등과 관련하여 노인복지법이란 독립된 법체제를 제정・운용하고 있는 대표적인 국가의 하나가 일본과 한국으로 볼 수 있다. 일본은 동법을 1963년부터 제정・시행하고 있으며, 당시의 고령화율은 약 6% 정도였고, 7년 후(1970년)에 고령화사회로 진입하였다.[20] 이에 비하여 한국은 1981년부터 동

19) 이상과 같은 일본 사회의 내용은 다음을 참조(永和良之助 外 2人, 2011; 全國社會福祉協議會, 2012; 정재욱, 2012).

20) 1963년을 전후한 일본의 고령화율을 살펴보면, 1960년 5.7%, 1965년 6.3%, 1970년에 7.1%로 나타났

법을 시행하였고, 당시의 고령화율은 약 4% 수준이었으며, 19년 후(2000년)에 고령화사회로 진입하였다. 고령화율 및 고령화사회로의 진입 시점 등을 고려하여 볼 때, 한국은 일본에 비하여 비교적 일찍부터 노인문제를 국가적 차원에서 접근하였다고 볼 수 있다.[21)]

한편, 한국의 경우 1980년대 초반기부터 정부 차원에서의 일련의 노력을 기울였지만 고령화와 이에 따른 노인문제는 국가적 현안 과제로 부각되지는 못했다. 이와 같은 과제가 국가적 차원의 현안 과제로 등장하게 된 것은 고령화사회로 진입하기 시작하였던 2000년 이후부터이다. 이와 같은 흐름을 상징할 수 있는 것이 2005년 이후부터 설립 · 운용되고 있는 「저출산 · 고령사회위원회」 및 두 번에 걸친 「저출산 · 고령사회기본계획」의 발표 · 시행이다.[22)][23)] 물론, 이와 같은 활동을 지원하는 근거법(母法)으로써 2005년 9월 11일부터 「저출산 · 고령사회기본법」(제정, 2005년 5월 18일, 법률 제7496호)이 시행되고 있다.

따라서 다음에서는 한국 사회에 있어서의 고령화 및 이에 따른 기본대책과 관련하여 주로 「저출산 · 고령사회기본계획」 중에서 고령사회기본계획과 관련 내용을 중심으로 이를 간단히 살펴보기로 한다.

2 제2차 고령사회 기본계획[24)]

1) 근거 기반

참여정부 초기부터 시작되었던 저출산 · 고령사회에 대한 논의는 「저출산 ·

다. 일본은 1970년부터 고령화사회로 진입하였다.

21) 이와 같은 배경에 대하여 한국 사회에서는 이를 정치적 입장에서 접근하는 경향이 강하다. 예를 들면, 1980년대 초반부 노인복지법을 비롯하여 사회복지제도 전반에 걸친 개편 작업을 당시 군사정부의 정당성 및 국민지지의 확보 등과 연관하여 설명하는 것이 이에 해당된다. 이와 같은 접근도 의미 있겠지만, 근접후발효과 역시 고려할 수 있을 것으로 본다. 이는 인근에 있는 일본의 선도적 제도 개혁의 효과가 보다 용이하게 전파 · 원용되는 양상에 초점을 둔 시각이다.

22) 제2차 기본계획은 2012년 12월 16일에 국무회의를 통하여 고령사회분야에 대한 수정이 있었다.

23) 2015년 2월에 제3차 기본계획방향(안)이 발표되었는데, 당해 계획(안)의 시행년도는 2016~2020년까지이다. 제2차 기본계획은 한 번에 걸친 수정 · 보완작업이 있었다.

24) 이하에서는 문장의 연결성 등을 고려하여 「저출산」의 용어는 꼭 필요한 부분에서만 사용한다.

고령사회기본법」의 제정(2005년 6월) 및 「대통령직속저출산·고령사회위원회」의 발족(2005년 9월)으로 일단락되었다. 이후 동 위원회는 이명박 정부에서 한때 보건복지부장관의 소속으로 변경되었지만, 그 후 다시 대통령 소속으로 조정되어 현재까지 운영되고 있다(동 기본법 제23조 제1항). 동 위원회는 동 기본법에 의거하여 「저출산 및 인구의 고령화에 대비한 중·장기 인구구조의 분석과 사회·경제적 변화 전망에 관한 사항」 등을 비롯하여 다양한 영역에 걸쳐 관련 내용을 심의한다.

한편, 보건복지부는 동 기본법에 의거하여 저출산·고령사회에 대비한 중·장기 정책목표 및 방향을 설정하고, 이에 따른 「저출산·고령사회기본계획」을 수립·추진하게 된다(제23조 제1항). 또한 보건복지부는 관계 중앙행정기관(장)과 협의하여 5년마다 기본계획(안)을 작성하고, 저출산·고령사회위원회 및 국무회의의 심의 및 대통령의 승인을 얻어서 이를 확정하게 된다.

이와 같은 법령내용을 배경으로 한국 사회에서는 2015년(현)까지 두 번에 걸친 「저출산·고령사회기본대책」이 수립·시행되었다. 이때, 제1차 기본대책[25]은 2010~2010년까지,[26] 그리고 제2차 기본대책은 2011~2015년까지로 되어 있었다.[27] 한편, 박근혜 정부에서는 제2차 기본대책 중에서 「고령사회 부분」을 중심으로 보완계획을 발표하였다(2012년 10월 16일). 따라서 여기에서는 제2차 기본대책 중의 보완내용을 중심으로 한국의 고령사회기본대책을 간단히 살펴보기로 한다.

2) 제2차 고령사회 기본대책

합계출산율의 저하 및 고령화가 빠르게 진행되고 있는 분위기 속에서, 정부는 저출산·고령화에 대한 심각한 인식을 바탕으로 이에 대한 대책의 일환으로써 「제2차 저출산·고령사회기본대책」을 발표하였다.[28] 동 기본계획은 크게 4대

---

25) 동 기본법에서는 「기본계획」이란 표현을 사용하고 있지만, 정부 보고서 등에서는 「기본대책」이란 표현도 사용하고 있다. 여기서도 문장의 연결성 등을 고려하여 이를 혼용하여 사용한다.

26) 「제1차 기본계획」의 내용은 다음을 참조(현외성, 2010; 대한민국정부, 2008).

27) 정부는 2016~2020년까지를 계획연도로 하는 제3차 기본대책 방향(안)을 2015년 2월 6일에 발표하였다.

28) 보건복지부(2010. 10. 26)의 보도자료(저출산·고령사회 본격 대비를 위한 제2차 기본계획 확정).

영역과 231개의 핵심과제로 구성되어 있었으며,[29] 4대 영역으로는 ① 출산과 양육에 유리한 사회적 환경 조성, ② 고령사회의 삶의 질 향상을 위한 기반 구축, ③ 성장동력원의 확보 및 분야별 제도 개선, ④ 저출산·고령사회의 도래에 즈음한 긍정적 사회 분위기 조성 등이었다.

한편, 정부는 제2차 기본대책의 시행에 즈음하여 기존 저소득계층을 대상으로 기존의 지원 위주의 제1차 기본대책에서 벗어나, 맞벌이가구 및 베이비붐 세대[30]까지 대상 집단을 확대함은 물론, 사회복지에 대한 국민 체감도의 향상과 기업·지역사회·국민의 참여 확대를 유도하는 방향으로 전환하였다.

한편, 고령사회에 대한 대책과 관련하여 제2차 기본대책에서 특히 주목하였던 부분은 다음과 같다. 즉, ① 중·고령층의 근로 기회의 확대 및 퇴직연금을 비롯한 노후소득 보장을 통한 베이비붐 세대의 은퇴대비책의 강화, ② 사전예방 건강관리체제의 구축을 통한 고령시대의 고령자 삶의 질의 향상 도모, ③ 고령사회에 대한 대비책의 일환으로써 주택·교육·금융·재정 등을 비롯한 분야별 제도 개선과 함께 이에 대한 범사회적 참여 분위기의 확산 등이 이에 해당된다.

3 고령자 보완대책

1) 배 경

정부는 제2차 고령사회기본대책이 수립·시행하고 있는 중임에도 불구하고, 새로운 사회환경 변화에 직면하여 당해 계획의 수정·보완의 필요성을 가지게 되었다. 이때, 주목되었던 대표적인 요인이 베이비붐 세대의 급속한 은퇴 및 100세 시대의 도래에 따른 고령화 관련 정책 수요의 급증이었다. 물론, 제2차 기본계획에서도 이와 같은 사회환경 및 정책 수요의 변화를 예측하고 이에 대한 대책 방안을 제시하였지만, 최근의 흐름을 충분히 반영하는 데는 한계가 있

29) 제2차 기본계획은 2010년 10월 26일 국무회의에서 심의·의결을 통하여 확정되었다. 한편, 동 계획의 시행기한은 2011~2015년(5년 간)으로 되어 있다.
30) 베이비붐 세대란 한국에서는 1955~1963년 사이에 태어난 세대, 일본은 1947~1949년 사이에 태어난 세대를 의미한다. 한편, 이들 세대를 제1세대 베이비붐 세대로 재구분하기도 한다.

었다. 그리하여 주로 고령사회 분야를 중심으로 제2차 기본계획에 대한 보완대책이 검토・성안되게 되었다.

제2차 기본계획과 관련하여 금번에 단행된 고령사회를 중심으로 한 보완대책의 기본방향을 요약하면 다음과 같다. 즉, ① 향후 30년 사이에 노인집단으로 진입하게 될 예비노인 세대를 대상으로 하여, 이들 세대의 특성을 고려한 사전・예방적 차원의 정책 수립의 강조(대상집단의 확대 등), ② 고령시대에도 고령사회의 지속가능성을 유지할 수 있는 선제적 대응체제 마련(미래 지향적 추진 목표), ③ 고령사회에 즈음하여 사회적 관심이 증대하는 소득・일자리・사회참여・주거・교통 등을 중심으로 한 집중적인 보완작업(현안 과제에 대한 지속적인 보완) 등이 이에 속한다.

2) 기본구조

이와 같은 보완과정을 거쳐 제시된 고령사회에 대비한 고령화 기본대책의 방향 및 주요 과제 등을 재정리하면 [그림 2-1]과 같다. 따라서 한국 사회에 있어서의 고령화에 따른 고령자기본대책은 다음과 같이 재정리할 수 있다. 먼저, 정책목표로써는 ① 고령사회에 대한 대응체제의 확립・강화, ② 국가의 잠재성장률 및 재정의 지속가능성의 향상 등이다. 이에 따른 세부적 추진목표로써는 ① 안정된 노후 소득 보장, ② 건강 수명 연장, ③ 적극적인 노년의 삶의 보장, ④ 안전하고 편리한 일상생활 보장 등이다.

한편, 이와 같은 기본대책의 원활한 수행을 위한 제도적 차원의 추진 기반 구축과 관련하여 다음을 제안하였다. 즉, ① 정부・기업・지역사회・개인 등이 함께 하는 노후생활 준비 체제의 확대・강화, ② 관련 법・추진기구 등의 제도적 기반 강화 등이다.

이와 같은 기본대책의 목표와 관련하여 주목되는 부분은 고령사회에 즈음한 대응체제의 확립과 재정적 차원의 지속가능성의 향상이다. 이와 같은 부분은 이해하기에 따라서는 내용상으로 충돌하는 측면도 엿보인다. 아무튼, 고령시대에 있어서의 노인복지 니즈의 다양화 및 확대에 즈음한 재정 수요를 어떻게 관리하여 갈 것인가 하는 점은 한국은 물론 세계 각국의 중요한 현안 과제임은 분명하다(현외성 외 12인, 2011; 福祉士養性編集委員會, 2004).[31] 다음에서는 [그

그림 2-1 제2차 고령사회기본계획: 고령사회보완대책(2011~2015년)

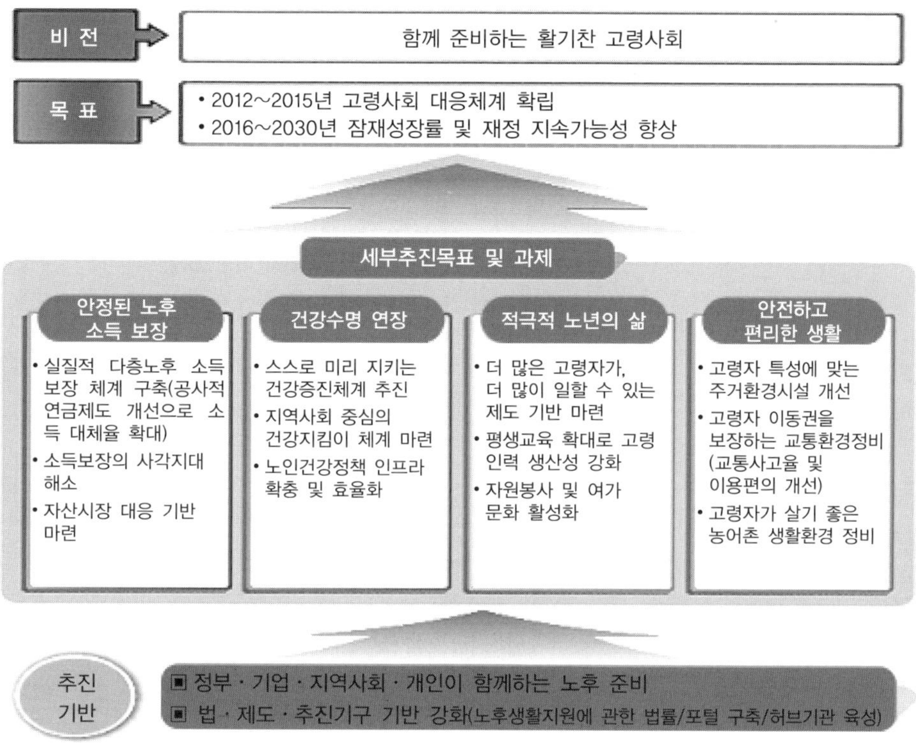

* 자료: 대한민국정부(2015), 참조.

림 2-1]을 중심으로 세부추진과제의 내용을 간단히 살펴보기로 한다.

3) 주요 내용

제2차 고령사회기본계획상의 「고령사회 보완 기본대책」은 당초 기본계획의 내용 중에서 「안전하고 편리한 생활 영역」이 2개의 하위 영역으로 세분되어 전체적으로 6개의 정책 영역으로 재구분되었다. 이와 같은 내용을 과제명의 차원에서 재정리하면 〈표 2-1〉과 같다.[32]

먼저, 전체 영역을 간단히 살펴보면 다음과 같다. 즉, ① 소득 영역에서 「안정

31) 이와 같은 복지 · 재정적 측면은 혼합복지 · 복지다원주의 등장과도 깊은 관계가 있다.
32) 이와 같은 부분에 대한 보다 구체적인 내용은 다음을 참조 바람(대한민국정부, 2015).

표 2-1 제2차 기본계획 고령사회분야 보완대책(과제명)

구 분	과제명
소득 (안정된 노후소득 보장)	• 퇴직급여제도의 퇴직연금으로 전환 - 퇴직연금가입확산을 위한 인센티브 제공 - 퇴직연금제도로의 단계적 일원화 유도
	• 퇴직연금의 노후소득 보장기능 강화 - 다양한 연금상품 개발 - 퇴직연금 수령 유도를 위한 세제혜택 확대 - 퇴직소득(퇴직일시금제)에 대한 과세정상화 - 퇴직연금 건전성 강화 및 소비자 권리 확대 - 퇴직연금 가입자 교육실시
	• 개인연금 활성화 - 개인연금 가입유도를 위한 세제개선 - 개인연금 종합포털 구축
	• 국민연금 지역가입자 보험료 지원 - 차상위 지역가입자 보험료 지원
	• 공·사적연금 연계 종합 포털 구축
	• 노후설계지원에 관한 법률 제정
	• 자산시장 변화 대응 전략 수립
건강 (예방적 건강관리로 건강수명 연장)	• 스스로 미리 지키는 건강증진체계 구축 - 생애주기별 건강검진제도 개편 - 건강위험군 건강검진결과상담 제공 - 건강위해요소에 대한 관리 강화 - 여성건강을 위한 예방적 관리체계 강화 - 건강형태개선 토털케어체계 마련
	• 지역사회 중심의 건강지킴이 체계 마련 - 의원급 만성질환관리체제 정착 및 개선 - 보건소 기능 선진화 - 농어촌 거주 노인 대상 건강지킴이 운영 - 지역사회 중심 정신건강위험군 조기 발견
	• 노인건강 제도기반 마련 및 치매노인관리체계 구축 - 노인건강정책 제도기반 확충 - 치매조기발견 및 예방 강화 - 맞춤형치료 및 보호 강화 - 치매관리 인프라 확대 - 가족지원 강화 및 사회적 인식 개선
	• 노인장기요양보험제도 내실화 - 노인장기요양보험 수혜자 확대 - 주·야간보호 등 재가급여 서비스 활성화 - 지역밀착형 포괄케어시스템 구축 - 중장기 재정관리체계 마련

	• 고령사회 대비 의료보장성 강화 - 건강보험 보장성 강화 - 실손의료보험 개선으로 소비자 의료보장 강화
	• 고령화 대비 의료비 재정 합리화 노력 - 건강보험 지불제도 개편 추진 - 임종기 환자 완화의료 서비스 확대 - 외래진료시 본인부담금 구조조정 방안 마련
사회참여 (사회참여 활성화로 적극적 노년 삶)	• 더 많은 고령자가 더 오래 일할 수 있는 여건 조성 - 주된 일자리 유지를 위한 정년제 개선 검토 - 근로시간 단축 청구권 도입 - 전직·재취업 지원 서비스 확대 - 사회공헌 일자리 확대
	• 평생학습 기회 확대 - 예비고령자 위한 평생학습 참여기회 확대 - 평생학습 공급구조 개선 및 맞춤형 프로그램 - 학습과 고용 선순환 구조로 양성된 고령인력 배치 및 활용
	• 자원봉사 및 여가활동 활성화 - 자원봉사 질적향상을 위한 사회공헌 프로그램 확대 - 지역사회 단위의 사회참여 인프라 확대 - 해외봉사 활동 확대 - 문화취약계층 노인을 위한 바우처 사업 등 내실화
주거참여 (안전하고 편리한 주거교통환경 조성)	• 고령자 특성에 맞는 주건환경 시설 개선 - 저소득 노인 가구를 위한 주택공급 확대 - 고령자 특성에 따른 거구주택 개조사업 실시
	• 고령자 이동권을 보장하는 교통환경 정비 - 고령운전자를 위한 교통환경 조성 - 고령자 이동편의를 위한 대중교통 및 보행 환경 개선
	• 고령자가 살기 좋은 농어촌 생활환경 조성 - 고령 친화적 농어촌 주거환경 재정비 - 농어촌 지역의 대중교통 개선 노력 - 도시 은퇴자 귀농·귀촌 지원 확대
노후설계 (노후설계 서비스 지원 강화)	• 노후설계 서비스 지원 강화 - 민·관 공동 노후준비지표 개발·활용 - 체계적 노후설계 교육 확대 - 노후설계 전문인력 양성으로 서비스 확산 - 베이비부머 종합정보포털 구축운영 및 실태조사 실시
인프라 육성 (추진인프라 육성)	• 고령사회 대응 허브기관 육성 - 노인복지정책 통합 수행 - 「고령자 사회참여 종합지원시스템」 운영 - 소외노인 서비스 체계화 및 돌봄인력 양성 - 「한국노인인력개발원」을 고령사회 대응 허브기관으로 양성

* 자료: 대한민국정부(2015), 제2차 저출산·고령사회기본계획 고령사회 보안판.

된 노후소득 보장」, ② 건강 영역에서 「예방적 건강관리로 건강수명 연장」, ③ 사회참여 영역에서 「사회참여 활성화로 적극적 노년 삶」, ④ 주거참여 영역에서 「안전하고 편리한 주거교통환경 조성」, ⑤ 노후설계 영역에서 「노후설계 서비스 지원강화」, ⑥ 인프라 육성 영역에서 「추진인프라 육성」이 이에 해당된다.

(1) 소득 보장 관련 「안정된 노후소득의 보장」 강화

한국의 경우, 고령층의 안정적 노후생활을 위한 소득 보장 대책은 OECD 국가 중에서도 미흡한 수준으로 평가되고 있다(한국경제연구원, 2015).[33] 이때, 고령층의 노후 소득원으로써 보편적 기능을 담당하는 공·사적 연금제도에 따른 연금 급여 현황을 간단히 살펴보면 다음과 같다.

첫째, 국민연금의 경우, 2012년 현재 65세 이상 노인의 27.9%(157만 명)가 수급자로 나타나고 있으며, 이들의 평균 수급액은 월 28만 원으로써, 수급률 및 연금액이 매우 낮은 편이다.[34]

둘째, 퇴직연금의 경우에는 낮은 가입률, 일시금 지급 및 중간정산 등으로 인하여 고령층의 안정적 노후소득보장제도로써는 기능이 매우 미흡한 편이다. 퇴직연금제도의 경우, 2012년 현재 전체 상용근로자의 39.5%인 약 376만 명, 전체 사업장의 11.4%인 약 17만 개소에서 시행하고 있다(고용노동부, 2012년 7월 기준).

셋째, 개인연금의 경우, 가구당 가입률은 32.2% 수준으로써 매우 저조한 편이다(저소득층 미포함). 이를 다시 연령대별로 살펴보면, 30~50대 이상의 가구는 30% 이상이지만, 막상 노후 준비가 더욱 필요한 60대 이상의 가구는 20% 수준으로 낮은 편이다(보험연구원, 2010).

한국 사회는 기대수명의 연장은 물론, 베이비부머(baby boomer) 세대의 대량 퇴직에 따른 급속한 고령자 규모의 확대에 즈음하여, 이들의 안정적인 노후생활을 보장하기 위한 소득 보장책이 매우 중요하게 되었다. 한국의 경우, 국민연금제도(1988년), 개인연금제도(1994년), 퇴직연금제도(2005년) 등이 도입·시행되고는 있지만, 아직은 제도적 안정기에 들어가 있지 못하기 때문에 공적

33) 한국 사회의 노인빈곤율은 OECD 국가 중에서 최하위 그룹에 속하는 것으로 평가된다.
34) 2013년 현재 국민연금의 전체 가입자는 1,988만 명이다.

연금 급여의 수준은 낮은 편이며, 사적 연금제도 역시 미흡한 상태이다.

한편, 한국의 경우, 공·사적 연금제도에 따른 노후소득 보장의 수준을 살펴보면 공적 연금제도의 한계를 더욱 잘 이해할 수 있다. 예를 들면, 한국의 연금 수준은 고령층의 노후소득 보장 수준의 약 45~55%, 미국 79%, 영국 70%, 프랑스 67%로써 상대적으로 매우 낮은 수준임을 알 수 있다(보험연구원, 2008; OECD, 2009; 대한민국정부, 2015).

이와 같은 상황 속에서 정부는 고령층의 안정된 노후생활 보장을 위한 소득 보장 차원에서 기존의 관련 제도에 더하여 새롭게 「공·사적 연금제도 간의 연계성 강화」 및 「사적 연금제도의 활성화 방안」을 제시하였다.[35] 이와 관련된 보다 구체적인 정책 과제는 〈표 2-1〉과 같다. 즉, ㉠ 퇴직급여연금제도의 퇴직연금으로 단계적 전환, ㉡ 퇴직연금의 노후소득 보장기능 강화, ㉢ 개인연금 생활화, 차상위 지역가입자국민연금 보험료 지원 검토(중·장기), ㉣ 공·사적 연금 연계 종합포털 구축추진, ㉤ 노후설계지원법 제정, ㉥ 인구구조 변동에 따른 자산시장 변화대응 전략 등이 이에 해당된다.

(2) 건강 보장 관련 「예방적 건강관리와 건강수명 연장」 보완

한국 사회의 경우, 급속한 고령화와 후기 고령자의 증가, 그리고 고령층의 건강습관의 악화 등으로 인하여 향후 고령층의 의료비 증가가 빠르게 진행될 것으로 평가되고 있다. 예를 들면, 한국의 경우, GDP 대비 국민의료비의 평균 증가율(2000~2007년)은 4.7% 수준이지만, OECD 국가는 2.0% 수준이다(2000~2006년). 이는 한국의 국민의료비 증가율이 OECD 국가보다 2배 이상 빠르게 진행되고 있음을 알 수 있다(보건사회연구원, 2012).[36]

이와 같은 국민의료비 중에서 특히 주목하게 되는 부분이 노인의료비의 비중 증가이다. 예를 들면, 2010년에는 전체 국민의료비 대비 노인의료비의 비중이 30.9%이었지만, 2020년경에는 45.6%까지 증가할 것으로 전망된다(국민건강보

---

35) 참고로 글로벌고령화대비지표(GAP)에 따르면 한국은 조사대상 20개국 중에서 재정의 지속성 12위, 노후소득 적절성 19위로 평가되어 고령층을 위한 재정 및 소득보장 대책의 문제점을 잘 나타내고 있다(전략·국제문제연구소, 2011; 대한민국정부, 2015).

36) 국민건강보험지출 현황을 살펴보면 2010년 약 35조 원에서 2030년에는 약 162조 원이 될 것으로 전망(대한민국정부, 2015).

험공단, 2008).

고령시대에 즈음한 노인의료비 증가를 가속화시키는 또 다른 중요한 요인의 하나는 고령층의 평균수명과 건강수명 간의 큰 차이이다. 한국의 경우, 이와 같은 차이는 9년(2007년 현재) 정도이며,[37] 이에 따른 노년층의 만성질환 유병률 역시 급증하고 있다. 예를 들면, 2008년 현재 65세 이상 노인 중에서 1개 이상의 질병을 가지고 있는 경우가 84.9%로 나타나고 있다(노인실태조사, 2008).

이와 같은 상황 속에서, 정부는 고령사회에 대비한 기존의 건강정책에 더하여 새롭게 건강수명연장(health aging)은 물론, 이에 따른 노인의료비 지출의 효율화를 추구하는 차원에서 고령자 건강을 위한 「사전·예방적 건강관리 및 건강수명 연장」 시책을 마련하게 되었다. 이와 같은 차원에서 추진하고 하는 중요한 시책으로는 ㉠ 스스로 미리 지키는 건강증진체계 구축, ㉡ 지역사회 중심의 건강지킴이 체계 마련,[38] ㉢ 노인건강정책 제도기반 마련 및 노인관리체계 구축, ㉣ 노인장기요양보험제도의 내실화, ㉤ 고령사회 대비 의료보장성 강화, ㉥ 고령화 대비 의료비 재정 합리화 노력 추진 등이다.

(3) 「사회참여 활성화로 적극적 노년 삶」 확대·강화

지속가능한 고령사회의 유지를 위해서는 전 생애에 걸친 교육·훈련 및 사회참여의 확대, 그리고 이를 통한 생산적인 노년기 보장이 매우 중요하다. 더구나 저출산·고령사회에 따른 생산가능인구의 감소 및 고령자 부양비 급증 등을 고려할 때, 고령층의 사회참여 확대는 국가성장 잠재력의 유지에도 큰 도움을 될 것이다. 특히, 한국의 경우, 고령자 대비 생산가능인구의 비율이 급감되고 있는 상황에서는 고령층의 사회참여 확대는 더욱 중요하다.[39]

그러나 한국 사회의 경우, 일반 근로자의 주된 일자리 평균 퇴직연령(약 53세)과 최종 은퇴연령(67세) 간의 큰 간격은 물론, 중·장년층을 대상으로 한 평생 교육·훈련의 기회마저도 부족한 관계로, 주된 일자리 퇴직 이후의 고령층

---

37) 2007년 현재 한국인의 평균수명 79.56세, 건강수명 71세이다(통계청, 2007).

38) 한국의 경우, 향후 국민건강을 유지하기 위해서는 병원에 대한 의존에서 벗어나서, 지역사회 중심의 강력한 일차의료체계의 구축, 포괄적 지불제도로의 개편, 양질의 의료 서비스를 제공하는 공급자에 대한 적절한 보상 등이 필요한 것으로 제안(한국의료의 질 검토보고서, OECD, 2012).

39) 고령자 대비 생산가능인구의 비율을 보면, 2010년 6.0%에서 2050년에는 1.3%로 급감 예상(OECD 한국경제보고서, 2012).

은 불안정한 고용·생활이 지속되고 있다. 한편, 그 동안 정부가 추진하여 왔던 노인일자리사업 등의 경우에는 주로 사업의 양적 확장에 치중하여 왔던 관계로 고령자의 다양한 욕구 충족이나 안정적인 소득 보장에는 상대적으로 미흡하였다(대한민국정부, 2015).

한편, 최근 들어서 한국에 있어서 고령층의 사회참여 확대가 더욱 요구되는 또 다른 이유는 베이비붐 세대의 대규모 퇴직과도 깊은 관계가 있다. 이와 같은 현실에도 불구하고, 고령자를 위한 자원봉사, 여가활동, 교육·훈련 등에 대한 각종 지원체계는 매우 부족한 편이다. 이와 같은 이유로 고령층의 사회참여는 낮은 편이다. 예를 들면, 어느 보고서에 따르면 「노후의 삶에 있어서 사회활동이 중요하다.」가 49.5%, 「여가활동이 중요하다.」가 83.7%(보건사회연구원, 2010)로 나타나고 있지만, 실제로 자원봉사에 참여하는 참여율은 40대가 16.3%, 50대 17.2%, 60대 13.4%이고, 문화예술에는 40대가 6.6%, 50대 3.7%, 60대 2.2%로써, 고령층이 다른 연령층에 비하여 상대적으로 낮게 나타났다(문화관광부, 2010). 이와 같은 모습은 OECD 국가를 대상으로 한 중·고령층(45~54세)의 평생학습 참가율에서도 비슷한 양상을 보였다. 예를 들면, 이들의 평생학습 참가율을 보면 한국 25.2%, 캐나다 41.7%, 핀란드 56.7%, 독일 46.6% 및 OECD 평균 40.0%로써, 한국은 이들 국가의 약 절반 수준에 지나지 않는다.

이와 같은 여건 속에서 정부는 고령층의 「사회참여의 활성화를 통한 적극적인 노년의 삶」을 확대·강화시키는 차원에서 다음과 같은 정책 방안을 제시하였다. 즉, ㉠ 더 많은 고령자가 더 오래 일할 수 있는 제도기반 마련, ㉡ 평생학습 기회 확대로 고령인력의 생산성 제고, ㉢ 자원봉사 및 여가활동 활성화 등이다.

(4) 주거참여 관련 「안전하고 편리한 주거·교통 환경 조성」

급속한 고령화로 고령가구, 특히 독거 내지 부부노인가구가 증가하고 있으나, 주거 및 교통 환경은 이를 충분히 반영하고 있지를 못한다. 예를 들면, 60세 이상 노인가구 중에서 독거노인가구가 25.7%, 부부노인가구가 39.4%(노인실태조서, 2008)를 차지하고 있지만, 지역사회의 주거·교통 환경은 이와 같은 사실을 충분히 반영하고 있지를 못한다.

한편, 노인의 절대 다수(94.4%)는 현 거주지에서 계속 살기를 희망하고 있지만, 주거 환경은 이와 같은 노인 욕구의 반영에도 큰 한계를 보이고 있다. 예를 들면, 노인의 약 30%가 현 주택의 내부시설에 대하여 불만을 나타내고 있고, 나아가서 주택 개조가 필요하다는 노인가구가 약 29만 가구로 나타나고 있다(국토연구원, 2008).

특히, 초고령사회로 접어들고 있는 농어촌 지역의 경우,[40] 노인가구의 노후화 비율은 더욱 높고, 이들이 이용하는 대중교통 환경 역시 매우 열악한 편이다. 예를 들면, 농어촌 노인가구의 약 30% 정도가 1960년대 이전에 건축된 가구이며, 전국 36천여 개의 (행정)리(촌)의 약 13% 지역에는 대중교통수단마저 없는 것으로 나타나고 있다(농촌경제연구원, 2012). 나아가서 교통시설이 정비되어 있는 경우에도, 노인 또는 노약자를 위한 교통 환경 정비의 부족 등으로 65세 이상 고령자의 61.2%가 「교통이용에 따른 교통사고의 불안감」을 느끼고 있는 것으로 나타나고 있다(통계청, 2010).

이와 같은 환경 속에서 정부는 노인주거와 관련하여 「안전하고 편리한 주거 · 교통 환경 조성」을 제시하면서, 이에 대한 보다 구체적인 정책 과제로써 ㉠ 고령자 특성에 맞는 주거환경 시설 개선, ㉡ 고령자 이동권 보장하는 교통 환경 정비, ㉢ 고령자가 살기 좋은 농어촌 생활환경 조성 등을 제시하고 있다.

(5) 노후설계 관련 「노후설계 서비스 지원 강화」

고령시대에 즈음하여 지속적인 기대수명의 증가(2010년 현재 평균 기대수명은 80세)로 인하여 생애주기에서 노년기가 차지하는 비중 역시 증가하여 가고 있다. 따라서 안정된 노후생활을 위해서는 퇴직 이후의 노후설계에 대한 중요성이 크게 증가하고 있다.

한국 사회의 경우, 특히 2010년 이후부터 베이비붐 세대의 대량 은퇴에 따른 고령층의 급속한 증대에도 불구하고, 베이비붐 세대를 포함한 노년 세대의 노후생활 준비율은 〈표 2-2〉와 같이 43~44% 수준에 지나지 않고 있으며, 그나마 노후생활을 위한 준비 항목도 [그림 2-2]와 같이 대부분 자산과 건강관리 등에

40) 한국 농어촌 지역의 고령화율은 30% 수준을 보이고 있다. 예를 들면, 경남 의령군은 2008년 현재 고령화율이 29% 수준이었다.

표 2-2 성별 · 연령별 노후준비 수준

준비 수준	안함	별로 안함	어느 정도	충분	교육 희망률
▣ 전체 ▣	9.9	45.9	42.0	2.1	38.1
이전 세대	12.9	47.9	37.1	2.1	37.9
베이비붐 세대	6.7	47.0	44.1	2.2	39.5
이후 세대	11.3	43.5	43.2	2.0	36.8

그림 2-2 노후준비 항목(복수응답)

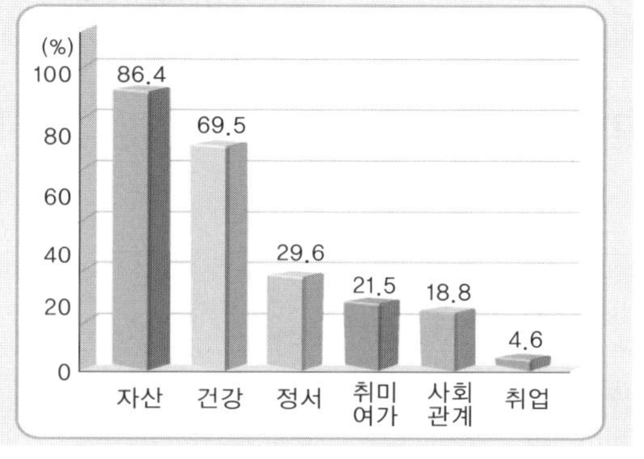

＊자료: 보건복지부(2011), 저출산 · 고령화 인식조사.

치중되어 있다. 한편, 노후설계의 필요성에 대한 인식 역시 낮아서 노후설계와 관련된 교육희망률이 38.1%에 불과하다(보건복지부, 2011; 대한민국정부, 2015).

이와 같은 환경 속에서 정부는 예비 퇴직자들을 대상으로 안정된 노후생활을 위한 체계적인 노후설계교육의 제공과 함께 본인 스스로 자신의 노후를 준비할 수 있도록 하는 제도적 기반을 마련하는 차원에서 다음과 같은 보다 세부적인 정책 과제를 제시하였다. 즉, ㉠ 노후설계지원 서비스 강화, ㉡ (가칭)베이비붐 종합정보포털 구축운영으로 퇴직 이후의 인생준비 관련 모든 정부정책 및 통계자료를 한 곳에서 지원 등이 이에 해당된다.

(6) 인프라 육성 관련하여 「관련 추진인프라의 육성」

다가올 고령사회에 즈음하여 고령층이 선호하는 사회복지프로그램을 살펴보면 크게 의료 서비스, 일자리제공, 적절한 삶의 질의 유지 등으로 나타나고 있다(대한민국정부, 2015). 이와 관련하여 주목하게 되는 부분은 안정된 노후생활에 대한 다양한 요구를 통합적 관점에서 수용·정책으로 담아낼 수 있는 혁신 기구의 구축이다.

이와 같은 혁신 기구는 ㉠ 노인일자리·자원봉사·여가·평생교육 등의 분야에 걸쳐서 노인들의 요구에 상응하는 프로그램의 개발 및 정보 제공, ㉡ 소외된 노인들을 돕는 복지 서비스 제공 및 돌봄 인력에 대한 교육·양성, ㉢ 민간영역의 전문가·단체 등과의 협력을 통한 비전 공유 및 파트너십의 발휘 등을 할 수 있을 것이다. 이와 같은 차원에서 정부는 [그림 2-3]과 같이 노인일자리사업을 비롯하여 고령사회 전반에 걸친 관련 정책을 주관할 노인정책 허브(hub)로써, 기존의 한국노인인력개발원을 확대·개편한 (가칭)고령사회복지진흥원을 제안하였다.

그림 2-3 (가칭)고령사회복지진흥원 모형

현 재		개편 후
한국노인인력개발원	명 칭	가칭 '고령사회복지진흥원'
노인일자리사업 추진	미 션	노인복지 서비스 질적 향상
재단법인	성 격	법정법인 (저출산고령사회기본법)
노인일자리	주 요 역 할	• 노년기 경력(career) 설계 및 고용 촉진 • 소외노인 보호 및 돌봄 • 노인복지분야 전문인력 양성 • 고령사회 정책개발 지원

* 자료: 대한민국정부(2015).

제 3 절 기본대책의 핵심 과제 : 노인장기요양

1 노인장기요양에 대한 접근

급속한 고령화와 후기 고령층의 급증으로 상징되는 고령시대에 있어서의 고령자 복지환경의 변화에 대해서는 이미 살펴보았다. 이와 같은 고령자 복지환경의 변화에 즈음하여 OECD 국가들이 노인복지와 관련하여 주목하였던 중요한 영역의 하나가 고령자 장기요양 니즈의 확대 및 이에 대한 대응책의 모색이었다. 이와 같은 현상이 발생하게 된 중요한 배경에는 수명 연장으로 인하여 신체적·사회적 기능의 감퇴에도 불구하고 고령층의 상당 규모가 장기요양 대상자로서의 오랜 삶을 영위하는 경향이 증대하였기 때문이었다.

이와 같은 사회적 분위기 속에서 OECD 국가를 중심으로 증가하고 있는 노인장기요양 니즈에 대한 효과적인 대응책 마련에 많은 관심을 두게 되었으며, 그에 대한 내용은 앞에서 살펴보았던 각국의 「고령자 기본대책」에서도 상당 수준 반영되어 있었다. 이와 관련하여 UN 및 주요 국가의 경험을 간단히 정리하면 다음과 같다. 물론 노인장기요양보장제도에 대한 본격적인 논의는 제3장 및 제4장에서 계속하기로 한다.

먼저, UN의 경우에는 1991년 제46차 국제연합총회에서 「고령자를 위한 국제연합원칙」(United Nations Principles for Older Person)을 발표함에 즈음하여, 고령자의 자립·참여·케어·자기실현·존경과 같은 5개의 원칙을 제시하였다. 이때, 「케어」의 의미 속에는 노인장기요양이 중요한 위치를 차지하였음은 말할 필요도 없을 것이다.

다음으로 미국의 경우를 보면, 노인장기요양에 대한 논의와 접근은 다양한 측면에서 이루어지고 있지만, 여기서 주목하는 것은 「고령자를 위한 워싱턴 백악관 회의」 및 관련 내용이다. 앞에서도 살펴보았듯이, 노인장기요양을 둘러싼 의제는 2005년 제5차 회의의 중요한 주제의 하나였다. 제5차 회의에서는 지금까지 제안되었던 다양한 의제를 73개 항목으로 재조정하고, 이를 다시 회의 참여자의 투표를 통하여 우선순위를 결정하였다. 이때, 상위 10위권 안에 들었던 의제를 살펴보면, 이들 의제의 상당 부분이 사실상 노인장기요양과 깊은 관계를 이루고 있었다. 예를 들면, 첫 번째인 「미국고령자법의 수정」을 비롯하여, 두 번째인 「노인장기요양을 둘러싸고 종합계획의 수립」, 세 번째인 「고령자의 외출과 자립 지원을 위한 대중교통체제 확충」 등은 사실상 노인장기요양 니즈와 이에 대한 대응체제 마련, 즉 제도화와 깊은 관계가 있는 주제로 볼 수 있다. 물론, 열 번째인 「21세기에 즈음하여 고령자에게 필요로 한 서비스를 종합적으로 제공할 수 있는 통합시스템의 제도화」 역시 같은 맥락으로 볼 수 있다.

한편, 고령화에 따른 노인장기요양 니즈의 급증 및 새로운 제도화에 대한 논의는 일본에서는 더욱 폭 넓고도 급속하게 진행되었다. 그와 같은 배경에는 OECD 국가 중에서도 가장 빠른 고령화 및 후기 고령층의 급증과 같은 현상도 자리하였겠지만, 기존 의료보험재정의 악화 역시 중요한 원인의 하나가 되었다.

이와 같은 배경 속에서, 일본은 1980년 후반기부터 장수사회에 대비한 고령자 복지정책, 그 중에서도 노인장기요양(高齢者介護)과 관련된 정책에 많은 노력을 기울였다. 예를 들면, 1980년대의 「장수사회기본대책」, 1990년대 초반기의 「고령자보건복지추진10개년전략」(소위, 골드플랜), 1990년대 중반기의 「신골드플랜」, 1990년대 후반기의 「골드플랜 21」 등에 포함된 중요한 내용은 사실상 노인장기요양과 관련된 것으로 볼 수 있다.

물론, 이와 같은 논의와 관련 내용이 보다 구체화된 것이 개호보험제도(介護保險制度)의 등장이었다. 일본은 이와 같은 개호보험제도를 통하여 확대·다원화되고 있는 노인장기요양 니즈에 대해 종합적·체계적인 접근을 할 수 있게 되었다. 한편, 일본의 개호보험제도에 대해서는 제3장에서 보다 구체적으로 살펴보기로 한다.

2 한국 사회의 접근

한국 사회에서도 노인장기요양을 둘러싼 과제는 2000년대에 들어서면서 당사자 및 당해 가족의 차원을 넘어서서 점차 사회문제로 전환되는 분위기가 나타났다. 한국 사회에 있어서의 사회복지환경, 특히 노인장기요양과 관련된 사회환경은 2000년 이후 급변하였다. 당시의 상황을 간단히 정리하면 다음과 같다(정재욱, 2009; 鄭載旭・白澤政和, 2007).[41] 즉, 한국 사회는 2000년에 고령화율이 7.2%에 이르러 고령화사회가 시작되었고, 2018년경에는 14%를 초과하여 본격적인 고령사회가 시작될 것으로 전망되었다. 한편, 평균 수명의 연장에 따른 후기 고령층 규모 확대는 물론, 여성의 합계출산율의 저하 등으로 향후 청・장년층의 고령자 부양 부담이 급증할 것으로 예상되었다. 여기에 더하여 여성의 사회진출이 확대되면서 기존의 가족 중심적 노인장기요양체제는 많은 한계점을 들어내었다.

이와 관련하여 주목되었던 또 다른 부분은 후기 고령층의 증가와 함께 이들 후기 고령층의 장기요양 대상자로의 전환율도 증가였다. 예를 들면, 후기 고령층은 치매, 와상(침상지기) 및 노인성 질병 등으로 인하여 오랜 기간에 걸쳐 장기요양 서비스를 필요로 하는 장기요양 대상자로의 전환율이 상대적으로 높아졌다. 그리하여 가족 차원에서의 고령자 부양 부담의 증가는 물론이고 국가적 차원에서의 국민건강보험 운영에 따른 재정압박까지 심화되었다.[42]

이와 같은 사회적 분위기 속에서 한국 사회는 노인장기요양을 당사자나 그 가족의 차원을 넘어서서 사회공동체적 의식에서 접근하고자 하는 흐름이 2000년부터 나타나게 되었으며, 마침내 2008년 7월부터 공적 노인장기요양보험제도라는 이름으로 이를 제도화되게 되었다. 노인장기요양보장을 이와 같은 공적 사회보장체제로써 대응하는 사례는 독일과 일본 등을 제외하면 그렇게 많은 편은 아니다.

한편, 정부는 노인장기요양보험제도의 조속한 정착을 지원하는 차원에서 「제1차 저출산・고령사회기본대책」에서부터 지속적으로 노인장기요양보험제도의 기본방향 및 정책방향을 제시하여 오고 있다. 즉, 정부는 「고령・노인성 질환

41) 관련 내용은 다음 글을 일부 참조하였으며, 보다 구체적인 내용은 제4장에서 기술하기로 한다(鄭載旭・白沢政和, 2007).

42) 국민건강보험진료비 대비 노인의료비의 비중은 2001년도에 17.8%였고, 5년 후인 2006년도에 25.9%로써 동 기간에 약 8.1% 증가하였다.

등으로 인하여 일상생활을 혼자서 수행하기 어려운 노인 등에게 목욕·간병·가사활동 등에 필요한 서비스의 제공을 목적(노인장기요양보험법 제1조)」으로 노인장기요양보장과 관련된 기본대책을 고령시대의 중요한 노인복지정책의 하나로써 제시하고 있다.

이와 관련하여 제1차 기본계획에서 제시하였던 핵심적 내용을 요약하면 다음과 같다. 즉, ① 사회적 합의를 통한 장기요양보험 서비스 대상자의 확대, ② 지속가능한 재정구조의 확립, ③ 본인 부담 수준의 관리, ④ 장기요양 서비스의 질에 대한 평가체제의 마련, ⑤ 서비스 이용지원체계의 정비, ⑥ 등급 외의 판정을 받은 자에 대한 지역보건복지 서비스체제와의 연계 활성화, ⑦ 노인요양시설에 대한 인프라 확충 등이 이에 해당한다(대한민국정부, 2008).

한편, 「제2차 저출산·고령사회기본계획」 중에서 「고령사회 보완판」에 따른 정부의 정책 방향을 요약하면 다음과 같다. 먼저 ① 노인장기요양 보험 수혜자의 확대이다. 이와 같은 수요가 증가하게 된 요인으로는 크게 ㉠ 외출 등과 관련하여 사회적 접촉에 따른 보조인의 지속적인 수발지원(care)이 필요한 고령

그림 2-4 장기요양보험 수혜범위 확대

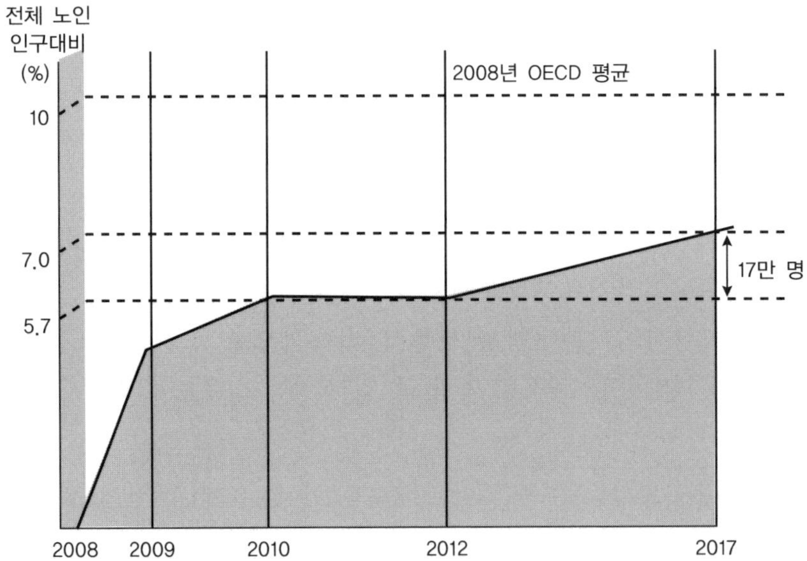

* 자료: 대한민국정부(2015).

자 및 이들의 니즈 확대, ㉡ 수발지원에 대한 빈도는 낮지만 수발 부담의 강도가 높은 치매 등을 비롯한 인지장애 고령자의 증가 및 이들에 대한 수혜범위 확대 등이다.

이와 관련하여 정부는 [그림 2-4]에서도 제시하고 있듯이 ① 보험 수혜자를 2012년 현재 약 33만 명(전체 노인수 대비 약 5.7%)에서 2017년에 약 50만 명(전체 노인수 대비 약 7.0%)까지 확대, ② 주·야간보호 등을 포함한 다양한 재가급여 서비스의 활성화 도모, ③ 지역밀착형 포괄케어시스템의 구축, ④ 중·장기 재정관리체계 마련할 것 등을 제시하였다.

한편, 기타 연관 사업으로써 주목되는 부분은 ① 고령자를 대상으로 한 치매 조기 발견 및 예방 강화, ② 효과적인 치매 관리를 위한 인프라 확충, ③ 고령사회 대비 의료보장성 강화 등이다. 이와 같이 제2차 기본계획에서는 노인장기요양체제와 관련하여 수혜대상자의 범위, 제도운영에 따른 재정건전성 강화 및 치매 관리 등을 포함한 고령자건강정책을 강조하고 있다.

제 3 장 노인장기요양보장체제와 주요 국가의 현황

제 1 절 노인장기요양보장체제

1 노인장기요양의 이해

1) 의 의

사회복지 서비스의 실천 차원에서 보면 장기요양(Long-term care, LTC)[1]에 대한 논의는 결코 최근에 나타난 것만은 아니지만, OECD 국가를 중심으로 고령사회가 급진되면서 노인복지 분야를 중심으로 이와 같은 논의가 크게 부각된 것은 사실이다. 이때, 장기요양이란 「만성질환(chronic illness)이나 신체장애(disability) 등으로 인하여 상당 기간에 걸쳐 자신을 스스로 돌볼 수 없는 사람들이 필요로 하는 보건・의료 및 일상생활(non-medical) 관련 니즈에 대한 대응・지원 체제」와 일차적 관계를 이루고 있다고 볼 수 있다.

---

1) 「long-term care」를 「장기요양」으로 번역・사용하고 있지만, care를 요양으로 볼 것인지에 대해서는 의문이 간다. care를 기본적으로 「대상자에게 관련 서비스를 지원하는 것」에 초점이 주어진다면, 요양의 의미와는 일정한 차이가 있을 것으로 본다. 도리어 문자적 번역보다는 의미적 번역을 하여 「장기종합수발」 정도로 번역함이 어떠할지 생각한다. 물론, 일본에서는 개호(介護)라는 용어를 즐겨 사용하고 있다.

이와 같은 장기요양 서비스는 처음에는 주로 보호적・준전문적(특히, 의료 서비스의 경우) 차원의 지원 서비스가 주류를 이루었다. 예를 들면, 관련 대상자를 위한 세탁・목욕・가사 지원 등과 같은 일상생활 관련 지원 서비스 등이 이에 속했다. 그러나 고령사회로의 진입에 따른 복합・만성질환 고령층이 증가하면서 점차적으로 일상생활 관련 서비스 유형에 더하여 전문적 의료 서비스가 포함되는 사례가 증가하고 있다.

물론, 장기요양제도는 고령자만을 위한 제도는 아니며 연령을 불문하고 관련 서비스를 필요로 하는 계층은 누구든지 이용할 수 있는 제도인 것은 말할 필요도 없다. 즉, 고령시대에 즈음하여 장기요양대상자로서의 고령층이 많은 주목을 받으면서 일부에는 장기요양의 대상을 「노인」으로 한정하는 듯한 분위기도 있지만, 사실은 현대 사회에 있어서 장기요양 서비스를 필요로 하는 계층은 매우 광범위하다. 예를 들면, 전통적 대상자 그룹으로서의 장애자나 만성병 질환자 등은 물론이고, 최근 들어서는 새롭게 부각되고 있는 에이즈환자, 치매환자, 약물중독자 등도 장기요양대상자 그룹으로 부각되고 있다.[2)]

이렇게 볼 때, 일반적으로 장기요양과 관련된 니즈는 상당히 오랜 기간에 걸쳐 진행・회복되는 중증의 기능성 장애(serious functional disability) 등에 수반되어 나타나는 현상과 깊은 관계가 있다. 따라서 장기요양제도는 원칙적으로 단기 치료(acute care)보다는 만성질환지원(chronic care)과 같이 자기 스스로 일상생활을 영위하기에 어려움을 경험하고 있는 사람을 대상으로 관련 서비스를 지원하는 제도에 해당된다. 이와 같은 이유로 장기요양 서비스는 주로 고령, 만성질환, 중증 장애 등으로 인하여 일상생활(Activity of Daily Living, ADL)의 수행에 따른 어려움을 경험하고 있는 사람을 대상으로 가정・지역사회・시설 등을 중심으로 전문요원 등에 의하여 제공되는 다양한 형태의 보건의료・사회복지 서비스 등으로 구성된다.[3)]

이와 같은 의미를 가진 장기요양제도의 의미를 한국의 노인장기요양보험법을 기준으로 정리하면 다음과 같다. 즉, 동법 제1조에서는 당해 제도의 주요 목적으로써 「고령이나 노인성 질병 등의 사유로 일상생활을 혼자서 수행하기 어려

2) http://enwikipedia.org/wiki/long-term care(접속: 2015. 3. 28).
3) http://ejjeweblio.jp/content/long-term care(접속: 2015. 3. 28).

운 노인 등에게 제공하는 신체활동 또는 가사활동 지원 등의 장기요양급여」로 규정하고 있다. 이를 좀 더 구체적으로 살펴보면 다음과 같다.[4)]

첫째, 대상자의 특징에 관한 부분이다. 즉, 대상자는 신체적·정신적 제약으로 인하여 일상생활 기능 수행과 관련하여 타인 또는 사회환경의 도움을 필요로 하는 일상생활 관련 기능 제한자로 규정하고 있다. 물론 동법에서는 이와 같은 일상생활 관련 기능 제한이 나타나게 되는 원인으로써 노화와 각종 질병, 특히 뇌졸중·치매·노인성 질환 등을 지적하고 있지만, 최근에는 일상생활과 관련된 다양한 형태의 생활사고 등도 중요한 원인이 된다.

둘째, 기한 및 관련 서비스이다. 당해 제도에 따른 대상자의 요건으로는 일생생활 관련 기능 제한이 일정 기간 지속·유지되어야 하며, 나아가서 제공되는 서비스에도 일정한 제한이 있다. 장기요양(long-term care)이란 용어에서도 일부 나타나고 있듯이, 당해 제도는 상당한 기간에 걸쳐 일상생활 관련 기능 제한이 지속·유지되는 사람을 대상자로 한다. 물론, 이와 같은 기한에는 국가마다 일정한 차이가 있으며, 독일, 일본 및 한국 등은 6개월 이상으로 규정하고 있다.

한편, 당해 제도에 따른 서비스는 크게 사회복지 서비스 유형과 보건의료 서비스 유형으로 구분된다. 이와 같은 유형에 더하여 최근에는 지역사회(community)를 주체로 하는 서비스, 소위 지역사회밀착형 서비스 유형도 증가하는 모습을 보이고 있다(정재욱, 2009).[5)]

2) 제도화의 주요 배경

앞에서도 살펴보았듯이 2005년을 기점으로 전 세계의 고령화율이 7.0%를 초과하면서 세계 자체가 하나의 고령화사회로 진입하게 되었으며, 고령화는 이후에도 그 속도를 더하여 일부 OECD 국가는 고령사회를 넘어서서 초고령사회의 시대를 맞이하고 있다. 이와 같은 급속한 고령화 및 고령사회로의 전환에 즈음하여 새롭게 등장하였던 사회적 과제의 하나가 노인문제, 그 중에서도 특히 노인장기요양 수요의 급증이었다. 이와 같은 현상이 나타나게 된 배경에는 많은 요인이 있겠지만, 보다 결정적인 부분은 장기요양 서비스 대상자로의 전환율이

4) 이하의 관련 내용은 다음 글을 참조하였음(선우덕 외 15인, 2012).

5) 지역밀착형 장기요양 서비스는 일본의 경우, 제2차 개호보험법 개정을 통하여 뚜렷이 나타났다.

상대적으로 높은 후기 고령층의 급증이었다.

이와 같은 사회적 환경 속에서 대부분의 OECD 국가는 1990년대 초반기를 기점으로 노인장기요양보장체제에 대한 모색을 활발하게 진행하였다. 이와 관련하여 노인장기요양보장정책과 관련된 OECD 19개 국가를 중심으로 살펴보았던 「고령자 장기요양 보고서」에 의거하여, 당시에 이들 국가에서 노인장기요양 서비스에 대한 니즈가 높아졌던 배경을 재요약하면 다음과 같다.[6)]

첫째, 노년층 규모 및 비율의 증가인데, 특히 장기요양 서비스에 대한 요구 가능성이 높은 후기 고령층의 상대적 규모 증가이다. 예를 들면, 2000년 현재 전체 노인 대비 후기 고령자의 비율은 27.7%였지만, 2040년경에는 31.1%까지 증가할 것으로 전망되었다.

한편, 고령자를 대상으로 한 장기요양 서비스 대상자로의 전환율에 대한 구체적인 자료는 거의 없지만, 일본을 기준으로 이를 추론하여 보면 다음과 같다. 예를 들면, 일본의 경우, 전체 노인 대비 그와 같은 전환율은 약 16% 수준이며, 69~74세까지는 약 4.5%이고, 75세 이상은 약 28%로 급증하고 있다(增田雅暢, 2014). 이는 후기 고령층으로 갈수록 장기요양 서비스 대상자로의 전환율이 급증할 수 있음을 일부 반증하고 있는 것으로 볼 수 있다. 이와 같은 사회적 환경 속에서 OECD 국가에서는 1990년대 초반기부터 노인장기요양보장체제에 대한 본격적인 모색을 시작하였다.

둘째, 공적 장기요양보장체제의 도입에 따른 소위 「사적 장기요양보장체제」의 역할 등에 관한 재검토이다. 지금까지 장기요양체제를 지탱하여 왔던 중요한 역할자는 배우자 · 가족 · 친지 등과 같은 사적 지원체제였다.[7)] 그렇다면, 공적 장기요양보장체제의 도입으로 이와 같은 사적 지원체제의 역할과 기능이 사라질 것인지에 대한 논란이 나타나게 되었다. 앞에서 살펴보았던 OECD 19개 국가를 대상으로 이를 살펴보면, 가족 등에 의한 사적 장기요양체제는 여전히 유효한 역할을 하고 있었다. 예를 들면, 장기요양 대상자에게 제공되는 서비스의 시간대를 살펴보면, 사적 장기요양체제에 의하여 제공되는 시간이 전체 시간의 약 80% 수준이었다. 이때, 사적 장기요양체제에 따른 서비스 제공자의 대

6) 이하의 내용은 다음 저서를 참조하여 기술하였다(增田雅暢, 2014).
7) 이것은 비공식적 지원(informal care)을 의미한다.

부분은 여성이었고, 그 중에도 45~65세가 가장 많았다.

이와 관련하여 다시 주목되는 부분은 이들 연령층은 자신의 부모나 배우자에 대한 장기요양지원도 담당하지만, 한편으로는 근로자로서 노동시장에 참여하는 계층이라는 점이다. 공적 장기요양보장체제의 도입에도 불구하고 이와 같이 사적 장기요양체제가 여전히 일정한 역할을 담당하고 있다는 측면에서, 이들 계층에 대한 노동시장 참여 확대와 요양부담 간의 효과적인 관계 정립 역시 중요한 논점이 되었다(최은영 외 3인; 增田雅暢, 2014).

셋째, 독거 노인의 급증에 따른 관련 노인장기요양 니즈의 증가이다. OECD 국가의 경우, 산업화・공업화・도시화의 진전과 함께 핵가족화 및 가족 규모의 축소가 급속히 진행되었다. 예를 들면, 영국・독일 등과 같은 OECD 국가의 경우 조만간 2인 가족으로 전환될 전망이다. 아시아 지역 역시, 일본은 물론 한국・중국 등에서도 빠르게 가족 규모가 축소되고 있다. 더욱이 배우자의 사망 등에 의해 노인 1인으로 구성된 독거노인 세대도 증가하고 있다.

예를 들면, 캐나다의 경우, 75세 이상 노인층의 50% 정도가 독거노인 가구이며, 스웨덴과 영국 역시 약 40%의 수준이며, 일본도 이와 같은 경향이 증가하여 2030년경에는 2015년에 비하여 약 1.9배 증가된 약 720만 독거노인 세대가 나타날 것으로 전망된다. 따라서 이에 따른 장기요양 니즈가 증가하였다.

넷째, 노인장기요양 니즈의 확대에 따른 노인의료비의 증가와 의료보장체제의 운영에 따른 재정 부담의 증가이다. 고령화에 따른 노인 규모의 증가는 다른 한편으로 의료 서비스의 주요 소비계층이 노인층으로 변화하여 갔다. 특히, 병의원 등에서 더 이상의 치료(cure)적 효과가 별반 없는 장기요양대상자가 일반 병원에 장기 입원하는 소위 「사회적 입원」이 증가하면서, 의료보장제도의 운영과 관련하여 의료재원의 효율적 관리에 많은 어려움이 나타났다. 이와 같은 논의와 주장은 특히 독일, 일본, 한국 등에서 많이 나타났다. 이와 같은 배경 속에서 일부 국가에서는 기존의 의료보장체제와 분리・독립된 새로운 형태의 노인장기요양보장체제의 도입을 검토하였다(최은영 외 3인, 2005; 장재혁 외 11인, 2010).

2 노인장기요양보장체제 유형

1) 경험 및 시사점

노인장기요양보장체제의 모습은 국가에 따라서 일정한 차이를 보이고 있지만, 기본적으로는 당해 국가의 사회보장체제와 깊은 관계를 가지고 있다. OECD 국가에 있어서의 사회보장체제는 크게 소득보장체제와 의료보장체제로 구분되며, 전자는 공적 연금제도, 후자는 공적 의료보험제도 및 공비(公費)에 의하여 의료비의 일부를 지원하는 공비지원적 의료보장제도가 상대적으로 큰 비중을 차지하고 있다. 물론, 공적 연금제도나 공비지원적 의료보장제도는 비교적 일찍부터 도입・시행되어 왔던 제도이다.

한편, 노인장기요양의 경우, 비교적 일찍부터 의료보장의 차원에서 또는 저소득계층에 대한 사회부조적 차원에서 제한적으로 도입・시행되어 왔었지만, 노인 일반인을 대상으로 한 보편적 차원의 접근은 비교적 최근의 모습으로 볼 수 있다. OECD 국가의 경우, 이와 같은 접근은 고령사회로의 진입과 거의 맥락을 같이하여 진행되었다. 이와 관련된 주요 국가의 경험 및 사례를 간단히 재정리하면 다음과 같다.

첫째, 스웨덴의 경험이다. 스웨덴의 경우, 1990년대에 사회복지제도에 대한 대대적인 개혁 작업이 있었는데, 이것이 소위 「에델 개혁」(Adel Reformen, 1992년)이다.[8] 당시 단행되었던 중요한 개혁 내용은 기존의 보건・의료・사회복지 서비스를 하나로 통합하여 새로운 사회복지제체로 재구성함은 물론, 이와 관련된 권한과 책임을 상급지방자치단체인 도(道)로부터 기초지방자치단체인 코뮨(Kommun)으로 이관・관리・집행하는 것이었다. 스웨덴은 이와 같은 제도 개혁을 통하여, 노인장기요양제도의 운영 등과 관련된 권한과 책임을 도에서 코뮨과 지역사회로 이관시키게 되었고, 서비스의 제공처 역시 기존의 일반 병원에서 자택 또는 서비스가 딸린 주택 등으로 이관시킴으로써 소위 사회적 입원의 비율을 크게 감소시켰다.

둘째, 영국의 경험이다. 영국은 장기요양과 관련하여 재택 서비스의 시행은

8) 「에델 개혁」의 내용은 다음 참조(増田雅暢, 2014; http://blog.naver.com/happyjung5/40013729908).

물론, 사례관리(care management)를 통한 질 높은 서비스의 제공을 목적으로 1993년에 「커뮤니티 케어 개혁」(community care reform)을 실시하였다. 당해 개혁의 핵심적 내용은 지방자치단체가 담당하여 왔던 장기요양 관련 업무의 민간위탁 추진 및 장기요양에 대한 지방자치단체의 사례관리의 시행 등이었다. 따라서 장기요양 서비스의 시행에는 반드시 사례관리가 수반되게 되었다.

셋째, 독일의 경험이다. 독일은 전통적으로 장기요양 서비스를 필요로 하는 사람이 서비스의 이용 과정에서, 서비스 이용에 따른 비용을 자기가 부담하는 것을 원칙으로 하였다. 그런데 1988년에 건강보험제도상에서 급부의 하나로써 새롭게 재택장기요양급부가 도입되었고, 나아가서 1995년부터는 공적 장기요양보험제도가 도입·시행됨에 따라서 노인장기요양 서비스는 마침내 공적 사회보험제도의 영역으로 흡수되었다.[9]

넷째, 프랑스의 경험이다. 프랑스에서는 장기요양 서비스를 「필요로 하는 상태」(필요 정도)에 따라서 급부의 수준을 달리하는 소위 의존별수당제도(PSD)가 1997년에 도입되었지만, 2002년에 PSD[10]를 폐지시키고, 그 대신에 개인별자립성수당제도(APA)[11]를 도입·시행하고 있다.

다섯째, 일본의 경험이다. 일본은 1990년 중반기에 공적 장기요양보험제도의 필요성이 제기된 이후, 일련의 논의 과정을 거쳐 마침내 2000년 4월 1일부터 개호보험법(介護保險法)이라는 이름으로 노인장기요양보험제도를 도입·시행하고 있다(제정, 1997년). 일본은 당해 제도의 시행 이후, 사회복지환경의 변화에 즈음하여 수차례에 걸친 제도 개혁을 도모하였으며, 가장 최근의 개선 작업은 2014년에 있었다(시행은 2015년 4월 1일)(社會福祉士養性講座編集委員會, 2015).

여섯째, 한국의 경험이다. 한국 역시, 급속한 고령화와 함께 노인장기요양 니즈가 급증하면서 2000년대 초반기부터 새로운 형태의 노인장기요양보장체제의 도입에 대한 논의가 활발하게 나타났다. 이와 관련하여 정부는 관련 제도에 대한 검토를 거쳐, 한국적 상황을 고려한 위에 마침내 2008년 7월부터 공적 노인장기요양보장체제에 해당되는 소위 노인장기요양보험제도를 도입·시행하게

9) 독일의 경우, 공적 장기요양보험제도의 제정은 1994년에 이루어졌다.
10) 의존별수당(PSD, 특정장기요양급부)에 대한 보다 구체적인 내용은 다음 참조(김용현, 2009).
11) 개인별자립성수당(APA, 개인별자율수당)에 대한 보다 구체적인 내용은 다음 참조(박혜미, 2014).

되었다.[12)]

이상과 같은 내용에 따르면, 고령사회에 즈음하여 국가마다 이에 대한 대응방법에는 약간의 차이가 있었지만, 이를 요약하면 크게 2가지 유형으로 구분할 수 있다. 즉, 기존의 관련 제도가 지닌 문제점을 보완·개선하는 점증적 접근과 새로운 형태의 사회보험제도를 도입하는 개혁적 접근이 이에 해당된다. 이때, 전자의 범주에는 영국·프랑스 등이 포함되고, 후자의 범주에는 독일·일본·한국 등이 포함된다고 볼 수 있다.

2) 구성 요인

노인장기요양보장체제의 유형을 구분하는 기준은 다양할 수 있다. 앞에서도 잠시 지적하였듯이 노인장기요양보장체제는 노년기에 장기요양을 필요로 하는 고령층이 안심하고 일상생활을 유지할 수 있도록 세금(公費)이나 보험료 등을 재원으로 하여 운영되는 공적 사회복지제도로써, 대상자는 당해 제도를 통하여 「관련 서비스(현물)나 현금 등」(한국에서는 이를 통칭하여 급여하고 함)을 받게 되는 사회복지제도이다.

이와 같은 기능을 수행하는 노인장기요양보장체제의 구성 요인은 국가마다 상당한 차이가 나고 있다. 예를 들면, 당해 제도의 구성 및 운영과 관련하여 재원 형태, 서비스 내용, 대상자 범위, 자기 부담의 정도, 보건의료 서비스와의 관계 등에 있어서 국가마다 일정한 차이가 있다.

따라서 이와 같은 구성 요인을 기준으로 노인장기요양보장체제의 유형 및 관련 내용을 간단히 재정리하여 보면 다음과 같다(최은영 외 3인, 2005; 장재혁 외 11인, 2010; 增田雅暢, 2014).

첫째, 재원조달의 방법에 따른 유형 및 구분이다. 노인장기요양보장체제의 관리·운영에 따른 재원조달의 방법은 크게 2가지 유형으로 구분된다. 즉, 재원을 주로 국가나 지방자치단체의 세금 또는 공비에 의존하는 사회부조적 유형과 사회보험료 및 사용료 등에 의존하는 사회보험적 방식이 이에 해당된다.

둘째, 적용대상자의 범위에 따른 유형 및 구분이다. 당해 제도에서는 적용대

12) 이와 같은 과정에서 한국 사회는 특히 독일과 일본의 관련 제도에 대한 집중적 검토가 있었다(鄭載旭 外 1人, 2008).

상자를 모든 국민으로 규정하는 일반 유형과 고령자 등으로 한정하는 제한 유형이 있다.

셋째, 제공되는 장기요양 서비스에 따른 유형 및 구분이다. 여기에는 크게 거택(재가) 서비스 유형과 시설 서비스 유형으로 구분된다.

표 3-1 OECD 주요 국가의 장기요양보장체제 관련 내용

국 가	서비스 유형	제도 명칭	재 원	급부형태	자격기준	자기부담
영 국	재가·시설	NHS	일반세	현물(시설 및 거택에서의 장기요양)	전 연령(보편적)	무료
	재가·시설	Social Services	일반세	현물	전 연령(자산조사)	지불능력에 따라서 규정 요금 부담
	재가(현금급부)	Social Security Benefits	일반세	현금	전 연령(자산조사)	지불능력에 따라서 규정 요금 부담
독 일	재가	Social Long-term Care Insurance	보험료	현물 및 현금	전 연령(보편적)	부담없음. 단, 추가 서비스 및 사회보험대상이 아닌 서비스는 유상
	재가	Social Long-term Care Insurance	보험료	현물급여	전 연령(보편적)	식비 및 거주비는 보험비용에서 제외. 법정액을 상회하는 서비스료는 자기부담(자산조사를 통하여 사회부조대상자가 될 수 있음)
프랑스	재가·시설	APA	일반세	현물급부	60세 이상	수입에 따라서 청구되는 부담액 지불
	재가	사회부조	일반세	현물급부	저소득 고령자	
스웨덴	재가·시설	Public Long-term Care(의료보험을 재원)	일반세	현물	전 연령(보편적)	지방자치단체가 규정한 일정 비용 부담
일 본	재가·시설	Long-term Care Insurance	보험료·일반세	현물급여	65세 이상/40~64세(특정 질환자)	자기부담 10%, 식비와 거주비는 보험료 제외
한 국	재가·시설	Long-term Care Insurance	보험료·일반세	현물급여 및 현금급여	65세 이상/65세 미만(특정 질병자)	자기부담(거택 15%, 시설 20%), 식비 및 거주비는 보험료 제외

* 자료: 공적노인장기요양보장추진기획단(2004), 최은영 외 3인(2005) 및 増田雅暢(2014) 재구성.

넷째, 급부(benefits, 한국에서는 급여로 표현)의 형태에 따른 유형 및 구분이다. 여기에는 현물급부 유형(각종 서비스, 기타 물건 등)과 현금급부 유형(현금지급)으로 구분된다.

다섯째, 서비스의 제공 주체에 따른 유형 및 구분이다. 여기에는 행정기관 지향적 유형, 공익단체 지향적 유형 및 민간단체(사업자) 지향적 유형으로 구분할 수 있다.

여섯째, 관련 서비스의 이용에 따른 자기부담의 유무에 따른 유형 및 구분이다. 여기에는 전액 무료형과 일정한 수준의 자기부담이 수반되는 자기부담형으로 구분할 수 있다.[13)]

이상과 같은 내용을 중심으로 OECD 주요 국가의 노인장기요양보험체제의 유형 및 특성을 요약하면 〈표 3-1〉과 같다. 이와 같은 내용을 좀 더 자세히 설명하면 다음과 같다.

첫째, 재원조달 방법상의 차이이다.

노인장기요양보장체제의 운영과 관련하여 소요되는 재원에 대한 조달 방식은 크게 일반세(조세)와 보험료로 구분할 수 있다. 이때, 일반세를 주력 재원으로 하는 경우에는 지방자치단체 등과 같은 행정기관이 요양급부의 지급 방법 및 관련 내용 등을 결정하는 소위 「사회부조적 방식」을 주로 채택하는 경우가 많고, 보험료를 주력 재원으로 하는 경우에는 보험운영자, 즉 보험자가 요양급부의 지급 방법 및 내용 등을 결정하는 「사회보험적 방식」을 채택하는 경향이 높다.

한편, OECD 국가의 경우에는 고령사회로의 진전이 지속됨에 따라 점점 사회보험적 방식을 채택하는 국가가 늘어나는 경향을 보이고 있다. 예를 들면, 1968년에 네덜란드가 국민건강보험의 재원에 의거하여 시설노인장기요양 서비스를 제공한 이후, 독일(1995년), 룩셈부르크(1999년), 일본(2000년) 및 한국(2007년) 등이 보험료를 기반으로 관련 서비스를 제공하는 정책을 채택하고 있다.

한편, 미국의 경우에는 거택 및 시설급부의 재원이 비록 보험료로 되어 있지만, 이것은 어디까지나 노인용 의료보험제도인 메디 케어(medicare)에 따른 급부의 일종이기 때문에, 이것은 일본·한국에서와 같이 노인장기요양보험제도라

13) 자기부담형의 경우에도 응능부담형(應能負擔型)과 정률부담형(定率負擔型)이 있다.

고 하는 독립된 노인장기요양보장체제에 의하여 제공되는 요양급부와는 차이가 있다(최은영 외 3인, 2005; 장재혁 외 11인; 增田雅暢, 2014).

둘째, 수급 대상자의 범위의 차이이다.

당해 제도에 따른 수급 대상자의 범위는 크게 전 국민을 대상자로 하는 것과 노인 등과 같은 일부 계층만을 대상자로 하는 것으로 구분된다. 이때, 조세를 주된 재원으로 하는 사회부조방식을 채택하고 있는 국가는 대부분 전체 국민을 대상자로 하는 경우가 많지만, 예외적으로 프랑스는 60세 이상의 노인만을 대상자로 하고 있다. 한편, 사회보험방식을 채택하고 있는 국가를 보면, 독일·룩셈부르크 등과 같이 전체 국민을 대상자로 하는 국가와 일본·한국 등과 같이 65세 이상의 노인을 주된 대상자로 하면서 예외적 사항을 두고 있는 국가 등이 있다.

한편, 일본의 경우에는 노인복지제도와 장애자복지제도가 근거법 및 서비스 제공방식에 있어서 이미 각각 독자적 발전을 하여 왔던 관계로, 장애자를 개호보험법상의 대상자로 편입하는 것에 대하여 장애자 단체의 반대가 심했다. 그 결과, 장애자는 당해 제도의 수급대상자에서 제외되었다. 따라서 일본의 개호보험제도는 「노인개호보험제도」로써의 의미가 강하다.[14] 한편, 한국의 노인장기요양보장체제 역시 원칙적으로 장애자를 수급대상자에 제외시키고 있지만, 한국은 제도 명칭을 「노인장기요양보험법」으로 규정하고 있다는 측면에서 장애자의 수급대상자 편입 여부에 대한 논의는 큰 주목을 받지 못하고 있다(최은영 외 3인, 2005; 장재혁 외 11인; 增田雅暢, 2014).

셋째, 급부(서비스)의 내용에 따른 차이이다.

노인장기요양보장제도에 따른 급부의 유형은 크게 재가급부와 시설급부로 구분되며, 〈표 3-1〉에서도 제시하고 있듯이 대부분의 국가에서는 이들 두 가지 유형을 병행·시행하고 있다. OECD 국가에서는 가능한 대상자들이 시설보다 자택 또는 지역사회(community)에서 일상생활을 영위할 수 있도록 관련 서비스를 지원하는 것을 중시하기 때문에 재가급부에 힘을 쏟고 있다.

한편, 세계에서 가장 빠른 고령화를 보이고 있는 일본의 경우에도 고령자가

14) 예를 들면, 노인장기요양보험법과 같이 법 명칭에서부터 노인으로 이를 한정하는 경우도 있지만, 개호보험법이란 명칭에도 알 수 있듯이 일본은 서비스 대상자를 포괄하는 인상을 주고 있다.

장기요양이 필요로 한 상태에 놓일지라도, 가능한 그들의 삶에 익숙한 자택이나 지역사회에서 일상생활을 보낼 수 있도록 관련 서비스를 지원하는 것을 중요한 이념으로 삼고 있는데, 이와 같은 정신을 대변하는 것의 하나가 지방자치단체에 의한 지역복지계획의 수립·시행에 관한 의무 부여이다(사회복지법 제107조).[15] OECD 국가 중에서도 특히 재가 서비스의 이용률이 높은 나라는 노르웨이·오스트리아 등을 지적할 수 있다.[16][17]

한편, 거택 서비스의 유지·확대와 관련하여 동거 가족이나 다른 홈헬퍼(home helper)에 대한 지원이 이루어지는 경우도 있다. 예를 들면, 독일·오스트리아 등에서는 요양 서비스를 제공하는 가족에게 장기요양수당을 지급하기도 하며, 미국·오스트리아·스웨덴 등에서는 장기요양지원으로 인하여 발생하게 되는 근로자(고용자)의 수입 감소분을 지원 차원에서 이들에 대하여 현금지급이 이루어지는 경우도 있다(최은영 외 3인, 2005; 장재혁 외 11인; 增田雅暢, 2014).[18]

넷째, 급부 형태의 차이이다.

노인장기요양보장체제에 따른 급부 형태는 크게 현물급부와 현금급부로 구분된다. 국가에 따라서는 현물급부뿐만 아니라 현금급부도 병행하여 시행하는 경우도 많다. 예를 들면, 스웨덴에서는 가족이 재택에서 장기요양 서비스를 지원하는 경우에는 현금급부는 물론, 이와 같은 가족수발자를 코뮨(기초지방자치단체) 차원에서 고용하는 경우도 있다. 오스트리아는 현금급부가 중심이며, 독일·한국과 같이 사회보험방식을 채택하고 있는 국가에서는 현물급부와 현금급부가 병존하는 것이 일반적이다.

한편, 일본에서는 개호보험제도의 도입 과정에서 현금급부에 대한 상당한 논란이 있었지만, 가족요양의 고정화, 급부의 무단 사용 가능성, 서비스의 질적 저하, 새로운 급부에 따른 비용 부담 등을 이유로 현금급부를 제외시켰다(정재욱, 2009; 增田雅暢, 2014).[19]

---

15) 일본은 사회복지법 개정(2000. 6)을 통하여 시정촌의 지역복지계획 수립·시행을 법제화하였다.
16) 2000년 현재 오스트리아는 65세 이상자의 비율이 14.8%, 노르웨이는 18.0% 수준이다.
17) 노르웨이와 스웨덴은 한층 강화된 거택 서비스를 제공하고, 오스트리아·호주·네덜란드 등은 거택 서비스에 대한 각종 인센티브를 제공하고 있다.
18) 국가에 따라서는 대상자를 위한 일시위탁 서비스(respite care service)도 시행하고 있다.

다섯째, 장기요양 서비스의 제공 주체의 차이이다.

노인장기요양보장체제에 따른 장기요양 서비스의 공급 주체는 크게 지방자치단체와 같은 행정기관(직원), 이들 행정기관으로부터 위탁을 받은 민간사업자 및 이용자가 자유롭게 선택할 수 있는 민간사업자 등으로 구분된다. 이와 같은 구분은 재원조달의 방식과 깊은 관계가 있다. 일반적으로 사회부조방식을 채택하는 경우에는 행정기관 지향적 형태, 사회보험방식은 민간사업자 지향적 형태를 많이 보이고 있다.

이때, 전자의 유형에는 스웨덴의 모습이 전형적이다. 스웨덴은 「에델 개혁」에 의하여 기초지방자치단체인 코뮨이 재택 서비스의 책임 주체가 되어 홈헬퍼 사업 등을 수행하고 있다. 후자의 유형으로는 공익단체 및 주식회사 간의 혼합 형태가 많이 나타나고 있다. 예를 들면, 독일의 경우, 장기요양보험제도의 도입으로 서비스 제공기관으로서 민간사업자의 참여가 크게 촉진되었다. 독일의 경우, 장기요양사업의 약 60%를 유한회사 등과 같은 민간사업자가 차지하고 있고, 약 40%는 사회복지단체와 같은 공익단체가, 그리고 기초지방자치단체인 코뮨과 같은 행정기관은 2% 수준에 지나지 않는다. 일본에서도 개호보험제도의 도입으로 영리법인(회사 등)과 같은 민간사업자의 참여가 크게 증가하였다. 예를 들면, 방문개호사업소의 약 50% 이상이 영리법인이며, 사회복지법인이 다음 순위를 차지하고 있다.

여섯째, 가족에 대한 장기요양수당의 지급에 대한 차이이다.

노인장기요양보장체제의 시행에도 불구하고, 거택요양과 관련하여 관련 서비스를 제공하는 핵심적 주체의 하나는 여전히 가족·친족·지인 등과 같은 사적 주체이다.[20] 예를 들면, 독일의 경우, 거택 서비스를 받고 있는 대상자 중에서 가족 등으로부터 요양 서비스를 받고 있는 수급자의 수와 요양사업자로부터 요양 서비스를 받고 있는 수급자의 수를 살펴보면, 2005년 현재 약 8 : 2의 수준으로 나타나고 있다. 이는 노인장기요양보험체제하에서도 거택 서비스와 같은 분야는 여전히 가족 등에 의한 요양 지원이 중요한 비중을 차지하고 있음을 나타

---

19) 현금급부라고 하여도 급부가 사적 수발 영역에서 관련 서비스의 구입에 사용될 경우, 현물급부와 비슷한 기능을 할 것으로 볼 수도 있다.

20) 이와 같은 현상을 대변하는 국가가 스웨덴이다.

내고 있다. 이와 같은 모습은 일본에서도 나타나고 있다. 예를 들면, 일본은 거택 서비스는 거택개호사업자가 제공하는 서비스로 제한하고 있지만, 여전히 가족 등이 거택 서비스의 상당 수준을 담당하고 있는 것도 사실이다.[21)]

한국의 노인장기요양보험제도에서는 가족에 의한 장기요양지원을 법적으로 인정하고 있다. 예를 들면, 노인장기요양보험법 제23조에서는 장기요양급여의 종류로써 재가급여, 시설급여 및 특별현금급여를 규정하고, 특별현금급여의 일종으로써 가족요양비(가족장기요양급여)를 특례요양비 및 특례장기요양급여와 함께 규정하고 있다. 이때, 가족요양비에 대해서는 다음과 같이 규정하고 있다(동법 제24조). 즉, 「공단은 다음 각 호의 어느 하나에 해당하는 수급자가 가족 등으로부터 동법 제23조 제1항 제1호 가목에 따른 방문요양에 상당한 장기요양급여를 받은 때 대통령령으로 정하는 기준에 따라 당해 수급자에게 가족요양비를 지급할 수 있다.」라고 하였다.[22)]

3) 재원조달방식에 따른 구분

앞에서도 이미 지적하였듯이 노인장기요양보장체제를 구성하는 요인 및 내용은 국가마다 상당한 차이가 있다. 따라서 노인장기요양체제는 분류 기준에 따라서 다양한 모습으로 구분할 수 있다. 본 서에서는 노인장기요양보장체제에 대한 이해 제고에 기여하는 차원에서 지금까지 살펴보았던 구성 요인을 종합적으로 고려한 위에, 특히 재원조달의 방식에 상대적 초점을 두고서 이를 구분·설명하기로 한다.

노인장기요양보장제도의 지속가능성을 담보하는 차원에서 OECD 국가는 재정 건전성의 확보에 대해 많은 관심을 두었다. 고령사회의 도래에 따른 후기 고령층의 증가와 함께 장기요양 서비스를 필요로 하는 대상자가 지속적으로 증가

21) 이와 같은 가족개호에도 불구하고 가족급부가 없는 관계로 개호보험재원 운용에 도움이 될 것이며, 전통적인 가족 정서의 유지에도 도움이 될 수 있을 것으로 본다.

22) 가족요양비가 지급되는 구체적인 경우는 다음과 같다. 즉, 「1. 도서·벽지 등 장기요양기관이 현저히 부족한 지역으로서 보건복지부장관이 정하여 고시하는 지역에 거주하는 자, 2. 천재지변이나 그 밖에 이와 유사한 사유로 인하여 장기요양기관이 제공하는 장기요양급여를 이용하기가 어렵다고 보건복지부장관이 인정하는 자, 3. 신체·정신 또는 성격 등 대통령령으로 정하는 사유로 인하여 가족 등으로부터 장기요양을 받아야 하는 자」.

하면서 당해 제도 운영과 관련하여 많은 재정적 압박이 나타났기 때문이었다.

그리하여 OECD 국가를 중심으로 재정 건전성의 강화 및 장기요양 서비스에 대한 이용자의 권익 제고라는 차원에서 기존의 의료보험제제로부터 벗어난 새로운 형태의 제도를 모색하는 경향이 늘어났다. 이와 같은 차원에서 볼 때, 노인장기요양보장제도를 재원조달의 방식에 의거하여 크게 사회보험방식, 일반조세방식 및 민간사업방식으로 구분하는 것도 동 제도의 이해에 많은 시사점을 줄 것으로 본다. 이와 관련된 내용을 간단히 살펴보면 다음과 같다.

(1) 사회보험방식

재원조달방식에 따르면 노인장기요양제도는 크게 기존의 공적 의료보장체제에 의거하여 일반 병원이나 각종 노인요양시설 등에서 관련 서비스를 제공하는 유형과 이와 같은 제도로부터 분리·독립된 새로운 재원 및 운영 등을 따르는 유형으로 구분할 수 있다.

이때, 전자에 가까운 유형으로는 미국을 지적할 수 있다. 미국의 경우, 연방정부의 복지프로그램인 메디 케어(Medicare)로부터는 주로 노인간병 서비스(nursing home care)가 제공되고, 주 정부의 복지프로그램인 메디 케이드(Medicaid)로부터는 저소득층 노인을 대상으로 장기요양 서비스가 제공되고 있다. 네덜란드는 1980년에 특별의료비 보상제도를 제정하여, 요양시설이나 장기정신병원 등이 제공하는 서비스에 대하여 급부를 제공하고 있다. 프랑스에서는 병원 내의 장기입원병동 및 의료설비를 갖춘 은퇴자시설(Retirement Homes)에서 제공하는 노인요양 서비스에 대하여 급부를 제공한다(공적노인요양보장기획단, 2004).

한편, 새로운 형태의 노인장기요양보험제도를 제정·운영하고 있는 유형으로는 독일·일본·한국 등을 지적할 수 있다.[23] 독일은 1995년부터 장기요양보험제도를 도입·운영하고 있다. 독일은 1995년 4월에 재가요양, 1996년 7월에 시설요양에 대해 급부를 제공하고 있다. 당해 제도가 도입되기 이전까지는 공적 의료보험제도에 의거하여 저소득 빈곤노년층에 대해 자산조사를 통하여 장기요양 서비스를 제공하였다. 한편, 일본은 2000년 4월부터 공적 개호보험제도를 도

23) 이들 국가의 관련 내용에 대해서는 이하의 관련 영역에서 보다 자세히 다루고 있다.

입・시행하고 있으며, 당해 제도의 도입 이전에는 노인보건제도와 노인복지제도 등에 의거하여 제한된 계층을 대상으로 노인요양 서비스가 제공되었다. 한국은 2008년 7월 1일부터 국민건강보험제도로부터 분리・독립된 새로운 형태의 노인장기요양보험제도를 도입・시행하고 있다.

(2) 조세방식

조세방식은 노인장기요양제도의 운영 등과 관련하여 소요되는 재원을 행정기관(정부 및 지방자치단체 등)이 공비로써 부담하는 방식을 의미한다. 물론, 이와 같은 방식도 국가에 따라서는 서비스 이용자의 경제적 능력(주로 연금 등)에 따른 이용료의 일부 부담을 부가하는 경우도 있다.[24] 조세방식을 채택하는 경우에도, 가능한 일반 병원에서의 노인장기요양 서비스의 제공은 제한되고, 그 대신에 이와 같은 서비스를 노인시설 등에서 제공하도록 하는 경향이 증가하고 있다. 한편, 일부 국가에서는 저소득층 노인에 대한 장기요양 서비스의 비용만을 국가재정에서 지원하는 경향도 나타나고 있다(공적노인요양보장기획단, 2004).

조세방식을 채택하고 있는 국가로써는 덴마크, 핀란드, 이탈리아, 뉴질랜드, 노르웨이 및 영국 등이 있다. 덴마크에서는 지방자치단체가 운영하는 노인요양시설에서 노인장기요양 서비스를 제공하고 있는데, 1988년부터는 이를 더욱 강화시키고 있다. 이와 같은 모습은 핀란드와 스웨덴에서도 비슷하게 나타나고 있다. 뉴질랜드와 영국은 일반 병원 내에 있는 장기입원병동을 축소시키는 한편, 민간요양시설을 확대하여 노인장기요양 서비스에 대한 급부를 제공하고 있다. 오스트리아는 1993년에 기존의 연방 및 지방자치단체가 지급하여 왔던 노인장기요양수당(현금)을 통합시켜 노인장기요양수당으로 전환・시행하고 있다.

최근 들어서 조세방식을 채택하고 있는 일부 국가를 중심으로 제도 개혁에 대한 새로운 목소리도 나타나고 있는데, 그에 대한 주된 방향은 지방자치단체가 지금까지 노인시설 및 재가장기요양 서비스에 지원하여 왔던 비용에 대한 통제 방법의 변화이다. 즉, 이들은 주로 사전포괄예산체제(Block Grants System)에 의한 규제 강화를 도모하고 있다. 이와 같은 경향은 핀란드, 노르웨이 및 스웨덴(각각 1991년), 뉴질랜드와 영국(각각 1993년) 등에 나타나고 있다. 조세방

24) 부담의 유형도 응익부담과 응능부담으로 구분 가능하다.

식을 채택하고 있는 국가에서는 최근 조세부담에 따른 효율적인 서비스 제공 방법에 대해 많은 노력을 기울이고 있다. 예를 들면, 낡은 노인요양시설이 제공하여 왔던 서비스를 재가 서비스로 대체하고자 하는 모습 등이 이에 해당된다(공적노인요양보장기획단, 2004).

(3) 민간장기요양보험방식

노인장기요양보장제도와 관련하여 볼 때, 민간장기요양보험제도가 지닌 중요한 제1차적 의의는 공공 지출의 억제 및 시장기능에 따른 노인장기요양 서비스의 이용확대·강화일 것이다. 이론적 측면에서 보면 민간장기요양보장제도가 지닌 이와 같은 장점을 충분히 이해할 수 있을 것이다. 그러나 노인장기요양보장제도는 어디까지나 사회보장제도상의 하위제도에 속한다는 측면에서 볼 때, 모든 재원을 시장기능, 즉 개인의 책임으로 맡기기에는 많은 한계가 나타난다. 이와 같은 이유로 미국과 같은 일부 국가를 제외하고는 순수한 의미의 민간장기요양보험제도를 채택하고 있지 못하며, 시행하는 경우에도 노인장기요양 서비스의 일부 영역으로 한정하는 경우가 많다.

예를 들면, 프랑스의 경우에는 공적 장기요양시설이 잘 구비되어 있으며, 가정 간호 및 가정장기요양이 효과적으로 제공되고 있기 때문에, 민간보험체제는 비록 초보적 단계이기는 하여도 60세 이상의 노인층을 대상으로 관련 서비스를 부분적으로 시행하고 있다. 물론, 이용에 따른 비용은 매우 비싸다. 향후 노인장기요양시설에 대한 정부보조금이 삭감될 경우에는 지금보다 좀 더 활성화될 것으로 전망된다.

독일은 민간장기요양시장이 비교적 일찍부터 발달되어 왔으며, 벨기에는 노인에 대한 민간장기요양시장이 매우 미약하다. 그와 같은 배경으로는 평균 수명의 연장에 따른 노인장기요양비용의 지속적인 상승함은 물론(이에 따른 개인부담의 증가), 문화적으로도 노인에 대한 가족 책임을 강조하고 있기 때문이다(공적노인요양보장기획단, 2004).

제 2 절 독일의 장기요양보험제도

1 개 관

1) 도입 배경

독일은 1994년에 새로운 형태의 장기요양보험법을 제정, 1995년 4월부터 거택요양, 그리고 1996년 7월부터 노인홈과 같은 시설요양에 대하여 공식적으로 급부를 제공함으로써, OECD 국가에서는 네덜란드에 이어 두 번째로 노인장기요양과 관련하여 사회보험제도를 도입·시행하게 되었다.

독일의 경우, 장기요양보험제도가 도입되기 이전까지는 보편적 노인복지제도가 없어서 노인홈(시설) 등의 이용에 따른 비용은 이용자인 노인 본인의 부담(저축·연금 등에 의하여)으로 이루어졌다. 다만, 극빈 노령층 등에 대해서는 사회부조의 차원에서 지방자치단체의 자산조사에 의거하여 장기요양에 대해 급부가 제공되었다(공적노인요양보장기획단, 2004; 박동자, 2012; 藤本健太郎, 2014).

한편, 다른 OECD 국가와 마찬가지로 독일 역시 고령화에 따른 장기요양대상자가 증가하면서 지방자치단체의 장기요양 관련 재정 부담이 크게 증가하였다. 예를 들면, 장기요양보험제도가 도입되기 직전의 노인홈 입실자의 약 80%가 사회부조 프로그램에 의존하고 있었다. 이와 같은 이유로 장기요양 관련 지방자치단체의 재정 부담은 크게 증가하였다.[25]

장기요양에 따른 사회적 문제는 다른 쪽에서도 나타났다. 즉, 당시까지는 장기요양 서비스에 대한 관리체계의 미흡으로 시설(노인홈) 등에서 제공되는 장기노양 서비스의 질이 매우 낮았으며, 여기에 더하여 장기요양 서비스를 제공하는 공급자(시설 등)도 매우 제한되어 있어서, 시설 이용자의 불편이 지속되

25) 독일은 사회부조(예, 기초생활수급자에 대한 급부)에 대해 한국과 달리 중앙정부(연방정부)는 부담을 하지 않고, 기초지방자치단체인 게마인데(Gemeinde)가 전적으로 이를 책임진다.

었다.

이와 같은 사회적 환경 속에서 독일은 1970년대부터 새로운 형태의 장기요양 보장체제의 도입을 검토하게 되었다. 당시 거론되었던 중요한 모형을 살펴보면 다음과 같다. 즉, 기존 사회부조의 확대 운영, 조세를 재원으로 한 급부 모형, 민간장기요양보험체제 및 공적 장기요양보험체제 등이 이에 해당되었다. 이와 같은 모형 중에서 당시 많은 주목을 받았던 것이 공적 장기요양보험제도와 민간 사회보험제도였지만, 이용자의 부담 공평성과 대상자의 범위 등을 고려하여 최종적으로 공적 사회보험제도의 도입이 연방의회의 결정으로 이루어지게 되었고, 이에 따라서 1995년부터 동 제도가 시행되게 되었다.[26]

2) 기본구조

독일의 장기요양제도는 기본적으로 사회복지제도의 하나인 공적 사회보험제도이기 때문에 공공성이 중요한 부분을 차지한다. 따라서 보험자, 피보험자, 보험료 및 서비스의 유형 등에 대해 사회적 합의가 요구되었다. 독일의 경우, 이와 관련하여 많은 도움을 주었던 것이 기존의 의료보험제체의 운영 경험이었다. 다른 OECD 국가와 마찬가지로 독일도 일찍부터 국민의료 서비스와 관련하여 의료보험제도를 도입·운영하여 왔으며, 이와 관련하여 보험료, 직원, 서비스 및 조직 관리 등에 대한 많은 경험을 가지고 있었다. 독일은 이와 같은 기존의 의료보험제도의 운영 방식을 장기요양보험제도에 원용하는 것으로 결정하였다.

따라서 독일의 장기요양보험제도는 기본적으로 기존의 의료보험체제의 인력·조직·운영 방식 등을 함께 공유·활용하는 방식으로 결정되었고, 이와 같은 접근으로 인하여 장기요양보험제도의 운영에 따른 관리 비용의 절감은 물론, 보험료(율)의 결정·징수 등에 따른 주민의 심리적 저항감의 해소에도 많은 도움을 받은 것으로 평가되고 있다.

양 제도 간의 이와 같은 병립적 운영 형태를 보다 잘 나타내어 주는 것이 독일 장기요양보험제도의 보험자(제도운영자)이다. 독일 장기요양보험제도의 보험자는 의료보험의 보험자인 「질병금고」(Krankenkasse)로 되어 있다. 다만, 두

---

26) 1984년 독일 연방의회에서는 민간장기요양보험제도를 결정하였지만, 이후 논의를 거쳐서 공적 장기요양보험제도로 이를 변경·결정하였다(藤本健太郎, 2014).

제도 간의 재정적 독립성을 유지하는 차원에서 질병금고 내에 비영리 공법인(公法人)인 「장기요양금고」(Pflegekassen)를 따로 설치·운영하고 있다.[27][28]

이때, 장기요양금고는 공법인이지만 사실상은 장기요양보험조합의 성격을 가진 비영리단체이다. 장기요양금고는 독립채산성과 자체조직관리 등에 대하여 자주권을 가지며, 특히 장기요양보험료의 부과·징수 등에 대한 권한을 장악하고 있다. 장기요양보험료는 의료보험료와 함께 부과·징수되며, 의료보험료와 마찬가지로 일반노동자의 경우에는 노사 각각 50%씩 부담한다.

한편, 독일의 의료보험제도는 크게 공적 의료보험제도와 민간의료보험제도로 구분되어 있다. 이때, 전자의 가입자는 공적 장기요양보험제도에, 후자의 가입자는 민간장기요양보험제도에 가입하도록 의무화되어 있다. 따라서 독일의 장기요양보험제도는 사실상 전 국민을 대상자로 하고 있다고 볼 수 있으며(공·사 어느 쪽이든 가입), 물론 연령 제한도 두고 있지 않다.[29]

한편, 독일의 장기요양보험제도에서는 장기요양 급부와 관련하여 장기요양의 등급을 크게 3단계로 구분하고, 각 단계마다 최고상한액을 두고 있다. 이때, 장기요양 대상자에게 지급되는 급부는 재가급부와 시설급부로 구성되어 있지만, 가능한 재가급부를 확대하는 방향으로 제도 운영을 도모하고 있다.

피보험자의 장기요양에 대한 필요성 등을 조사하고, 이에 대한 등급판정 역할을 담당하는 「질병금고의료지원단」(MDK)이 설치·운영되고 있다. MDK는 각 주(州)의 질병금고연합회가 설치·운영하는 조직으로써, 장기요양 신청자에 대한 방문조사 및 등급판정 등을 실시하고, 그에 따른 결과를 장기요양금고에 통보하는 역할을 담당하고 있다. 독일의 장기요양보험제도의 운영 구조를 요약하면 [그림 3-1]과 같다.

독일은 공적 사회보험방식에 의거하여 1995년부터 재가 서비스, 1996년부터 시설 서비스에 대해 본격적인 요양급부를 제공하여 오고는 있지만, 이에 따른 부작용도 경험하였다. 그리하여 독일은 제도 시행 이후, 몇 차례에 걸친 제도

---

27) 한국의 노인장기요양보험체제에서도 이와 유사한 모습은 있다. 즉, 국민건강보험공단에 노인장기요양담당 이사를 두고, 동 이사를 중심으로 노인장기요양보험제도가 운영되는 것이 이에 해당된다.

28) 2007년 현재 전국적으로 280개의 장기요양금고가 설치·운영되고 있다.

29) 일본의 개호보험제도에서는 제1종(65세 이상), 제2종(45~64세)과 같이 연령을 제한함.

개선 작업을 단행하여 왔는데, 이를 상징하는 것이 2008년의 「장기요양발전법」(Pflege-Weiterentwicklungsgesetz)의 등장과 2012년의 치매환자를 중심으로 한 제도 개선이었다. 이하에서 이와 같은 부분을 중심으로 관련 내용을 살펴보기로 한다.

그림 3-1 독일 장기요양보험체제의 기본구조

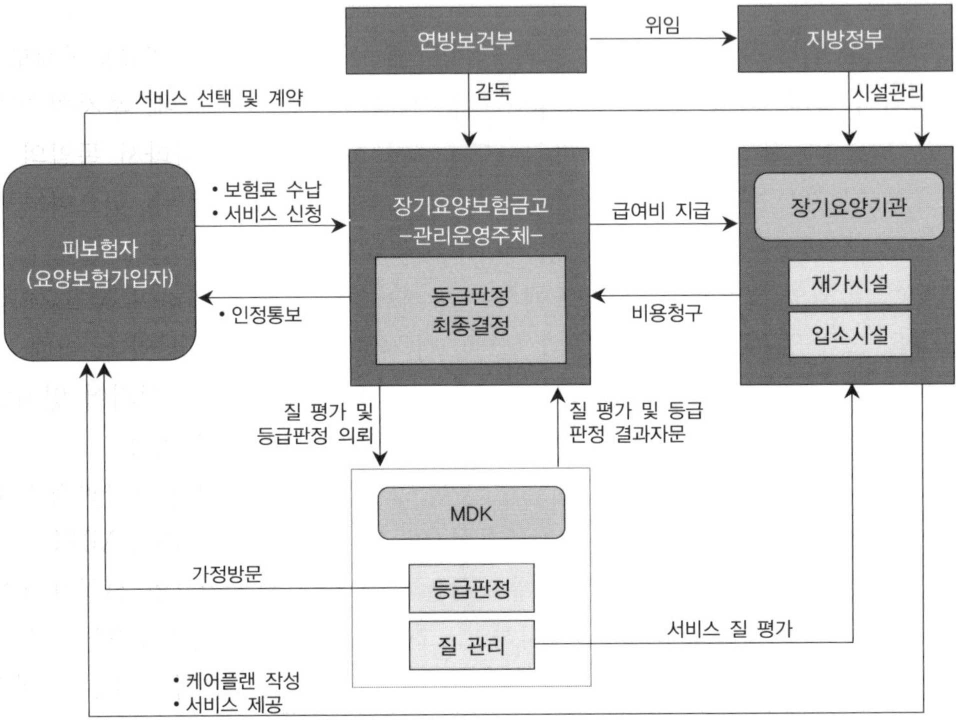

* 자료: 공적노인요양보장기획단(2004), 박동자(2012), 독일의 관련 내용을 재정리.

2 기본구조 및 주요 내용

1) 이용 체계

독일의 장기요양보험제도의 운영시스템을 [그림 3-1]에 의거하여 간단히 살펴보면 다음과 같다. 먼저, 연방정부의 보건부는 당해 제도의 운영 등과 관련하여 기본정책의 총괄 및 지방자치단체와 보험자인 장기요양금고에 대한 지도・감독을 담당하고, 주 의회는 시설에 대한 인・허가 및 지도・감독과 수가 등을 종합적으로 관리한다.

다음으로 보험자인 장기요양금고는 재정 및 급부의 관리, 수가관리, 등급결정, 평가결과의 공표 등과 같은 업무를 담당한다. 질병금고의료지원단(MDK)은 장기요양을 필요로 하는 신청자에 대한 인정조사, 등급판정, 개인별 요양 서비스 플랜의 작성 및 장기요양기관에 대한 평가 등을 담당한다. 이때, MDK는 자신의 고유 업무는 없으며, 장기요양금고가 자신에게 위탁한 이와 같은 업무를 수행하는 것으로 되어 있다.

한편, 장기요양금고는 MDK의 보고 내용에 의거하여 피보험자의 요양신청에 대해 이를 기각 또는 인정하게 된다. 이때, 인정하는 경우에는 신청자의 요양등급에 대한 결정은 물론, 관련 내용을 문서로써 통지하여야 한다. 이때, 장기요양금고는 예방 및 의료적 재활조치에 대한 요구 수준, 장기요양급부의 종류와 규모, 개인별 장기요양이용계획(care plan) 등에 대한 권고를 하게 된다. 이때, 대상자가 현금급부를 신청한 경우에는 이용하게 될 재가 서비스의 적절성에 대해서도 의견을 제시한다. 인정신청에서 결과통보까지는 약 1~2개월이 걸리며, 장기요양급부 청구권은 신청시점으로 소급하여 효력이 발생된다(공적노인요양보장기획단, 2004; 박동자, 2012).

한편, 장기요양대상자, 즉 수급자로 결정되기 위해서는 장기요양을 필요로 하는 상태에 있는 자로 인정을 받아야 한다. 이는 육체적・정신적 질병이나 장애 등으로 인하여 일상생활 관련 통상적・반복적 일의 수행에 있어서 적어도 6개월 이상 지속적으로 타인의 도움이 필요한 것으로 인정되는 것을 의미한다. 물론, 이와 같은 판단은 기본적으로 의학적 전문지식을 가진 사람들로 구성된 MDK에 의하여 이루어지며, 중증도에 따라서 1등급 「중등증」, 2등급 「중증」, 3등급 「최중증」으로 3단계로 구분・판정된다.

한편, 장기요양급부는 크게 재가급부와 시설급부로 구분된다. 독일의 장기요양보험제도에서는 시설급부보다는 가족 등에 대한 재가급부를 지향하며, 장기요양 서비스보다는 의료적 차원의 예방・재활 관련 서비스를 우선시한다. 이때, 재가급부에는 현물급부, 현금급부 및 혼합형태도 가능하지만, 시설급부는 현물급부만 가능하다.

2) 장기요양보험 급부

앞에서도 지적하였듯이 장기요양보험 대상자, 즉 수급자로 지정되면 각 등급에 따른 장기요양보험 급부를 지원받게 된다. 물론, 〈표 3-2〉와 같이 급부 종류별로 월 최고액(한도액)이 규정되어 있다. 독일의 장기요양보험제도는 공식적으로는 수급자를 3단계로 구분하고 있지만, 실질적으로는 4단계로 구분되어 있음을 엿볼 수가 있다. 즉, 최중증인 3등급에 해당되는 수급자의 경우, 다시 시설 입소자와 재택자로 재구분되며, 재택자에 대해서는 시설 입소자와 같은 수준의 보험급부를 받을 수 있게 하고 있다.

이와 같은 시책을 추구하는 이유의 하나는 시설요양보다는 가능한 재택요양을 확대·강화시키고자 하는 정책적 의지와 관계가 있다. 한편, 2012년도의 제도 개정을 통하여 지금까지 장기요양대상자로 인정받지 못했던 사례, 소위 「중증도 0」에 해당되는 치매 환자에 대해서도 일정한 수준의 장기요양보험 급부가 이루어지게 되었다.

표 3-2 장기요양보험 급부상한액(월, 유로, 2013년 1월 현)

중증 정도	재택요양		주간/야간요양 (현물급부)	너싱홈 (현물급부)
	현금급부	현물급부		
1등급(중등증)	235	450	450	1,023
2등급(중증)	440	1,100	1,100	1,279
3등급(최중증)	700	1,550	1,550	1,550
매우 심각한 사례[1]	-	1,918	-	1,918

* 주: 1) 중증도 3에서도 매우 심한 상태인 자.
** 자료: 박동자(2012) 및 藤本健太郎(2014)의 자료를 재구성.

이미 지적하였듯이, 독일의 장기요양보험제도에서는 기본적으로 재가요양을 우선시하고 있다. 이와 같은 내용은 재택 수급자와 시설 수급자의 현황을 통해서도 일정 수준 엿볼 수 있다. 예를 들면, 〈표 3-3〉에서도 제시하고 있듯이 2005년도와 2011년도를 기준으로 이들 두 서비스의 수급자 현황을 살펴보면 다음과

표 3-3 각 서비스 수급자 현황

구 분	2005. 12. 31(현)	2011. 12. 31(현)
재택 서비스 수급자(A)	130만 9,606명	160만 2,070명
시설 서비스 수급자(B)	64만 2,447명	71만 5,304명
B/A(%)	49%	46%

* 자료: 藤本健太郎(2014)의 관련 내용을 재구성.

같다.

즉, 동 기간에 있어서 재택 수급자는 시설 수급자의 약 2배 수준이며, 시간이 지나면서 이와 같은 경향은 강화되는 모습을 보이고 있다. 즉, 2005년도에는 재택 수급자 대비 시설 수급자의 비율이 약 49%였지만, 2011년도에는 46%로써 시설 수급자가 상대적으로 감소하고 있음을 엿볼 수가 있다.[30]

한편, 재택 및 시설 입소자가 받는 급부의 종류를 살펴보면 〈표 3-4〉와 같다. 이때, 재택 대상자는 현금급부와 현물급부 중에서 어느 한쪽만 선택하거나 두

표 3-4 급부 종류

거택급부	부분시설	입소시설
- 현물급부 - 현금급부 - 혼합급부 - 요양보조도구 - (가족)수발자사회보장비	- 주·야간보호 - 단기보호	- 시설급부 - 상시 입소시설 - 치매노인 특수공동생활가정 - 장애인 특수시설급부
- 요양강좌 - 주거환경개선보조 - 장기요양상담*	* 장기요양 상담(2008년 7월 신설) - 수급자 100명당 1명의 상담인력 배치 - 주민 20,000명당 1개의 장기요양지원센터 설치	
- 장기요양휴직청구권 (2008. 7. 1.)	- 최소 15인 이상의 근로자가 있는 기관에 종사하는 경우 장기요양이 필요한 친족수발을 위해 6월까지 휴가가능(무급, 사회보장 유지)	
	- 장기요양휴직기간 동안 연금보험료 납입은 장기요양금고가 책임, 수발이 주당 최소 14시간 수발하는 것을 조건으로 함.	
- 단기휴가	- 친족이 장기요양 필요자가 되면 사업장 근로자 수에 상관없이 10일까지 유급휴가 청구권 인정, 이 기간 동안 근로자에 대한 사회보장 유지	

30) 이와 같은 상대적 감소 현상은 다른 통계자료에서도 나타나고 있다.

가지를 혼합하는 모습으로도 보험급부를 받을 수가 있다. 재택 대상자에 대한 현금급부는 사용 방법 등에 대한 제한이 거의 없기 때문에, 수급자에게 지급된 현금급부를 수급자가 자신에게 요양 서비스를 제공한 가족 · 친지 등에 이를 지급하여도 관계가 없다.

너싱홈과 같은 시설 입소자에 대해서는 현물급부만 가능하며, 숙박비와 식사비 등은 급부대상에서 제외된다.[31] 한편, 독일은 재가요양을 지향하는 차원에서 「3등급(최중증)」의 경우, 재가요양과 시설요양 간에 동일한 보험급부액을 지급함으로써 가능한 시설요양에 대한 수요를 감소시키고자 유도하고 있다. 이외에도 주간요양(day care)과 야간요양(night care)에 대해 급부를 제공하고, 주택개량이나 필요한 보조 기구 등에 대한 경제적 지원은 물론, 비공식적 서비스 제공자에 대한 교육 · 기술 지원도 제공할 수 있다.

3) 장기요양 서비스 제공기관

앞에서도 살펴보았듯이, 독일의 장기요양보험제도에서는 수급자를 크게 거택자 및 시설 입소자로 구분하며, 급부의 형태는 현금급부와 현물급부로 나누어져 있다. 이때, 거택자는 거택 서비스를 받게 되고 시설 입소자는 시설 서비스를 받게 된다. 거택 대상자가 받게 되는 서비스에는 방문요양, 주 · 야간보호 서비스, 단기보호 서비스, 가족요양 서비스, 전문요양 서비스 등이 있고, 시설 입소자가 받게 되는 서비스에는 너싱홈과 같은 시설이 제공하는 서비스를 받는 것이 원칙이다. 이와 관련된 시설로써는 노인집합주택, 노인홈, 노인요양홈 등이 있다.

한편, 독일의 경우, 장기요양보험제도를 도입하게 된 중요한 이유의 하나는 장기요양 서비스 공급체계의 확충을 통한 서비스 공급자 간의 경쟁 촉진 및 이용자의 서비스 선택권의 확대였다. 장기요양보험이 도입되기 이전까지는 비영리자선단체, 사회복지기관 등이 장기요양 서비스를 제공하는 중추적 역할을 담당하였다. 그런데 이들 기관에 대한 지방자치단체의 각종 보조금 및 특별대우 조치로 인하여 다른 공급자(특히, 영리조직)의 제도 진입이 매우 어려웠다.

하지만, 장기요양보험제도의 도입으로 이와 같은 비영리 공급자에 대한 특별

31) 주요한 이유는 재가요양 대상자와의 급부에 대한 형평성 유지 때문이다.

대우가 폐지됨으로써 다양한 형태의 장기요양 서비스 공급자가 나타나게 되었다. 다만, 주 정부는 너싱홈과 같은 시설에 대해서는 여전히 시설투자 등과 관련하여 일정한 수준의 재정지원을 계속하고 있다.

이와 같은 이유로 장기요양보험제도가 도입된 이후, 장기요양 서비스 제공기관이 크게 증가하였다. 예를 들면, 1992년에 약 5,000여 개 수준이었던 지역사회 중심의 (거택)장기요양 서비스 제공자가 1997년에는 11,700여 개로 증가하였다. 너싱홈은 같은 기간에 4,300여 개에서 8,000여 개로 증가하였다. 이와 같은 현상은 기존의 지역사회차원의 소규모의 자발적 서비스 제공조직(예, 종교기관)이 공식적 서비스 제공자로 전환된 것과도 관계가 깊다(Rothgang, 2003).[32]

한편, 1999년 12월 현재 거택요양 서비스 제공자의 법적 성격을 보면 50.9%가 민간영리, 47.2%가 민간비영리, 2.0%가 공공부문으로 되어 있다. 너싱홈의 경우에는 34.9%가 민간영리, 56.6%가 민간비영리, 8.5%가 공공부문으로 되어 있다. 따라서 장기요양보험제도의 등장으로 장기요양 서비스 제공자로서의 민간영리부문의 비중이 높아지고 있음을 알 수 있다.

한편, 장기요양금고는 법에서 규정하고 있는 최소한의 기준을 충족한 모든 장기요양 서비스 제공자에게 요양기관의 자격을 부여하고 있다. 장기요양 서비스 제공기관이 책정하는 서비스의 가격(수가)은 장기요양금고와 지방자치단체가 서비스 제공기관과의 개별 협의를 통하여 이루어진다. 이때, 너싱홈과 같은 시설 서비스에 대해서는 예산에 대한 협상을 통해 재원일당가격을 결정하고, 거택중심 장기요양 공급자에 대해서는 서비스 항목의 가격을 결정한다. 장기요양금고는 이용자의 선택권의 확대 및 서비스 공급자 간의 경쟁 촉진을 유도하는 차원에서 이용자 및 서비스 공급자들에게 관련 정보를 홍보한다(공적노인요양보장기획단, 2004).

독일의 경우, 노인장기요양보험제도의 도입을 통하여 서비스 공급자의 증가와 함께 관련 서비스의 양도 크게 증가하였다. 그러나 서비스의 질의 저하는 물론, 시설에 따라서는 입소 노인에 대한 학대 등과 같은 인권침해 현상도 나타나고 있었다. 그리하여 독일은 2001년에 「장기요양의 질의 확보법」의 제정을 통

32) 이와 같은 장기요양 서비스 제공기관의 급증은 서비스 질 관리에 문제점을 제기하였다.

하여 시설에 대한 전문직의 배치기준의 규정 및 행정기관에 의한 감사를 강화하는 방향으로 정책을 변경하였다(藤本健太郎, 2014).

4) 재원 및 보험료

독일의 노인장기요양보험제도의 운영 재원은 피보험자의 보험료에 의존하고 있다. 독일 노인장기요양보험제도는 한국・일본 등과 같이 국가로부터 일정 수준의 재정 지원을 받는 일은 없다. 장기요양보험료는 의료보험료과 마찬가지로 일반근로자의 경우에는 〈표 3-5〉와 같이 고용자와 피고용자가 각각 50%씩 부담하며, 자영업자는 자신이 100%, 실업자는 연방정부가 100%, 연금수급자는 본인 및 연금보험에서 각각 50%씩 부담한다.[33]

장기요양 서비스의 이용에 따른 본인 직접 부담과 관련하여서는 재가 서비스의 경우에는 본인 부담금이 없지만, 시설 서비스에 대해서는 숙박비・식비 등에 대해서는 총액의 10%를 본인이 직접 부담한다. 한편, 시설이용에 따른 비용부담액(요양비, 생활비, 숙박비 등)이 장기요양금고에서 지불하는 금액보다 많을 경우에도 서비스 이용자는 차액을 직접 부담하여야 한다. 다만, 차액을 직접 부담할 수 없는 저소득 노인층의 경우, 주 정부의 사회부조사무소에 지원을 요청하게 되면 사회부조사무소는 자산조사를 거쳐서 사회부조의 차원에서 차액분을 대신 지불할 수도 있다.

그 동안 장기요양보험료율에 대한 몇 차례에 걸친 개정 작업이 있었는데,

표 3-5 직업별 장기요양보험료

		부담 주체별 부담률		
직업구분	부과소득	보험료율	개인부담률	국가부담률
근로자	총임금	1.95%	50%	50%(사용자)
자영업자	총소득	1.95%	100%	-
실업자	실업급여/보조금	1.95%	-	100%(연방노동사무소)
연금수급자	연금소득	1.95%	50%	50%(연금보험료)

* 자료: 공적노인요양보장기획단(2004), 박동자(2012), 藤本健太郎(2014).

33) 이와 같은 이유로 노인장기요양보험제도의 도입 과정에서 한때 산업체의 반발도 많았다.

2008년 7월 현재 보험료율은 총 임금의 1.95%로 되어 있다. 장기요양보험료율을 변경하기 위해서는 연방의회의 승인이 필요하다. 한편, 의료보험제도의 경우에는 질병금고 간의 보험료 및 급부의 차별화를 통한 경쟁을 유도하고 있지만, 장기요양보험제도에서는 보험료와 급부가 전국적으로 거의 동일하기 때문에 장기요양금고 간의 경쟁은 거의 나타나고 있지 않다.

3 주요 제도 개혁

1) 장기요양 질 관리

장기요양보험제도의 도입으로 인하여 전문적 서비스의 양적 증대 및 이용자 선택권의 확대·강화가 나타나면서 동 제도에 대한 긍정적 평가도 있었지만, 다른 한편으로는 장기요양 서비스의 질에 대한 논란이 계속되었다. 특히, 시설의 경우, 관련 법령에서 규정하고 있는 장기요양 공급기관의 설립 요건이 장기요양 서비스의 질 유지를 위한 최소한의 기준 반영에도 미흡한 부분이 있었던 것으로 평가되었다. 그리하여 연방정부는 2001년 소위 「장기요양 질 확보법」의 제정을 통하여 장기요양 서비스 제공자에 대한 요양 서비스 질 관리의 의무화는 물론, 장기요양금고와 서비스 제공자 간의 계약을 통한 장기요양 서비스 질에 대한 감사 체제를 도입하게 되었다.

한편, 현금급부로 진행되는 가족구성원에 의한 장기요양 서비스에 대한 질 관리가 어려운 과제였다. 이와 관련하여 장기요양금고는 서비스 제공자에 대한 무료 교육·훈련 제공은 물론, 방문상담원을 통한 정기적 질 상담을 받을 것을 원칙으로 하였다. 이와 같은 방문상담원은 장기요양 서비스 공급자의 측면에서 보면 서비스에 대한 마케팅의 기회가 되며, 수급자의 요양 상태에 대한 현지 파악을 통해 관련 자료를 장기요양보험금고에 직접 보고함으로써, 현금급부 지원에 대한 개선 조치를 취할 수 있는 중요한 근거를 제공하는 역할도 담당하게 되었다.

한편, 의료보험과 장기요양보험은 별개의 제도로 운영되고 있지만, 현실적으로 의료 서비스와 장기요양 서비스를 구분하기란 쉽지 않다. 예를 들면, 재택요양의 경우, 병원 퇴원 이후 첫 5일 간의 요양급부, 의사 진료, 간호사에 의한 주사나 의료행위에 대해서는 의료보험으로부터 급부가 이루어지지만 여전히 그 경계가 불분명하다. 시설(너싱홈)의 경우에는 의사에 의한 진료만을 의료보험에서 급부하고, 나머지 급부는 모두 장기요양보험에서 담당한다. 따라서 의료와 장기요양 간의 경계가 재가요양과 시설(너싱홈) 간에 차이가 있다. 그리하여 2004년의 제도 개선을 통하여 시설(너싱홈)의 경우에도 의료적 성격의 급부는 의료보험(질병금고)이 담당하는 것으로 하였지만, 장기요양과 의료 간의 경계가 불분명한 점은 여전히 남아 있다(공적노인요양보장기획단, 2004; 藤本健太郎, 2014).

2) 2008년 제도 개혁과 「장기요양발전법」

독일의 메르켈 수상은 전 국민 의료보험 및 보험료율의 통일 등을 주요 내용으로 하는 「공적 의료보험경쟁력강화법안」을 마련하여 2007년 2월에 이를 입법화시켰다. 동법의 내용 중에는 의료재활 서비스에 대한 법정 급부 지급, 거택간호의 확대 등과 같이 노인장기요양제도와 관계가 깊은 내용도 많았다. 이와 같은 흐름 속에서 독일은 2008년에 다시 장기요양보험제도에 대한 개선 작업을 추진하게 되었는데, 이것이 급부 상한선의 인상, 사례관리제도(care management)의 도입, 보험료율의 인상 등이 포함된 소위 2008년 3월 14일에 입법화된 「장기요양발전법」(Pflege-Weiterentwicklungsgesetz)이다.

동법에 포함된 중요한 내용을 제목의 차원에서 이를 살펴보면 다음과 같다. 즉, ① 급부 상한선에 대한 단계적 인상, ② 장기요양홈에 있어서의 치매증상에 대한 수발지원의 개선, ③ 거택장기요양의 강화 방안(Ⅰ)으로써의 장기요양지원센터의 설치·운영, ④ 거택장기요양의 강화 방안(Ⅱ)으로써의 포괄적 장기요양상담제도(case management system)의 도입 등이었다.

이와 같은 제도 개선을 통하여, 독일은 마침내 2009년 1월 1일 이후부터 장기요양금고가 장기요양이 필요로 한 피보험자에 대해 사례관리 서비스를 제공하는 것을 의무 사항으로 규정하게 되었다.[34]

34) 독일은 제도 창설시에는 사례관리 서비스 없었지만, 2009년 이후부터 이를 의무화시켰고, 일본은 제도 창설시부터 이를 의무화시켰다(介護支援專門員이 이를 담당). 한국은 국민건강보험공단의 직

3) 2012년 제도 개혁과 치매 지원

독일은 고령사회로의 진입에 즈음하여 후기 고령층 증가와 함께 늘어나고 있는 치매노인에 대한 대처가 중요한 사회적 과제로 등장하였다. 특히, 장기요양보험제도의 도입을 통하여 노인장기요양 서비스는 양적·질적으로 확대·강화되었지만, 치매노인에 대한 대응에는 많은 한계가 있었다. 이에 독일은 2012년에 장기요양보험제도의 개선을 통하여 치매노인에 대한 법정 급부를 강화시키게 되었다.

그리하여 독일은 2013년 1월 1일부터 거택치매환자에 대해서는 장기요양보험제도에 의한 현금급부 및 현물급부가 인상되게 되었다. 예를 들면, 지금까지 소위 「중증도 0등급」에 해당되어 장기요양 수급자에 포함되지 못하는 사람에 대해서도 매월 120유로의 현금급부 또는 월 최고한도액 225유로의 현물급부를 지급할 수 있게 되었다.

한편, 장기요양상태로 인정되어 거택에서 생활하고 있는 치매환자의 경우, 「중증도 1」에 해당되는 자는 매월 305유로의 현금급부 또는 월 최고한도액 665유로의 현물급부, 「중증도 2」에 해당되는 자는 매월 525유로의 현금급부 또는 월 최고한도액 1,250유로의 현물급부를 지급받을 수 있게 되었다. 「중증도 3」에 해당되는 자의 경우에는 치매를 이유로 한 급부 인상은 추진되지 않았다(藤本健太郎, 2014).

독일은 이와 같은 일련의 제도 개선을 통하여, 장기요양보장체제의 운영 패러다임(paradigm)을 점진적으로 바꾸어 갔다. 예를 들면, 시설 중심에서 거택 및 지역사회 중심으로, 수발지원과 같은 사후적 요양 서비스에서 예방(재활)과 같은 사전적 의료수발복합 서비스로, 부분적 일상생활지원 서비스에서 치매 등을 포함한 포괄적 일상생활지원 서비스로, 그리고 의료체제와의 연계성을 보다 강화하는 방향으로의 제도 변화가 이에 해당된다.

원이 이를 부분적으로 수행하고 있다(정재욱, 2011; 增田雅暢, 2008).

제 3 절 일본의 장기요양보험제도(介護保険制度)[35]

1 개 관

일본은 1970년을 기점으로 65세 이상의 노년층이 전체 인구의 7%를 넘어서 고령화사회를 맞이한 이후, 고령화 속도는 지속되어 1994년에 고령사회(14%), 2005년에는 초고령사회(20%)로 진입하게 되었고(國立社會保障・人口問題研究所, 2003; 中央法規出版編集部, 2014),[36] 여기에 여성의 합계출산율의 지속적인 감소까지 더해지면서 생산가능인구의 축소 및 고령층의 급증현상이 OECD 국가에서는 그 유례를 찾기 어려운 모양의 인구 구조, 즉 「소자고령화사회」(少子高齢化社會)를 맞이하게 되었다.[37]

이와 같은 급속한 사회 구조의 변화는 지금까지 일본 사회의 중요한 지지 기반으로써 역할을 수행하여 왔던 사회복지제도에도 서서히 한계점이 나타나기 시작하였다. 이에 일본은 1980년대부터 사회복지제도 전반에 걸친 개혁 작업을 추진하게 되었는데, 그 핵심적 방향은 1960년대에 제도화되었던 소위 사회복지 6법 및 행정조치제도에 대한 대대적인 개선과 함께 이에 대한 보완책의 모색이었다.

이와 같은 일련의 과정을 통하여 일본의 사회복지제도에는 많은 변화가 나타났는데, 이를 상징할 수 있는 것이 1990년의 사회복지관계8법에 대한 개정과 기초지방자치단체인 시정촌의 사회복지행정권의 강화, 1997년의 개호보험법의 제정 및 아동복지법의 개정, 그리고 2000년의 사회복지기초구조개혁[38] 등이다(福祉士養性編集委員會, 2007).[39]

---

35) 일본은 장기요양보험제도를 介護保険制度로 명명하고 있기 때문에 일본 제도를 기술할 경우에는 介護保険制度라는 용어를 사용한다.

36) 2014년 12월 현재 고령화율은 25%를 초과.

37) 이와 같은 표현은 일본 사회의 자체적 용어 및 기술이다.

38) 정식 명칭은 「社会福祉の推進のための社会福祉事業法等の一部を改正する等の法律」.

39) 이와 같은 사회복지기초구조의 개혁을 통하여 일본은 소위 1960년대를 기점으로 구축되었던 복지

한편, 일본의 인구 구조의 변화에서도 엿볼 수 있듯이, 1970년 이후 진행되었던 사회복지제도의 개혁 과정에 있어서 특히 주목을 받았던 분야의 하나가 노령층의 급증에 따른 노인문제, 그 중에서도 노인장기요양(高齢者介護) 부분이었다. 예를 들면, 일본은 빠른 고령화에 따른 후기 고령층의 급증과 함께 침상지기노인(寝たきり老人)[40]이나 치매노인 등과 같은 노인성 질환자가 급증하면서 노인장기요양을 필요로 하는 노년층(要介護高齢者)도 크게 늘어났다.[41]

그런데 이와 같은 노인복지 환경의 급변, 특히 장기요양을 필요로 하는 노년층의 급증에도 불구하고 노인장기요양보장체제는 여전히 행정기관 우월적 의사결정을 중시하는 조치제도, 여성 가족을 중심으로 한 가족지원 방식 및 시설 입소를 중심으로 한 방법 등에 크게 의존하고 있었기 때문에 급증하는 노인장기요양 대상자에 대한 효과적인 대응에 많은 한계점이 나타났다.

예를 들면, 가족지원의 경우, 후기 고령층의 증대와 함께 노인장기요양 니즈는 크게 확대되었지만 핵가족화, 세대 규모의 축소, 요양지원을 하는 가족의 고령화, 여성의 사회 진출의 확대 등이 지속되면서 가족에 의한 지원 기능은 오히려 감소되는 모습이 나타났다. 노인복지(서비스)의 경우를 보면, 조치제도라는 이름하에서 시정촌(행정기관)이 이용가능한 장기요양 서비스의 종류와 제공기관을 결정함으로써 서비스 및 제공기관에 대한 이용자의 효과적·자율적 접근에는 근본적인 제약점이 따랐다.

한편, 의료 서비스의 측면에서 보면, 의료 서비스에 대한 니즈는 그렇게 높지 않음에도 불구하고 치료를 우선하는 일반 병원에서 노인층이 장기간 입원하는 소위 「사회적 입원」이 증대하면서 의료 서비스의 비효율성은 물론, 의료보험재정의 운영에도 큰 압박으로 나타났다. 여기에 더하여 노인복지제도, 의료제도 및 보건제도 등이 각각 개별·독자적으로 설치·운영됨으로써 관련 서비스의

6~8법 및 행정조치제도에 기초한 시회복지제도의 기반에 걸친 개선이 이루어졌다. 이를 상징하는 것이 기존의 사회복지사업법의 사회복지법으로 변경, 사회복지 서비스의 이용을 지원하여 주는 서비스, 즉 사회복지 서비스 이용지원제도가 나타나게 되었다(정재욱, 2007).

40) '寝たきり'를 '臥床'으로 번역하고 있지만 이것 역시 어렵게 느껴진다. 이것의 의미는 '각종 질병 등으로 일정 기간 동안 자리에 누워있다'는 뜻이기에 이를 '침상지기'라고 번역한다.

41) 介護에 대한 번역에 혼란도 엿보인다. 일본의 경우, 역사적으로 보면 介護는 看護(nurse)와 介改(help) 간의 중간적 의미도 일부 있다. 한국의 입장에서 보면 수발에 약간의 의료적 서비스가 포함된 것으로 볼 수 있을 것이다.

이용과정(신청→접수→서비스 제공→재이용 등)에서 이용고령자의 불편은 더욱 가중되었다.

이와 같은 상황 속에서 일본은 1990년대 중반기부터 고령사회에 즈음하여 기초지방자치단체인 시정촌의 역할 강화, 주민공동체의식에 기초한 노인복지 서비스의 시행, 장기요양을 필요로 하는 노년층의 자립생활 지원체제의 구축 및 노인의 삶의 질(QOL)의 향상 등을 목표로 한 새로운 형태의 노인복지제도, 특히 장기요양보장체제의 도입을 적극 모색하게 되었다. 이후 일본은 일련의 연구·검토를 거쳐 마침내 지방자치단체와 주민공동체의식에 기반한 새로운 형태의 장기요양보장제도인 개호보험제도(介護保險制度)를 2000년 4월 1일부터 도입·시행하게 되었다(정재욱, 2009a, 2013; 鄭載旭, 2007; 厚生統計協會, 2004; 加藤良重, 2004).

한편, 개호보험제도는 도입·시행(2000년 4월 1일) 이후 지금까지(2015년 3월 현재) 크게 세 번에 걸친 제도 개혁이 이루어졌다. 예를 들면, 예방급부 및 지역밀착형 서비스 등을 중심으로 한 2005년도의 개혁(시행은 2006년부터), 후기 고령자의 급증에 따른 의료 니즈의 급증 현상을 고려한 위에, 의료·수발·예방·주택·생활지원 기능을 종합·체계화한 정기·순환적 장기요양 서비스 및 지역포괄적 사례관리 등에 초점을 두었던 2011년도의 개혁(시행은 2012년부터)(정재욱, 2013), 그리고 사회보장과 조세 간의 통합적 개혁(社會保障稅一体改革)을 추구하였던 2014년도의 개혁(시행은 2015년 4월 1일부터)이 이에 해당된다(中央法規出版編集部, 2014; 社會福祉士養成講座編集委員會, 2014).

이와 같은 일련의 제도 개혁으로 일본의 개호보험제도는 당초 모형(2000년 4월 1일)과는 일정 수준 차이가 나타나게 되었지만, 제도적 기본틀(basic frame)에서는 별반 차이가 없다. 다만, 차이가 나타나는 중요한 부분은 서비스의 종류, 사례관리와 같은 지원체제 및 재정 분야 등이다. 따라서 본 서에서는 2011년도(시행, 2012년부터)의 수정 모형을 기반으로 일본 개호보험제도의 구조 및 관련 내용을 살펴보기로 한다. 물론, 2014년도의 개혁 내용에 대해서도 필요한 영역에서 이를 개괄적으로 기술한다.

2 일본의 노인복지체제

1) 기본체계

일본의 개호보험제도에 대한 이해를 도모의 차원에서 먼저 일본 노인복지제도에 대하여 이를 간단히 살펴보기로 한다. 2007년(현) 일본 노인복지제도의 기본체제는 〈표 3-6〉과 같다. 즉, 헌법상의 관련 규정을 기반으로 다양한 형태의 사회복지체제가 구성·운영되고 있다. 노인복지를 포함한 사회복지제도에 대한 일본 헌법의 입법 태도를 보면 제11조의 기본적 인권, 제13조의 행복권의 추구, 제25조의 최저생활권 등에서 사회복지에 대한 기본이념 및 관련 내용을 제시하고 있다.

한편, 이와 같은 헌법 규정에 의거하여 제정·운영되고 있는 노인복지 관련 법제도 중에서도 노후의 일상생활과 관련하여 중요한 역할을 하는 것이 노인복지법, 노인보건법 및 개호보험법 등이며, 그 중에서도 노인들이 필요로 하는 의료·보건·사회복지 서비스를 수요자의 복지욕구에 의거하여 이를 종합적으로 제공할 수 있는 근거법이 개호보험법이다. 이와 같은 측면에서 볼 때 개호보험제도는 노후의 일상생활과 관련하여 중요한 역할을 하게 된다.

한편, 고령사회대책기본법은 고령자복지와 관련된 제도를 총체적 차원에서 제시하고 있다는 측면에서 중요한 역할을 하고 있다. 고령자의 경우, 노후에 자립적 일상생활을 유지하기 위해서는 의료·보건·사회복지 서비스는 물론이고, 소득보장·주택·재취업 등과 같은 사회보장 시책, 그리고 평생교육·자원봉사활동·사회참여 등과 같은 사회활동도 매우 중요하다. 고령사회기본대책법에서는 이와 같은 내용을 포함한 노인복지제도 전반에 걸친 기본구상을 제시함으로써 노인복지의 지평을 확보하여 가는 데 기여하고 있다.

그 외에도 「고령자 및 신체장애자 등이 원활하게 이용할 수 있는 특정 건축물의 건축 촉진에 관한 법률」(하드빌딩법)에 의한 고령자 등이 생활하기 편한 주거환경 만들기, 「고령자 및 신체장애자 등의 공공교통기관을 이용한 이동의 원활화의 촉진에 관한 법률」(교통장애제어법)에 의한 고령자 등이 이용하기 쉬운 도로나 공공교통기관 만들기, 「복지용구의 연구 개발 및 보급의 촉진에 관한 법률」(복지용구법)에 의한 고령자 등이 사용하기 편한 복지용구의 개발 및 보급 등도 노인복지와 관련하여 중요한 역할을 하고 있다. 그 이외에도 「고령자고용안정법」은 최근 사회·경제적 사정으로 조기 퇴직 또는 실업 발생 등에 따른 고령자의 경제적 어려움에 대한 해소 방안 모색과 관련하여 중요한 역할을 하고 있다(小笠原裕次, 2001).

한편, OECD 국가의 보편적 경험이기는 하지만, 일본 역시 급증하고 있는 사회복지 니즈에 대한 효과적인 대응과 관련하여 사회복지 재원의 확보 방안에 대한 다양한 논의가 있었다. 이에 대한 주된 내용은 일반세(조세)에 의존하는 방법, 새로운 세원의 확보(소비세 등의 신설), 사회보험방식의 확대(연금보험, 의료보험 등에 더하여 사회복지 영역에도 사회보험 확대 적용), 사회복지 서비스 이용자에 의한 일정 비용 부담(응능부담, 응익부담 등) 등이 이에 해당된다. 일본의 개호보험제도는 기본적으로 사회보험방식에 따른 노인복지제도의 하나로써 도입되었다(정재욱, 2001, 2006, 2009b; 福祉士養成講座編集委員會, 2007).

표 3-6 일본 고령자복지제도의 기본체제(2006년 12월 현)

구 분	법제도
기본·공통 분야	헌법, 고령사회대책기본법
사회복지 분야	사회복지법, 노인복지법, 고령자학대방지법, 복지용구법
(사회복지 및 보건·의료)	개호보험법(介護保険法)
보건·의료 분야	노인보건법, 의료보험개별법(건강보험법, 국민건강보험법 등)
소득보장 분야	연금개별법(후생연금보험법, 국민연금법 등), 생활보호법
취업·고용 분야	고연령자 고용 등의 안정 등에 관한 법률
주택·환경 분야	공영주택법, 하드빌딩(Hard Build)법, 교통장애제어(Barrier Free)법 등
기타 분야	민법(성년후견 등), 사회교육법, 소비자기본법, 세제각법(소비세법 등)

* 자료: 福祉士養成講座編輯委員會(2004), 全國社會福祉協議會(2006) 재정리.

2) 제도 개혁 및 특징

일본에 있어서 지금과 같은 노인복지체제가 자리하기까지는 오랜 기간에 걸친 제도 개혁이 있었다. 근대적 의미의 노인복지제도의 시행은 메이지유신(明治維新) 이후부터로 볼 수 있지만, 본격적으로는 제2차 세계대전 이후부터로 볼 수 있다. 먼저, 일본 노인복지제도의 근간을 이루고 있는 핵심적 법제도를 간단히 소개하면 다음과 같다. 즉, 1874년(明治 7년)에 공포된 휼구규칙(恤救規則), 1929년(昭和 4年)에 제정되고 1932년부터 시행되었던 구호법, 1963년(昭和 38年)의 노인복지법, 1982년(昭和 57年)의 노인보건법, 1990년(平成 2年)의 복지관계8법 개정, 1995년(平成 7年)부터 시행되고 있는 고령사회대책기본법 및 1997년(平成 9년)에 제정되고 2000년(平成 12年)부터 시행된 개호보험법 등이 이에 해당된다(社會福祉士養成講座, 2004). 한편, 이상과 같은 노인복지 관련 제도의 시행 연도로부터도 일부 유추할 수 있듯이, 일본의 노인복지제도의 전개 과정은 크게 다음과 같이 구분된다.

즉, ① 구호법이 중요한 역할을 하였던 제2차 세계대전 이전 시대, ② 전후 직후부터 노인복지법이 시행되기까지(1963년), ③ 노인복지법의 시행에서부터 복지관계8법의 개정까지(1990년), ④ 복지관계8법의 개정에 따른 노인복지제도의 개혁기(2000년), ⑤ 지방자치단체를 중심으로 한 개호보험법의 시행(제정 1997년, 시행 2000년 4월 1일)단계 등이 이에 해당된다(鄭載旭, 2009b; 鄭載旭, 2007; 福祉士養成編集委員會, 2007). 따라서 이와 같은 단계론에 입각하여 일본 노인복지제도의 전개 과정 및 특징을 살펴보기로 한다. 이때, 개호보험법을 중심으로 한 부분은 구성을 달리하여 따로 살펴보기로 한다.

(1) 초기 제도화(제2차 세계대전 이전)

메이지정부가 등장하기 이전까지는 주로 친족집단 및 마을공동체의 상호부조, 그리고 지배집단의 시혜시책에 의거하여 구빈·구제적 차원에서 노인복지 시책이 이루어졌다. 이와 같은 구빈제도가 처음으로 근대적 입법 형태로 나타난 것이 1874년(明治 7년)에 공포된 휼구규칙(恤救規則)이었다.[42] 동 규칙은 전문과 5개 조항으로 구성된 매우 단순한 형태의 법률이었고, 빈민에 대한 구제휼구(救濟恤救)도 주민상호 간의 정의(情誼), 즉 친족이나 지역사회의 상호부조를 원칙으로 하고 있었다. 다만, 70세 이상의 고령자로써 중병자나 또는 돌보아 줄 사람이 없는 극빈자(無告ノ窮民)에 대해서는 국가가 의무적으로 이들을

42) 당시는 국회가 없었기 때문에 국회 동의 속에서 이루어진 근대적 의미의 법률로 보기는 어렵다. 다만, 당해 규칙은 근대적 의미의 법률적 형식을 갖추고 있었다.

구제하도록 하였다는 점에서 근대적 사회복지제도로써의 의미를 가진다. 이때, 정부가 제공하는 구제의 범위는 연간 쌀(救助米) 1石 8斗(약 25.6kg)였다(全國社會福祉協議會, 2001).

한편, 메이지정부는 1929년에 휼구규칙을 대신하여 보다 근대화된 입법 형태인 구호법을 제정하였다. 구호법에 따른 구호의 대상자는 크게 「돌보아 줄 사람이 없는 65세 이상의 빈곤한 고령자, 빈곤한 어린이 및 임산부」였다. 당시는 세계경제대공황의 여파로 일본 역시 소위 쇼오와공황(昭和恐慌)이 나타났던 시기였기 때문에, 동법의 시행으로 극빈고령계층 등에 대한 구호에 일정 수준 기여하였다. 구호법에 따른 구호사무는 시정촌의 장이 담당하였고, 구호의 종류는 크게 생활부조·의료부조·조산부조·실업부조 등이 있었고, 구호의 방법은 거택주의를 원칙으로 하면서도 필요에 따라서 시설입소와 같은 시설수용도 일부 있었다.[43]

(2) 제도 도입기(제2차 세계대전 이후부터 노인복지법 이전)

일본은 제2차 세계대전 이후, 새로운 모습의 국가체제를 재정비하는 과정에서 사회복지제도 역시 민주적 질서체제에 입각한 제도 개선이 요구되었다. 그러나 전후(戰後) 일본은 사회·경제적 혼란에 따른 극빈자 및 부랑아동 등의 폭증 때문에 이와 같은 분야에 대한 사회적 대책이 우선적으로 요구되었다. 당시 긴급 보호를 필요로 하였던 부랑아동은 전국적으로 약 1만 2,700명에 달하였고, 장애자, 모자(母子) 및 귀국 군인 등과 같은 수많은 극빈계층이 발생하여 이들에 대한 사회적 대책이 시급하였다. 그리하여 점령 당국(GHQ)은 1946년 2월 「사회구제에 관한 각서」와 함께 사회복지에 대한 기본원칙으로써 「무차별평등의 원칙, 공사분리의 원칙, 구제에 대한 국가책임의 원칙, 필요한 구제는 제한을 두지 않음」 등을 제시하였다.

일본 정부는 이와 같은 GHQ의 각서 및 사회복지 기본원칙을 수용하는 차원에서, 전전(戰前)의 구호법을 대체할 새로운 법령으로써 1946년 생활보호법을 제정·시행하였으며, 1950년부터는 생활보호대상자는 물론, 일반 빈곤자까지

---

43) 한국은 거택(居宅)이란 용어보다는 재가(在家)라는 용어를 사용한다. 여기서는 일본의 경우에는 거택 또는 재택(在宅), 한국의 경우에는 재가라는 용어를 사용한다.

대상자로 포함시키게 되었다. 한편, 동 기간에 나가노현의 우에다시(上田市)는 1956년부터 현행 홈헬프 서비스(home-help services)의 전신으로 볼 수 있는 가정양호부파견제도(家庭養護婦派遣制度)를 자체사업으로 시행하였고, 본 제도는 1960년대 이후 대도시 지역으로 전파되어, 오늘날 재택복지시책의 하나로 발전할 수 있는 계기를 마련하여 주었다(福祉士養成講座編輯委員會, 2004).

한편, 일본은 1958년부터 국민건강보험법이 전면적으로 시행됨으로써 고령자를 포함한 국민 일반의 의료 서비스의 이용 환경은 크게 개선되었으며, 연이어 국민연금법(1959년) 및 노령연금제도(이후 노령기초연금으로 변경)의 도입으로 1960년대 초반기에 노후소득보장제도는 상당 수준의 제도화가 이루어졌다. 그러나 이와 같은 노력에도 불구하고 노인복지법의 제정 · 시행(1963년) 이전까지는 극빈노인층을 대상으로 한 공적 구제, 대상자 선정에 따른 행정기관 위주의 선별주의가 노인복지에서 큰 비중을 차지하였다.

(3) 제도적 확장기(노인복지법에서 복지8법의 개정 전까지)

일본은 1960년대 초반기를 지나면서 급속한 경제발전과 국가재정의 확대에 기반하여 의료보험제도 및 연금제도 등에 대한 제도 정비가 이루어졌으며, 1960년대 중반기를 지나면서 노인복지에 대한 관심도 기존의 「소득보장 지향적 사회보장」에서 「사회복지 서비스와 사회복지시설 지향」으로 서서히 옮겨갔다. 나아가서 노인복지 서비스의 대상자에 대한 시각도 기존의 극빈노인계층에서부터 고령자 일반인으로 서서히 옮겨갔다. 이와 같은 흐름의 연장선상에서 후생성(당시 명칭)은 중앙사회복지심의회의 중간보고에 입각하여 마침내 1963년에 고령자 일반인을 대상자로 한 노인복지법을 제정하게 되었다.

이때, 동법과 관련하여 특히 주목되었던 부분은 노인복지 서비스를 강화시키는 차원에서 양호노인홈, 특별양호노인홈 및 경비노인홈(輕費老人홈) 등에 대한 입소조치제도의 체계화와 함께 노인복지시설시책을 더욱 강화시켰으며, 나아가서 가정봉사원파견사업(이후 홈헬프 서비스로 변경) 등과 같은 거택복지, 고령자의 사회참여 방안, 건강심사(健康診査) 등과 같은 분야에까지 시책을 넓혔다는 점이었다.

한편, 일본은 1973년부터 10년 간에 걸쳐서 「의료기관에서의 고령자 본인의 창구부담의 무료화」라는 새로운 형태의 노인의료비 지급제도의 시행을 통하여 노인의 의료 서비스에 대한 접근성을 크게 개선시키고자 하였다. 그런데 이와 같은 시책으로 노인의료비의 급증 및 국가재정부담의 가중이 나타나면서, 노인복지제도는 서서히 사회적 주요 현안이 되었고, 이와 같은 모습은 고령화사회로 진입하면서 더욱 확대・강화되었다.

이와 같은 분위기 속에서 일본은 지금까지 노인복지법에서 관리하여 왔던 노인보건 서비스의 일부를 독자적으로 담당할 근거법으로써 노인보건법(1982년)을 제정하게 되었다. 이와 같은 노인보건법에 의거하여 70세 이상의 고령자를 대상으로 한 노인의료 서비스, 이들에 대한 건강진단・기능훈련・방문지도 등과 같은 보건증진사업 등이 보다 자유롭게 시행될 수 있게 되었고, 나아가서 의료급부(일부 비용은 고령자의 부담)는 물론 예방・재활 등에 이르기까지 노인보건・의료 서비스가 크게 개선되게 되었다. 한편, 1987년에는 노인보건법의 일부 내용을 개정하여 의료기관과 노인복지시설(특히, 특별양호노인홈)의 중간적 기능을 수행하는 노인보건시설(介護老人保健施設에 해당됨)을 도입함으로써 고령자를 위한 보건・의료 서비스는 더욱 향상되게 되었다.

한편, 기존의 방문요양 서비스(home-help services)에 이어서 1978년에 단기입소 서비스(short-stay), 1979년에는 통소 서비스(day-stay, 주간 서비스)를 도입함으로써 거택 서비스는 더욱 확대・강화되었다. 나아가서 일본은 1987년부터 고령자들의 생활・의료・주택・기타 일상생활과 관련된 복지 서비스를 종합적 차원에서 상담・지원하여 주는 고령자종합상담센터를 도도부현(광역지방자치단체)에 설치・운영하게 되었고, 특히 보건・의료・사회복지 서비스 간의 연대성을 강화하는 차원에서 시정촌(기초지방자치단체)에 고령자 서비스 조정팀을 설치・운영함으로써 고령자 복지향상에 기여하였다.[44]

한편, 일본은 1980년대 후반부에 고령화율이 10%를 넘어서면서 소자고령화사회(少子高齡化社會)를 맞이하게 되면서, 새로운 모습의 노인복지제도의 필요성 역시 커져갔다. 이와 같은 분위기 속에서 고령사회에 대한 대비책의 일환으로써 일본은 1986년에 장수사회대책기본방침(長壽社會對策大綱), 그리고 1990

---

44) 일본의 지방자치단체는 크게 광역지방자치단체인 도도부현(道都府縣)과 기초지방자치단체인 시(구)정촌(市區町村)으로 구분된다.

년에는 노인복지법에 대한 전면적 개정을 포함한 「사회복지관계8법 개정」을 통하여 변화하고 있는 사회복지환경에 부응하고자 하였다(정재욱, 2001; 上野谷加代子・他, 2005).

(4) 제도적 개혁기(사회복지관계8법 개정에서 개호보험법 시행)

고령사회로의 진입을 눈앞에서 두고 나타났던 대표적인 노인복지시책이 1989년 12월의 「고령자보건복지추진10개년전략」(소위 골드플랜)이었다.[45] 일본은 이와 같은 골드플랜을 통하여 21세기를 대비한 중・장기적 차원의 노인보건복지의 기본방향을 마련하게 되었다. 물론, 골드플랜의 시행에 따른 재원은 새롭게 시설된 소비세(1989년부터 시행)에서 충당하는 것으로 하였다.[46]

한편, 일본은 이와 같은 골드플랜의 내용을 효과적으로 추진하기 위한 조치의 일환으로써 1990년 6월에 「노인복지법 등의 일부를 개정하는 법률」, 소위 노인복지법을 중심으로 한 「사회복지관계8법 개정」 작업을 단행하였다. 일본은 이와 같은 제도 개혁을 통하여 새로운 모습의 노인복지제도의 틀을 마련하였다.

이때, 단행되었던 노인복지 관련 중요한 내용은 다음과 같다. 즉, ① 노인거택복지 서비스의 법제화, ② 특별양호노인홈 등에 대한 입소결정사무를 광역지방자치단체에서 기초지방자치단체인 시정촌으로 이양, ③ 지방자치단체에 의한 노인보건복지계획의 작성 및 시행(의무화), ④ 지방자치단체에 의한 독자적인 노인건강보건사업(예를 들면, 삶의 보람과 건강가꾸기 등과 같은 사업)의 촉진, ⑤ 지방자치단체에 의한 유료노인홈에의 지도・감독의 강화 등이었다.

이와 같은 제도 개혁을 통하여 고령자를 대상으로 한 재택복지 서비스와 시설복지 서비스가 연계적・종합적으로 시행될 수 있는 법적 터전을 마련하게 되었고, 주민에게 가장 가까이 있는 기초지방자치단체인 시정촌이 노인보건복지계획을 종합적으로 수립・시행할 수 있는 법적 주체로 등장하게 되어, 마침내 시정촌을 중심으로 한 고령자복지시책의 운영이 가능하게 되었다.

한편, 1994년에 일본은 기존의 골드플랜의 내용을 크게 수정・보완한 「신고령자보건복지추진10개년전략」, 소위 「신골드플랜」을 책정・운영하게 되었다.

---

45) 골드플랜에는 노인재택복지의 법정화와 침상지기 노인에 대한 제로화의 시책이 포함되어 있었다.
46) 최근에 들어서도 사회복지수요의 확대에 따른 소비세 인상을 주장하는 흐름이 있다. 예컨대, 2006년도에 있었던 자민당 총재선거에서도 소비세 인상은 후보 간의 중요한 논쟁점이었다.

이때, 제시되었던 신골드플랜의 핵심적 내용은 크게 ① 이용자 본위의 복지 서비스의 이용 및 이들에 대한 자립지원의 강화, ② 복지 서비스 이용에 대한 보편주의 강화, ③ 복지 서비스에 대한 종합적 제공체제의 구축, ④ 지방자치단체를 중심으로 한 복지 서비스 운영체제의 강화, ⑤ 치매성고령자대책에 대한 체계화, ⑥ 복지용구의 개발과 보급의 확대, ⑦ 노인주택의 보급 확대 및 지역사회마을만들기(まちづくり) 등이 포함되어 있었다.

한편, 일본은 이와 같은 신골드플랜의 내용을 법적으로 담보하는 차원에서 1994년에 다시 노인복지법의 일부를 개정하게 되었고, 그 결과 ① 거택개호지원센터의 법정화, ② 시(구)정촌의 노인복지 관련 정보제공의 의무, ③ 노인 서비스에 대한 질적 평가체제의 정비 등이 이루어지게 되었다(정재욱, 2001; 정재욱, 2006; 福祉士養成講座編輯委員會, 2004).

한편, 일본은 1990년대 중반기부터 급증하고 있는 노인장기요양 니즈에 대한 대응 방안을 둘러싸고 활발한 논의가 이루어졌다. 예를 들면, 1994년 12월에 「고령자개호・자립지원시스템연구회」로부터 「새로운 형태의 고령자개호시스템의 구축을 지향하며」의 보고서 제출이 이에 해당된다. 동 보고서에서는 고령자 자립지원을 기본이념으로 한 공적 사회보험방식의 개호보험제도의 도입을 제안하였다. 이와 같은 내용은 이후 다양한 논의 절차를 거쳐서 마침내 1997년 12월 7일에 개호보험법이란 이름으로 입법화되었다(시행 2000년 4월 1일).

한편, 일본은 1990년대에 이르기까지 사회복지제도에 대한 지속적인 개혁 작업을 추진하여 왔지만, 노인복지를 비롯한 사회복지 서비스의 이용과정에 있어서 행정기관(중앙정부, 지방자치단체 등)의 우월적 지위에는 변화가 거의 없었다. 즉, 사회복지 서비스의 이용과정에 있어서 이용자의 의사나 복지 니즈보다도 행정기관의 의사를 중심으로 한 소위 조치제도가 큰 비중을 차지하였다.

그런데 1997년에 제정된 개호보험제도의 경우, 재원조달과 관련하여 사회보험방식을 원용하고 있기 때문에 기존의 조치제도는 피보험자의 서비스 이용에 따른 장애 요인으로 작용하였다. 즉, 피보험자는 자신이 지불한 보험료에 상응하는 관련 서비스를 자신의 의사결정에 의거하여 자유롭게 선택・이용하기를 바라지만, 조치제도는 이와 같은 니즈를 충족시키기에 상당한 한계점을 보였다.

그리하여 일본은 지금까지 일본적 사회복지제도의 중요한 특징으로까지 지적하여 왔던 사회복지 서비스의 이용과정에 따른 조치제도를 개혁하는 작업을 시도하였는데, 이것이 소위 계약제 등을 포함한 소위 이용제도(利用制度)로의 전환이었다. 이와 같이 흐름은 이후 아동복지, 장애자복지 등으로 확산되면서 사회복지 서비스의 이용과정에 대한 「패러다임」의 변화를 경험하게 되었다(정재욱, 2005a; 福祉士養成講座編輯委員會, 2004).

3 개호보험제도

1) 도입 배경

일본의 경우, 사회보험방식에 따른 개호보험제도는 국민연금제도(1960년대) 이후 약 30여 년 만에 도입되었던 20세기 최후의 사회사업이라는 점에서 많은 관심을 받았다(社會福祉士養性講座編輯委員會, 2012; 全國社會福祉協議會, 2012).[47] 일본은 동 제도의 도입 과정에서 독일의 경험을 많이 참조하였지만, 영국의 경험도 크게 참조하였다. 영국의 영향으로 제도화된 대표적인 영역이 사례관리제도(care management)이다(白澤政和, 2002; 竹內孝仁, 2002). 일본에서 개호보험제도를 도입하게 된 배경을 간단히 정리하면 다음과 같다.[48]

첫째, 급속한 고령화에 따른 장기요양 필요 고령자의 급증이다. 일본은 1980년대 중반기부터 출산율의 저하 및 장수사회로의 진행에 따른 급속한 고령화가 사회적 현안 과제로 등장하였다. 예를 들면, 고령화사회 이후 24년 만인 1994년에 고령사회(고령화율 14% 초과)로 진입하였다. 이와 같은 급속한 고령화는 다른 한편으로 장기요양을 필요로 하는 고령자(要介護高齢者)도 함께 급증하는 모습을 수반하였다. 예를 들면, 개호보험제도의 도입이 검토되었던 1993년에 장기요양 필요 노인이 약 200만 명이었고, 2000년에는 280만 명, 2011년에는 513만 명으로 증가하였다(中央法規, 2012; 社會福祉士養性講座編輯委員會, 2012).

따라서 고령사회의 도래는 다른 한편으로 고령자의 장기요양 리스크의 일반화라는 현상을 수반하였다. 이에 일본은 고령자가 장기요양이 필요로 하는 상

47) 일본에서의 개호보험제도는 다섯 번째로 도입되는 사회보험제도이다.
48) 도입 배경은 정재욱(2009), 石田一紀(2010), 全國社會福祉協議會(2012) 등을 참조.

태에 놓일지라도 안심하고 노년기를 보낼 수 있고, 이를 위해서 관련 가족이나 지역사회가 공동운명체적 입장에서 이에 대응할 수 있는 공적 제도의 마련에 주목하게 되었다.

둘째, 가족 중심의 장기요양 지원기반의 약화이다. 일본은 전통적으로 노인장기요양을 관련 가족이 부담하는 가족 지향적 모습이 강했다. 그러나 1980년대 이후부터 가족 규모의 축소, 자식과의 동거세대의 감소, 노인부부 및 노인독거세대의 증가, 여성의 사회진출의 확대 등이 나타나면서 노인장기요양에 대한 가족 지원 기능이 크게 약화되었다. 예를 들면, 개호보험제도의 도입을 검토하고 있었던 1990년대 중반기에 주택에서 노인장기요양을 담당하고 있었던 사람의 약 70%는 여성이었고, 그 중의 약 60%는 60세 이상자, 그리고 약 30%는 70세 이상자였다. 따라서 노인이 노인을 지원하는 소위 「노노수발」(老老介護)이 큰 비중을 차지하고 있었다. 물론, 대도시 지역에 살고 있는 자식 세대가 멀리 떨어져 있는 노부모 장기수발을 위하여 장거리 통근수발을 하는 경향도 늘어났다.

한편, 영양체제 및 의료기술의 향상에 따른 인간의 평균 수명의 증가는 다른 한편으로 장기요양을 필요로 하는 노후생활의 장기화와 함께, 그 상태도 심화되는 경향이 나타났다. 그리하여 노인장기요양을 둘러싼 가족 간의 정신적·신체적 스트레스 및 가계의 경제적 부담의 증가에 따른 가족 간의 갈등은 물론, 장기요양 대상자에 대한 가족학대까지 나타나면서, 가족 지향적 노인수발체제는 사회적 현안 과제로 등장하였다(정재욱, 2009; 總務廳, 1993).

셋째, 기존 노인복지제도 및 노인의료제도의 한계점의 노정이다. 당시까지 노인문제를 담당하였던 핵심 제도는 노인복지법이었다. 동법에 따르면 노인복지서비스는 크게 재택 서비스와 시설 서비스로 구분되었지만, 관련 서비스의 이용 관계는 시정촌이 이를 결정하는 조치제도(措置制度)에 의존하였다. 따라서 장기요양을 필요로 하는 노인(이용자)에게는 서비스에 대한 자유로운 선택권이 사실상 부여되어 있지 못했고, 이용할 수 있는 서비스의 종류 및 이용 범위도 소득 수준에 따른 제한폭이 많았다. 물론, 서비스의 이용과정에서 본인 및 부양의무자의 수입 정도에 따른 이용자 부담 부분에도 큰 차이가 있어서, 중산층 이상자에게는 관련 서비스의 이용에 따른 상당한 수준의 재정 부담이 수반되었다.

한편, 일본에서는 노인장기요양의 상당 부분을 기존의 의료기관이 담당하였던 역사적 경험이 있었다. 이와 같은 이유로 1980년대 후반기부터 일반 병원의 많은 병상을 노인장기요양 대상자가 차지하는 소위 「사회적 입원자」가 급증하였다. 이와 같은 현상에 직면하여, 일본은 노인장기요양 대상자의 니즈를 중심으로 장기요양・보건・의료 서비스 등을 종합・체계적으로 제공할 수 있는 새로운 제도모색의 필요성이 주목을 받게 되었다(정재욱, 2005; 정재욱, 2009; 全國社會福祉協議會, 2012).

넷째, 노인장기요양 관련 비용 증대에 따른 새로운 대응책의 모색이었다. 일본은 노인 규모가 급증하기 시작하였던 1980년대 중반기부터 장기요양을 필요로 하는 노인을 위한 서비스 기반 구축을 모색하여 왔다. 그 중에서도 특히 주목을 받았던 것이 소위 「고령자보건복지추진 10개년 전략」(1989년 수립, 1990년부터 시행, 골드플랜)이었다. 일본은 이와 같은 계획에 의거하여 향후 10년간에 걸쳐 노인장기요양 기반을 대대적으로 정비・확충하고자 하였으며, 이와 관련하여 소요되는 재원은 신설되는 소비세로 충당하고자 하였다.

그런데 1990년대부터 나타났던 장기적 경제 불황으로 세수 감소가 지속되면서 국채 의존도가 크게 증가하였다. 이와 같은 일련의 재정적 한계에 직면하여, 급증하고 있는 노인장기요양에 대한 새로운 대응 방안의 하나로써 재원을 주로 사회보험방식으로 충당하는 공적 개호보험제도를 구상하게 되었다(정재욱, 2009; 石田一紀, 2010; 社會福祉士養性講座編輯委員會, 2012).

2) 기본구조

일본의 장기요양보험제도인 개호보험제도는 재정 충원과 관련하여 원칙적으로 사회보험방식에 의존하고 있기 때문에 제도 구성의 기본요소로서 보험자, 피보험자 및 보험료 등이 존재하게 된다. 한편, 개호보험제도는 이용자(피보험자) 자신의 의사에 따른 관련 서비스의 이용, 즉 장기요양 서비스의 이용과정에 따른 시장기능을 중시하고 있기 때문에 서비스 공급자(제공자)도 중요한 구성요소가 된다. 따라서 개호보험제도의 기본구조는 [그림 3-2]와 같으며, 이를 간단히 정리하면 다음과 같다.

그림 3-2 개호보험제도의 기본구조

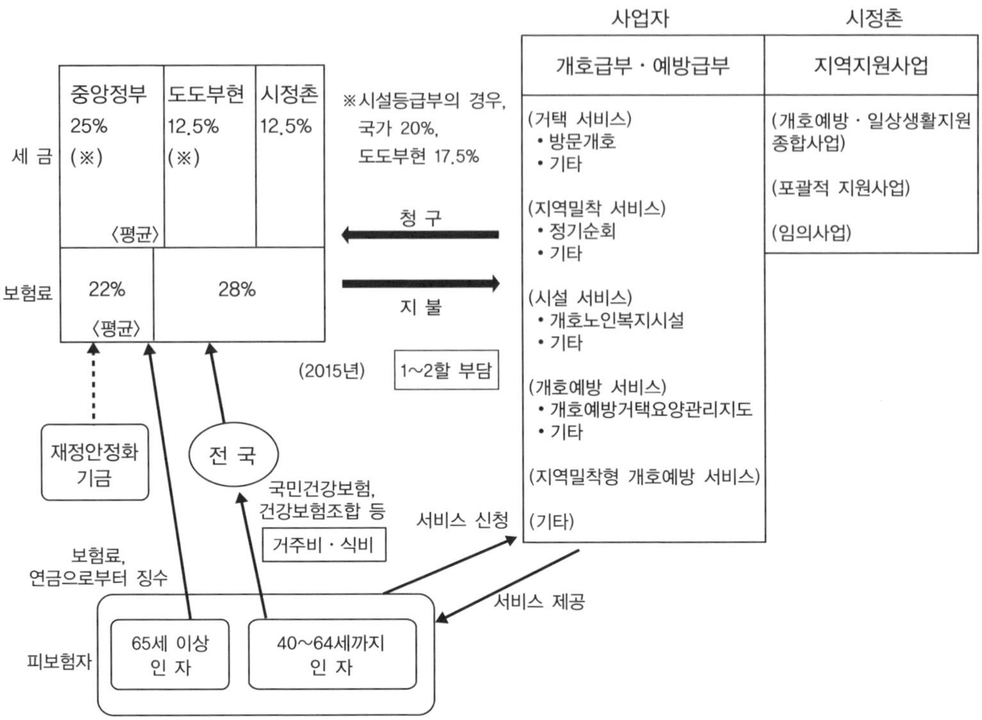

* 자료: 社會福祉士養成講座編集委員會(2012), 川村 マサヨシ(2012), 社會福祉士養成講座編集委員會(2015)의 내용을 재구성. 한편, 2015년 8월부터 제1호 피보험자 중에서 일정 개인소득(연금 포함) 이상인 자는 서비스 이용에 따른 20% 직접 부담(구체적 내용은 관련 부분에서 설명).

개호보험제도는 [그림 3-2]와 같이 크게 제도운영자인 보험자, 보험료를 지불하고 일정한 조건하에서 관련 서비스를 이용할 수 있는 피보험자(보험가입자), 다양한 형태의 개호보험 서비스를 피보험자에게 제공하는 개호서비스 공급자 및 행정기관의 지원금 및 피보험자의 보험료로 구성된 재원으로 구성되어 있다. 이와 같은 부분을 간단히 정리하면 다음과 같다.

첫째, 보험자이다.

개호보험제도의 운영자에 해당되는 보험자는 개호보험법 제3조에 의거하여 지역주민들에게 가장 가까이 있는 기초지방자치단체인 시정촌 및 특별구로 되어 있다(개호보험법 제3조). 이때, 시정촌은 개호보험제도의 운영과 관련하여 개호보험특별회계를 따로 설치하여 개호보험과 관련된 수입과 지출을 관리한다. 한편, 보험자로서의 안정적 역할 수행에 어려움이 예상되는 소규모 시정촌 등은 인근 시정촌과 연합하여 당해 업무를 처리하는 소위 광역연합체의 구성도 가능하다.

개호보험제도의 운영과 관련하여 보험자인 시정촌이 담당하는 핵심적 사무는 다음과 같다. 즉, 피보험자의 자격 관리, 개호인정심사회의 설치·운영, 보험급부의 시행, 지역밀착형 서비스 사업자 및 개호예방지원 사업자 지정, 지역지원사업의 실시, 지역포괄지원센터 설치·운영, 시정촌개호보험사업계획의 책정·운영, 제1호 피보험자에 대한 보험료의 부과·징수 등이다.

둘째, 피보험자인 개호보험제도 가입자이다.

개호보험제도에 가입할 수 있는 피보험자는 크게 65세 이상의 자(제1호 피보험자)와 40세에서 64세까지의 자(제2호 피보험자)로 구분된다. 이때, 제1호 피보험자의 요건은 ① 시정촌의 행정구역 내에 주소를 가지고 있는 자(외국인등록자도 가능), ② 65세 이상인 자(개호보험법 제9조 제1호)를 원칙으로 하고 있다. 한편, 제2호 피보험자의 요건은 ① 시정촌의 행정구역 내에 주소를 가지고 있는 자(외국인등록자도 가능), ② 40세에서 65세 미만의 자, ③ 의료보험가입자(개호보험법 제9조 제2호)이다. 따라서 당해 연령에 속해도 의료보험에 기입하고 있지 아니한 자는 제2호 피보험자가 될 수 없다. 생활보호대상자가 이와 같은 집단을 상징한다. 따라서 생활보호대상자는 장기요양이 필요로 한 상태에 놓이게 되면, 개호보험법에 따른 개호급부가 아닌 생활보호법에 따른 개호부조를 받게 된다(생활보호법 제15조의 2).

셋째, 보험재정이다.

개호보험제도가 처음 출범하였던 당초(2000년 4월 1일)의 재정 구조는 ① 국가지원금이 전체 보험재정의 25%(5%의 조정교부금 포함), 도도부현 지원금이 전체 보험재정의 12.5% 및 시정촌 지원금이 전체 보험재정의 약 12.5%로써 공적 지원금이 전체 보험재정의 50%를 차지하였고, ② 나머지 50%는 피보험자의 보험료에 충당되었다. 피보험자가 납부하는 보험료의 경우, 보험재원의 50%에 대하여 제1호 피보험자수와 제2호 피보험자수의 비율을 기준으로 3년마다 이를 재산정한다. 제도 출범 당초에는 제1호 피보험자가 17%, 제2호 피보험자가 33%

수준이었지만, 2014년 이후는 제1호 피보험자가 22%, 제2호 피보험자가 28%로 나타나고 있다. 이는 제1호 피보험자의 지속적인 증가 현상을 반증한다. 물론, 서비스 이용자가 총 이용료의 10%를 직접 부담하도록 되어 있었다.

한편, 보험료의 징수는 다음과 같이 이루어진다. 먼저, 제1호 피보험자의 경우, 일정액 이상의 연급수급자는 연금보험자가 원천 징수하여 시정촌에 납부하고, 그 이외의 제1호 피보험자에 대해서는 시정촌이 직접 징수한다. 제2호 피보험자의 경우에는 의료보험자가 의료보험료와 함께 징수하여 사회보험진료보수지불기금에 이를 납부하면, 동 기금이 이를 시정촌에 교부하는 것으로 되어 있다.

한편, 일시적으로 보험료의 수납률이 나빠진다든가, 보험급부액의 증가 등으로 시정촌의 개호보험제도의 운영에 따른 재정적 어려움을 지원하는 차원에서 운영되는 것이 도도부현의 재정안정화기금이다. 당해 기금의 재원은 국가, 도도부현, 시정촌이 대략 1/3씩 부담하며, 기금의 1/2는 교부금으로, 1/2은 대부금으로 지원된다.

넷째, 보험급부 및 서비스 제공사업자이다.

개호보험제도는 기본적으로 사회보험방식을 원용하고 있기 때문에 피보험자는 일정한 조건하에서 보험급부(급여)를 받을 수 있다. 일반적으로 보험급부의 형태는 크게 현금급부와 현물급부로 구분된다. 현금급부는 현금을 직접 제공받는 것으로써 소득보장(보전)의 방법과 깊은 관계가 있고, 현물급부는 의료 서비스와 같이 현물적 형태로 지급받는다. 일본 개호보험제도에 따른 보험급부는 현물급부를 원칙으로 한다. 이때, 개호보험급부는 분류 기준에 따라서 다양한 형태로 나타난다. 예를 들면, ① 개호의 필요 정도에 따른 개호급부, 예방급부 및 시정촌특별급부(개호보험법 제18조), ② 관련 서비스를 제공하는 사업자의 입장에 따른 거택 서비스, 시설 서비스 및 지역밀착형 서비스가 이에 해당된다. 이때, 본 서에서는 보험급부의 유형을 개호보험법(제18조)에 의거하여 〈표 3-7〉과 같이 개호급부, 예방급부 및 시정촌특별급부로 구분하여 살펴보고, 나아가서 이와 같은 개호보험급부를 제공하는 사업자의 유형도 함께 살펴본다.

먼저, 개호급부이다. 개호급부는 요개호 1~5등급을 받은 피보험자(要介護者)가 이용할 수 있는 급부(서비스)이다. 여기에는 12종류의 거택 서비스, 2종류의 기타 거택 서비스, 3종류의 시설 서비스, 9종류의 지역밀착형 서비스가 있다. 한편, 거택 서비스와 지역밀착형 서비스에는 요개호(要介護)의 정도에 따른 월지급 한도액이 규정되어 있다. 예를 들면, 거택 서비스의 경우, 요개호 1등급은 16,692엔, 요개호 2등급은 19,616엔, 요개호 3등급은 26,931엔, 요개호 4등급은 30,806엔, 그리고 요개호 5등급은 36,065엔(2014년 현재)으로 되어 있다(社會福祉士養成講座編集委員會, 2015).

표 3-7 개호급부 및 관련 서비스 유형

구 분	서비스의 종류
거택 서비스 (12종류)	방문개호, 방문입욕개호, 방문간호, 방문재활, 거택요양관리지도, 통소개호, 통소재활, 단기입소 생활개호, 단기입소 요양개호, 특정시설입소자 생활개호, 복지용구대여, 특정복지용구판매
기타 거택 서비스(2종류)	거택개호주택개수, 거택개호지원(2종류)
시설 서비스 (3종류)	개호복지시설 서비스, 개호보건시설 서비스, 개호요양시설 서비스(2019년까지만 시행)
지역밀착형 서비스 (9종류)	정기순회・수시대응형 방문개호간호, 야간대응형 방문개호, 지역밀착형 통소개호, 인지증대응형 통소개호, 소규모다기능형 거택개호, 인지증대응형 공동생활개호, 지역밀착형 특정시설입거주자 생활개호, 지역밀착형 개호노인복지시설입소자 생활개호, 복합형 서비스

* 자료: 관련 법규 및 내용을 재정리.

다음으로 예방급부이다. 예방급부는 개호 필요에 있어서 요지원(要支援) 1~2등급으로 판정된 피보험자에게 지원되는 개호보험급부의 일종이다. 즉, 요지원 1~2등급 판정자에게 지급되는 것으로써 종류는 비교적 한정되어 있다. 예를 들면, 거택 서비스와 기타 거택 서비스의 경우, 2014년도 개호보험제도의 개정(시행은 2015년 4월 1일부터)에 따른 개호예방 방문개호 및 개호예방 통소개호가 시정촌의 지역지원사업으로 전환된 것을 제외하고는 모두 개호예방 서비스의 형태로써 지원된다. 예를 들면, 개호예방방문 입욕개호, 개호예방 방문간호, 개호예방 방문재활 등이 이에 해당된다. 시설 서비스의 경우에는 예방급부가 시행되지 않는다. 지역밀착형 서비스의 경우에도 9종류의 개호급부 중에서 3종류만 개호예방 서비스로써 제공된다.

마지막으로 시정촌특별급부이다. 이는 개호보험법에 의거하여 보험자인 시정촌이 조례에 의거하여 독자적으로 시행하는 서비스를 의미한다. 예를 들면, 각 종 거택 서비스의 월지급한도액에 대해 초과분을 지급하는 형태 또는 기존의 개호급부・예방급부에 더하여 따로 독자적인 서비스를 추가하는 형태가 있다. 독자적 서비스의 유형에는 종이기저귀 지급, 이발 서비스, 이송 서비스 등이 있다. 한편, 시정촌특별급부에 사용되는 재원은 전적으로 제1호 피보험자의 보험료로써 충당된다. 따라서 시정촌특별급부의 확대는 제1호 피보험자의 보험료 인상을 수반하기 때문에, 현실적으로는 그렇게 많지 않은 편이다.

3) 이용 절차

개호보험제도상의 관련 서비스를 이용하기 위해서는 일련의 절차에 따라서 피보험자는 개호가 필요한 상태(要介護狀態) 또는 개호 지원이 필요한 상태(要支援狀態)에 놓여 있다는 공식적 인정을 받아야 한다.[49] 이때, 요개호상태란 「신체 또는 정신상의 장애로 인하여, 입욕, 배설, 식사 등과 같은 일상생활과 관련된 기본동작의 전부 또는 일부의 불편함이 후생노동성령으로 규정한 기간(6개월 이상)에 걸쳐 지속되고, 이에 따른 상시 개호가 필요로 한 것으로 판단되는 상태」를 의미한다(개호보험법 제7조 제1항).

한편, 요개호상태는 경중을 기준으로 「요개호 1~5등급」으로, 그리고 요지원 상태는 「요개호상태」에 빠질 위험에 놓여 있는 상태를 의미한다(개호보험법 제7조 제2항). 요지원상태 역시 경중을 기준으로 「요지원 1~2등급」으로 구분・관리된다(福祉士養性講座編輯委員會, 2004, 2007). 한편, 제1호 피보험자의 경우에는 요개호 및 요지원의 상태에 빠지게 된 원인에 대한 제한이 없지만, 제2호 피보험자의 경우에는 이에 대한 제한이 있는데, 이것이 소위 특정 질병이다(개호보험법 제7조 제3~4항).[50]

따라서 제2호 피보험자는 동법에서 규정하고 있는 특정 질병을 이유로 요개호 및 요지원의 상태에 빠져야만 개호보험제도에 따른 개호급부를 받을 수 있다. 물론, 특정 질병이 아닌 다른 질병으로 요개호 및 요지원의 상태에 놓이게 되면 의료보험이나 장애자복지시책 등에 따른 대응이 이루어진다. 개호보험제

49) 이와 같은 상태를 개호보험법에서는 要介護認定 및 要支援認定이라고 한다.
50) 동법에 따른 특정 질병으로는 간(간말기)을 비롯하여 16종류가 있다(개호보험법 시행령 제2조).

도에 따른 개호급부(서비스)를 이용할 수 있는 이용 절차는 [그림 3-3]과 같으며, 이를 간단히 설명하면 다음과 같다.

그림 3-3 요개호 등의 인정 및 개호서비스 이용 절차

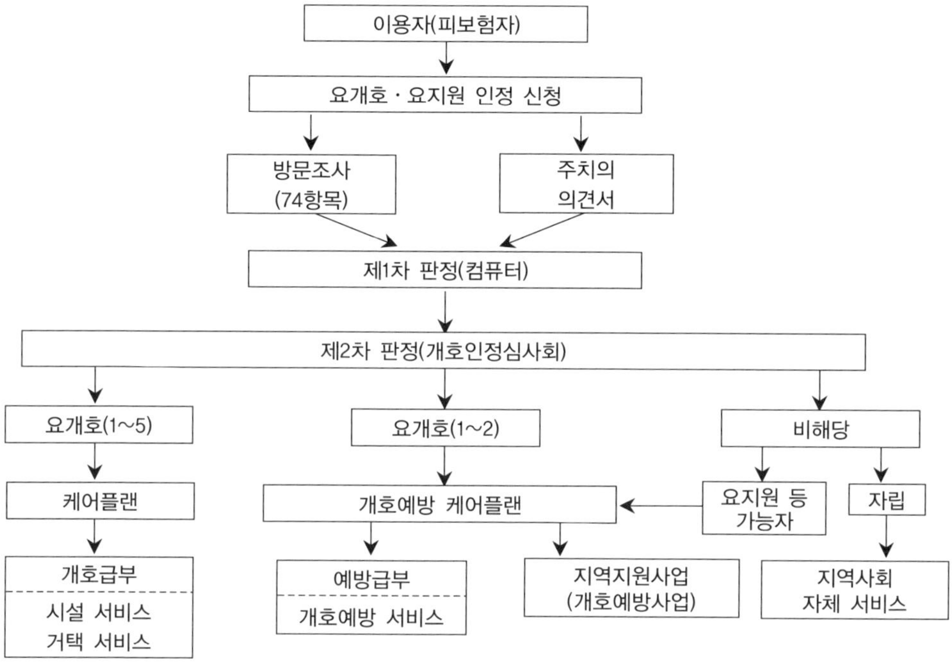

* 자료: 全國社會福祉協議會(2012), 新社會福祉士養性講座編集委員會(2012).

먼저, 요개호 · 요지원 등에 인정 신청이다. 이와 같은 인정 신청은 본인이 시정촌의 관련 담당 부서에 직접 신청하는 것을 원칙으로 하지만, 일정한 조건하에서는 가족 등도 이를 대행할 수 있다. 피보험자에 의한 인정 신청이 있게 되면, 시정촌의 담당 직원이 신청자의 가정을 방문하여 표준화된 74개 항목으로 구성된 인정조사표에 의거하여 당사자의 심신 상태에 대한 조사가 이루어진다. 조사가 끝나면 인정조사표의 내용을 컴퓨터에 입력시켜 그 결과를 산출하게 되는데, 이것이 제1차 판정이다.

한편, 시정촌은 피보험자로부터의 인정 신청을 받게 되면, 신청자의 주치의에게 신청자에 대한 의견서의 제출을 요구받게 된다. 시정촌은 담당 의사의 의견서와 제1차 판정서를 시정촌에 설치·운영하고 있는 개호인정심사회에서 제출·판단을 받게 된다. 이때, 개호인정심사회의 판단은 ① 요개호 및 요지원 여부에 대한 판단, ② 요개호 및 요지원의 정도에 따른 등급 판단이 핵심을 이룬다.

한편, 요개호 및 요지원을 인정받게 된 자는 관련 개호서비스를 이용할 수 있게 되지만, 서비스의 이용에 앞서서 먼저 개호서비스계획(케어플랜)을 작성·이용함을 원칙으로 하고 있다. 이와 관련하여 특히, 요지원 인정자의 경우에는 소위 「개호예방 전치주의」적 입장에서 개호예방 케어플랜의 적용을 받게 된다. 이는 진행 중인 노령층의 개호 상태에 대한 악화 방지 및 사전적 개선 조치에 초점을 둔 접근으로 볼 수 있는데, 이와 같은 차원에서 제공되는 개호예방서비스로써는 신체운동기능 향상, 영양개선 및 구강기능 향상 등과 관련된 서비스 등이 있다.

한편, 요개호 내지 요지원의 상태로 인정을 받지 못한 고령자는 기본적으로 자립생활이 가능한 집단으로 분류되어 개호서비스를 받지 못하는 것이 원칙이다. 한편, 비록 비해당자(자립생활자로 인정)로 판정된 노인일지라도 요개호 및 요지원의 상태에 빠질 가능성이 높은 것으로 인정된 고령자에 대해서는 개호예방사업을 확대·적용하는 차원에서 시정촌이 「지역지원사업」의 범위 내에서 일정 수준의 개호서비스를 제공할 수 있다. 시정촌이 시행하는 이와 같은 지역지원사업은 특히, 2014년도의 개호보험제도의 개혁을 통하여 [그림 3-4]와 같이 크게 확대·강화되게 되었다.

예를 들면, 기존의 예방급부에 속했던 방문개호 및 통소개호가 지역지원사업으로 전환하는 것을 비롯하여, 지역지원사업이 크게 보강되었다. 이와 같은 개호보험제도에서는 요개호 및 요지원 인정자에 대한 필요한 서비스 제공은 물론이고, 이와 같은 상태에 빠질 가능성이 높은 있는 노인층에 대해서도 사전 예방적 차원에서 다양한 서비스를 제공하고 있는 부분은 주목할 부분으로 본다(정재욱, 2012; 福祉士養性講座編輯委員會, 2004).

그림 3-4 지역지원사업 및 보험급부의 재편 내용

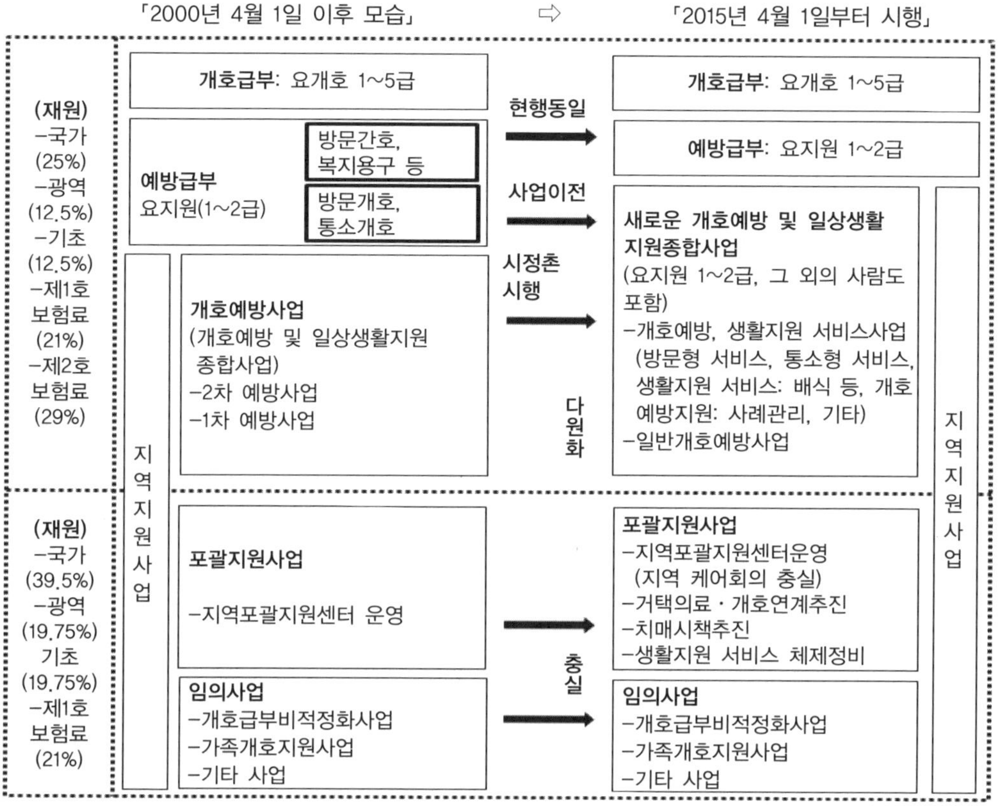

* 자료: 高野龍昭(2014).

4) 사례관리제도 도입

일본은 개호보험제도의 도입과 함께 사례관리제도를 공식적으로 도입 · 운영하게 되었다. 개호보험법에 따라서 피보험자가 개호보험 서비스를 이용하기 위해서는 먼저 시정촌으로부터 요개호상태(要介護狀態)에 대한 인정을 받아야 한다. 이때, 이와 같은 인정을 받는 요개호 및 요지원 인정자는 거택개호지원사업자(소)에 소속된 개호지원전문원(care manager)으로부터 개호서비스의 이용 등에 대한 사실상의 사전계획서와 같은 성격을 가진 개호서비스 이용계획서, 즉 케어플랜(care planning)의 작성을 의뢰한다.

따라서 요개호 및 요지원 인정자는 이와 같은 개호서비스 이용계획서에 포함된 내용에 의거하여 그들이 필요로 하는 관련 개호서비스를 이용하게 된다. 물론, 시설에 입소대상자는 대부분 당해 시설이 보유하고 있는 관련 서비스를 이용하게 되는데, 이와 같은 경우에도 당해 시설에 소속된 개호지원전문원이 작성한 케어플랜에 의거하여 관련 서비스를 종합적으로 제공받게 된다(정재욱, 2006a; 白澤政和, 1998; 白澤政和, 2003).

일본은 개호보험제도의 도입에 따른 사례관리 및 케어플랜의 제도화를 통하여, 개호서비스의 이용과정에 있어서 기존의 「서비스 공급자 지향」에서 「서비스 이용자 및 시장기능 지향」으로, 「행정기관에 의한 조치주의」에서 「이용자에 의한 이용주의」로 크게 변화하게 되었다. 나아가서 기존의 사회복지 서비스, 의료 서비스 및 보건 서비스와 같이 속성별로 각각 이루어졌던 서비스 이용체제를 종합·일체화한 「통합주의적 서비스 이용체제」로 전환되게 되었다(정재욱, 2005, 2006a, 2006b, 2012; 日本社會福祉士會, 2000).

4 제도 개편 및 주요 내용

개호보험법상에서는 제도 운영에 따른 제약점 등을 지속적으로 보완·개선하고자 하는 차원에서 5년을 단위로 필요한 조치를 취하도록 규정하고 있다(개호보험법 부칙 제2조 제4항). 한편, 보험자인 시정촌은 개호보험사업의 효과적인 운영을 위해서 3년을 단위로 개호보험사업계획을 종합적으로 책정·보완하도록 규정하고 있다(개호보험법 제117조 제1항). 이와 같은 근거 법령에 의거하여 일본은 개호보험제도의 시행 이후, 제기되었던 문제점을 개선·보완하는 차원에서 2015년 현재까지 〈표 3-8〉과 같이 크게 네 번에 걸친 제도 개혁을 단행하였다.

그러나 일본에서는 「콤슨 사건」에 따른 2008년의 개혁은 제도 전반에 걸친 개혁이 아니라는 측면에서 대부분 제도 개혁의 사례에서 제외하고, 주로 2005년도, 2012년도 및 2014년도의 개혁에 초점을 두고 이를 설명하는 경향이 강하다(全國社會福祉協議會, 2012; 長谷憲明, 2015; 社會福祉士養成講座編集委員會, 2015). 이와 같은 경향을 고려한 위에, 그 동안 진행되었던 주요한 개혁 내용을 요약하면 다음과 같다.

표 3-8 개호보험제도의 개편 개요

연 도	주요 내용
2000	개호보험제도 시행
2005	제1차 개호보험제도 일부 개정
2007	개호보험료 부당 청구 등과 관련된 「콤슨 사건」 발생[51)]
2008	개호보험제도 개정(개호종사자 처우개선 등)
2009	개호보수 개정, 제1호 보험료 수정
2011	제2차 개호보험제도 일부 개정
2014	제3차 개호보험제도 일부 개정

* 자료: 全國社會福祉協議會(2012), 社會福祉士養成講座編集委員會(2015) 요약.

첫째, 2005년도의 제도 개혁이다.

제1차 개혁에 해당되었던 2005년도의 제도 개혁의 핵심적 키워드는 개호예방 중심적인 제도 운영이었다. 즉, 고령자가 개호가 필요로 하는 상태로 진입하지 않도록 또는 진입하게 되었더라도 가능한 한 이를 개선하거나 적어도 현 상태(생활기능)를 유지할 수 있도록 관련 서비스를 제공할 수 있는 체제 구축을 강조하였다.

둘째, 2008년도의 제도 개혁이다.

2008년도 제도 개혁의 초점은 개호보험제도의 운영을 둘러싼 부당·부정한 행위에 대한 규제이다. 일본은 개호보험제도의 시행을 통하여 고령자복지 영역이 기존의 공적 영역에서 일정 수준 민간 영역이 참여할 수 있게 전환되었다. 따라서 개호보험사업을 둘러싸고 민간사업자의 참여 확대와 함께 부당·부정한 행위도 빈번히 나타났다. 따라서 이에 대한 규제와 함께 공정한 시장기능 및 시장질서의 유지가 중요한 관심 사항으로 나타났으며, 이에 대한 보안책이 모색되었다.

셋째, 2012년도의 제도 개혁이다.

동 개혁의 초점은 개호가 필요한 상태에 놓인 고령자에 대한 개호·의료·기타 관련 서비스 간의 긴밀한 연대 강화 및 24시간 서비스 공급체제의 구축이었

51) 개호사업체인 「콤슨 사건」에 따른 부당 개호급여비용 적용 등에 대한 자료는 다음을 참조(권진희, 2008).

다. 75세 이상의 후기 고령자가 급증하면서 개호서비스 중에서 특히 의료서비스의 비중이 급증하였다. 따라서 의료서비스와 개호서비스의 연대성 강화의 필요성이 증대하였고, 나아가서 지역사회가 24시간 동안 쉼 없이 수요자의 요구에 부응할 수 있는 지역포괄케어체제의 정비가 요구되었다.

한편, 개호보험재정에 대한 개선 작업도 큰 비중을 차지하였다. 일본은 후기 고령자의 급증과 함께 중도의 요개호자 규모가 증가하면서 개호보험재정의 확보가 중요한 과제가 되었다. 특히, 제1차 베이비붐 세대에 해당되는 소위 단카이세대(團塊世代)[52]가 후기 고령자에 진입하게 되는 2025년도 이후에는 지금과 같은 개호보험 재정구조로써는 대응하기 어려울 것으로 평가되었다. 이와 같은 차원에서 2011년도에 「소비세율 인상」을 단행하였다.

넷째, 2014년도의 제도 개혁이다.

2012년도에 개호보험제도에 대한 개혁 작업이 있었음에도 불구하고, 연이어 제도 개혁에 대한 목소리가 나타났던 결정적인 이유는 단카이세대가 후기 고령자로 진입하는 2015년을 목전에 둔 상태에서는 2012년도의 제도 개혁으로는 대처하기에 많은 어려움이 있는 것으로 보았기 때문이었다. 그리하여 일본은 「사회보장 및 조세를 통합적으로 개혁하는 방안」을 모색하게 되었고, 이와 같은 시각은 연금, 의료, 장기요양 및 어린이감소(少子化)와 같은 영역으로 초점이 옮겨졌다.

이와 같은 논의의 연장선상에서 개호보험제도의 개혁 방향을 크게 ① 고령자가 지금까지의 삶에 익숙한 지역사회에서 계속적으로 생활할 수 있도록 의료·개호·생활지원·개호예방을 통합·일체적으로 제공할 수 있는 「지역포괄케어시스템의 구축」, ② 저소득고령층에 대한 개호보험료의 경감 및 소득·재산 등이 있는 고령층에 대한 이용부담 제고를 통한 「개호보험 비용부담의 공평한 추구」로 삼았다.

이때, 「지역포괄케어시스템의 구축」와 관련하여서는 ㉠ 지금까지 예방급부로 시행되었던 방문개호와 통소개호를 시정촌이 시행하는 지역지원사업으로 변경하였고, ㉡ 시정촌이 수행할 수 있는 지역지원사업의 종류를 보다 다양화시켰

52) 일본의 경우 1950년을 전후하여 출생한 세대를 단카이세대(團塊世代)라고 함.

고, ㉢ 특별양호노인홈에의 신규입주자 대상자를 원칙적으로 요개호 3등급 이상인 자로 하였다.

한편, 「개호보험 비용부담의 공평한 추구」와 관련하여서는 ㉠ 소득금액 160만 엔 이상인 고령자 및 연금 수입만으로 생활하는 단신 280만 엔, 부부 358만 엔 이상인 고령자의 경우에는 서비스 이용에 따른 자기부담을 기존의 1할에서 2할로 증액, ㉡ 저소득고령층의 시설이용에 따른 식비·거주비를 보전하는 보족급부(補足給付)의 요건으로 재산을 추가하여, 저축금 등이 단신 1,000만 엔, 부부 2,000만 엔을 초과하는 경우에는 보존 대상자에서 제외시켰다(中央法規, 2014; 高野龍昭, 2014; 社會福祉士養成講座編集委員會, 2015).

지금까지 살펴본 바와 같이 일본의 경우, 노인복지의 측면에서 보면 1950년대 말기부터 연금제도를 시작으로 사회보장제도가 도입·정착되었으며, 1960년대 중반기 이후부터는 점차적으로 복지시설과 보건·의료 서비스, 그리고 복지대상자로서의 노인 일반인을 주목하기 시작하였다. 이와 같은 변화를 제도화하였던 상징적 조치가 1963년에 제정되었던 노인복지법 및 1982년에 제정되었던 노인보건법이었다. 그리하여 1990년대 초반기까지만 하여도 일본에서의 노인복지제도의 중심축은 노인복지법과 노인보건법이었다.

그러나 1990년대 접어들면 소자고령화사회가 급속히 진행됨에 따라서 일본은 마침내 고령자복지 서비스에 대한 이용체제를 보다 혁신적으로 개혁하기 위한 일련의 노력을 기울였고, 그 결과의 하나가 개호보험제도의 등장으로 나타나게 되었다.

즉, 일본은 세계사적으로 유례를 찾아보기 어려울 정도로 빠르게 고령화가 진행되었고, 이에 따른 요개호지원자의 급증에 즈음하여 기존의 고령자복지제도에 대한 점증적 개선책(incremental reform of welfare institution)으로는 새로운 노인복지환경에 효과적으로 대응하기가 어려운 것으로 평가되었다. 이에 일본은 기존의 노인복지법 및 노인보건법과 분리·독립된 새로운 형태의 노인복지제도의 필요성이 제기되었다. 그리하여 장기요양을 필요로 하는 고령자에 대해 의료·보건·사회복지 서비스 등을 서비스 이용자의 의사에 따라서 이를 종합적으로 제공할 수 있는 개호보험제도를 도입하게 되었다.

이와 같은 개호보험제도는 사회보험방식을 따르고 있기 때문에 개호서비스 이용자, 즉 피보험자는 일정 수준의 보험료를 지불하여야 하지만, 동시에 개호서비스의 이용과정에 있어서 자신의 의사를 직접 반영할 수도 있게 되었다. 한편, 제도운영자인 보험자를 기초지방자치단체인 시정촌으로 규정·운영함으로서 개호보험제도의 시행에 따른 시정촌의 법적·정치적 정책능력의 제고가 중요하게 되었다. 이와 같은 측면에서 볼 때, 고령자에 대한 보건·의료·복지 서비스를 종합·체계적으로 제공한다는 취지하에서 출범한 개호보험제도는 시정촌을 중심으로 한 일본 지방분권개혁과도 이념적 맥락을 같이하는 측면도 있다(小笠原裕次, 2001).

한편, 비록 사회진화론적 입장과 전망에 따른 것은 아닐지라도 일정한 시차를 두고서 매우 유사한 모습으로 진행되고 있는 한국의 노인문제, 특히 노인장기요양에 대한 현상을 미루어볼 때, 일본 개호보험제도의 운영구조 및 동 제도의 운영에 따른 문제점, 그에 따른 일련의 제도 개혁 방향 등은 한국의 노인장기요양보험제도의 운영과 관련하여 상당한 도움을 줄 것으로 본다. 예를 들면, 일본의 개호보험제도의 운영과정에서 노출된 개호보험료의 수준, 개호서비스에 대한 양적 확보, 서비스 이용자의 자기결정에 대한 법적 보완, 개호서비스 공급기관의 다양성 및 능력 제고, 개호서비스에 대한 효과적인 질 평가 방법, 지방분권개혁과의 이념적 보조 등은 한국의 노인장기요양보험제도의 정착과정에 있어서도 주의 깊게 살펴보아야 할 부분일 것으로 본다.

제 4 장 한국의 노인장기요양보험제도

제 1 절 개 관

1 의 의

앞에서도 살펴보았듯이 1990년대 이후 OECD 국가를 중심으로 노인장기요양은 국가적 주요 현안 과제로 등장하였다. 여기에는 많은 요인이 자리하고 있겠지만, 기본적으로는 영양체계의 개선 및 보건・의료 기술의 발달 등에 따른 평균 수명의 연장과 함께 합계출산율의 저하에 따른 후기 고령층의 상대적 증대, 그에 따른 노인장기요양 니즈의 급증 등이 중요한 배경이었다.

나아가서 급속한 고령화에 따른 고령층의 증가, 특히 상대적으로 유병률이 높은 후기 고령층의 증대로 인하여 장기간에 걸쳐 수발지원을 필요로 하는 계층, 예를 들면 거동이 불편하거나 일상생활을 혼자서 수행할 수 없는 노년층이 증가하면서 이들에 대한 수발지원이 현안 과제로 등장하였다.

물론, 이와 같은 논란 속에는 당시의 사회적 환경도 큰 몫을 하였다. 예를 들면, 빠른 고령화와 핵가족화, 여성의 경제・사회적 활동 참여의 증가, 병원과 약국을 중심으로 치료 지향적 의료보험체제의 운영, 요양시설을 중심으로 한 서비스 이용체제 등은 고령시대에 즈음하여 증가하고 있는 노인장기요양(수발)

니즈에 효과적으로 대응하는 데에 많은 한계점을 보였다.

이와 같은 사회적 분위기 속에서 OECD의 각국은 자신의 정치·문화적 배경 및 관련 제도 등을 고려한 위에, 증대하고 있는 노인장기수발 니즈에 대한 효과적인 대응책 모색을 위한 다양한 접근을 시도하게 되었다. 이와 같은 결과로 나타나게 된 것이 앞에서 살펴보았던 사회보험방식, 조세방식 및 민간사회보험방식을 원용한 장기요양보장제도의 등장이었다.[1)]

한국 역시, 노인문제는 2000년 이후 사회적 주요 현안 과제의 하나였다. 즉, 2000년을 기점으로 고령화사회로 들어서면서 노인문제, 특히 노인장기수발은 심각한 사회적 쟁점으로 부각되었다. 한국 사회는 2000년에 65세 이상의 노인계층이 전 국민 대비 7.2%에 달하여 고령화사회로 들어섰고, 장기요양보험제도의 시행을 목전에 두었던 2007년 12월(현)에 10.1%, 그리고 2018년경에는 14%를 초과하여 마침내 고령사회에 진입할 것으로 평가되었다(통계청, 2005).

한편, 급속한 고령화와 함께 치매·중풍 등과 같은 노인성 질환에 따른 장기수발이나 장기요양·간병과 같은 장기수발 서비스를 필요로 하는 노인계층, 즉 장기요양 서비스를 필요로 하는 노인계층도 크게 증가하였다.

그러나 당시까지 한국 사회에서의 노인장기수발은 고비용이 수반되는 유료노인요양시설 등을 이용하는 일부 계층이나 공적 보호기관(요양원) 등을 이용하는 국민기초생활수급계층을 제외한 대부분의 대상자는 가족이나 가정을 중심으로 관련 서비스가 시행되고 있었다(이경남, 2004).

그러나 이와 같은 형태의 서비스 이용체제는 고령사회로의 진전과 함께 많은 문제점을 노정시켰다. 예를 들면, 수급권자들이 주로 이용하는 공적 보호시설의 경우만 보아도, 서비스의 질에 대한 논란은 그렇다고 하여도 시설 자체의 부족현상이 지속되었고, 도시근로자의 월소득을 웃도는 고비용 유료시설의 이용에 따른 가계 부담의 어려움, 가족(여성) 중심적 장기수발에 따른 가족 간 갈등 등은 개인의 차원을 넘어서서 사회적 문제로 나타났다(공적노인요양보장기획단, 2004; 정재욱, 2005a, 정재욱, 2006).

이와 같은 분위기 속에서 정부는 노인장기요양 서비스의 사회화, 즉 지역사회

---

1) 이와 같은 구분은 재원조달방식을 기준으로 한 것이다.

연대성과 공적 책임성 등에 기초한 노인장기요양보장체제의 도입을 2000년 초반기부터 검토하기 시작하였고, 그 동안의 연구 결과 등에 의거하여 2008년 7월 1일부터 노인장기요양보험제도를 본격적으로 도입·시행하게 되었다(보건복지부, 2008; 정완교·진양수, 2008).

따라서 이하에서는 한국 노인장기요양보험제도에 대한 이해의 폭을 넓히는데 기여하는 차원에서 당해 제도의 근거법에 해당되는 노인장기요양보험법을 중심으로 제도론적 시각에서 관련 내용을 살펴보기로 한다. 본 서에서는 당해 제도에 대한 기술·설명에 일차적 초점을 두고 있기 때문에, 당해 제도의 시행에 따른 각종 현황의 변화 및 개선 방향 등에 대한 논의는 제한하고 있다.[2)]

2 도입 배경

한국의 경우, 장기요양(수발)지원을 필요로 하는 노인을 위하여 공적 제도로써의 노인장기요양보험제도가 2008년 7월 1일부터 도입·시행되고 있다. 동 제도는 한국에서 다섯 번째로 도입·시행되는 사회보험제도이며, 향후 노인복지의 근간을 이룰 제도의 하나라는 측면에서 처음부터 많은 주목을 받았다. 물론, 이와 같은 유형의 제도를 시행하고 있는 국가 역시 독일과 일본을 제외하면 그렇게 많지도 않은 편이다. 한국에서 이와 같은 제도를 도입하게 된 배경을 살펴보면 다음과 같다.[3)]

1) 급속한 고령화와 장기요양(이하에서는 요양과 수발을 비슷한 의미로 사용) 니즈 급증

한국의 경우, 노인장기요양보험제도의 도입 필요성에 대한 논의는 고령화율이 약 6.8%였던 1999년부터 제기되었다. 일본에서는 이와 같은 논의가 고령화율이 14%에 달하였던 1994년경부터 본격화되었다는 점에 비교하여 볼 때 많은 시사점을 준다(정재욱, 2005b; 2006c). 한국의 경우, 상대적으로 비교적 낮은

---

2) 이와 같은 내용은 추후에 개정판에서 이를 반영하기로 한다.

3) 본 내용은 鄭載旭, "韓国のスバル保険制度の導入背景とその構造的特徴", 大阪市立大学, 生活科学研究誌5(2007)를 주로 인용.

고령화율에서도 불구하고 이와 같은 논의가 활발하였던 주요한 배경의 하나는 급속한 고령화에 따른 장기요양 서비스를 필요로 하는 노인층의 상대적 급증과 깊은 관계가 있었다고 본다.

한국 사회의 빠른 고령화 현상은 앞에서도 살펴보았지만, 〈표 4-1〉에서도 이를 잘 반영하고 있다. 즉, 2000년에 고령화율 7.2%의 고령화사회, 2019년에는 14%를 초과하여 고령사회, 2026년에 20.0%를 초과하여 초고령화사회, 그리고 2050년에는 34.4%를 초과하여, 마침내 국민 3명 중의 1명 정도가 고령자로 구성될 것으로 전망된다.

표 4-1 연령계층별 인구구성비의 추이 등

(단위: 천 명, %)

구 분	1970년	1980년	1999년	2000년	2005년	2010년	2020년	2030년
총인구	32,241	38,124	42,869	47,008	48,294	49,220	49,956	49,329
0~14세	13,709	12,951	10,974	9,991	9,240	8,013	6,297	5,538
15~64세	17,540	23,717	29,701	33,702	34,671	35,852	35,838	31,892
65세 이상	991	1,456	2,195	3,395	4,383	5,354	7,821	11,899
합계출산율	4.53	2.83	1.59	1.47	1.19	1.21	1.24	1.28
고령화지수	7.2	11.2	20.0	34.3	47.4	66.8	124.2	214.8
고령화율	3.1	3.8	5.1	7.2	9.1	10.9	15.7	24.1

* 자료: 통계청(2005).

한편, 〈표 4-2〉에서 제시하고 있듯이 급속한 고령화와 함께 장기요양 서비스를 필요로 하는 노인층도 급증하고 있음을 알 수 있다. 예를 들면, 고령화율 8% 수준에서 장기요양 서비스를 필요로 하는 노인층이 전 국민 대비 약 1.3%였고, 고령화율 14% 수준에서 그 규모는 약 2.3%로 전망되었다. 일본의 경우, 고령화율 14% 수준에서 그 규모는 약 1.7%였고, 고령화율 17.2% 수준에서 그 규모는 약 2.2%로 나타났다(福祉士養成編輯委員會, 2004; 全國社會福祉協議會, 2001). 물론, 한국은 경도 이상의 노인층만을 대상으로 하였고, 일본은 허약노인까지 포함하였다는 점에서는 수치상의 단순 비교에는 한계가 있겠지만, 아무튼 한국 사회의 경우, 빠른 고령화에 따른 장기요양 서비스를 필요로 하는 노인층이 상대적으로 빠르게 늘어나고 있음을 엿볼 수도 있다.

표 4-2 노인장기요양 서비스 필요 고령자(65세 이상자)

구 분	시 설		재 가				합계(A)	전국민(B) (천 명)	A/B(%)
	최중증	중 증	최중증	중 증	경 증	경치매			
2003년	22,573	55,265	22,504	102,697	197,656	195,672	596,466	47,848	1.3
2007년	26,781	65,566	27,171	124,113	238,642	236,242	718,518	48,692	1.5
2010년	29,388	71,950	30,062	137,322	264,048	261,389	794,150	49,220	1.6
2020년	41,480	101,554	43,472	198,575	381,817	377,983	1,144,880	49,956	2.3

* 자료: 한국보건사회연구원의 관련 자료를 재구성.

2) 공급자 중심의 이용구조 및 관련 인프라의 부족

한국에 있어서 2008년 7월 이전까지는 노인장기요양 서비스를 필요로 하는 노인 중에서 공적 시설에 입소할 수 있는 사람은 원칙적으로 국민기초생활보장 대상자(수급권자)였으며, 나아가서 이들의 입소 과정은 행정기관이 결정하는 소위 행정조치에 의하여 이루어졌다. 이와 같은 이유로 장기요양 서비스를 필요로 하는 노인층(이용자)의 경우, 관련 서비스의 이용에 따른 자기결정권에는 많은 제약이 따랐다.

한편, 더욱 안타까웠던 부분은 이와 같은 공적 시설마저 부족한 형편이었다는 점이다. 예를 들면, 2003년 현재 공적 입소시설은 241개소였고, 여기에 입소 가능한 총 인원은 16,262명이었다. 당시 노인장기요양 서비스를 필요로 하는 대상자가 총 596,466명이었음을 고려한다면, 공적 시설에 입소가능한 자는 입소 서비스를 필요로 하는 자의 약 3~4% 수준에 지나지 않았다.

이와 같은 이유로 노인장기요양 서비스를 필요로 하는 노인의 대부분은 가족중심의 서비스나 또는 고비용을 수반하는 유료노인시설을 이용할 수밖에 없었다. 그러나 여성의 사회적 진출이 확대되면서 여성을 중심으로 한 가족수발에는 많은 한계가 나타났다. 물론, 유료노인시설을 이용할 경우, 매월 150~250만원에 달하는 월이용료는 도시근로자의 급료를 초과하는 수준이어서 가계의 경제적 부담을 크게 가중시켰다.

3) 노인세대의 경제적 부담 가중

제2장에서도 살펴보았듯이 한국 노인문제의 핵심적 과제의 하나가 소득, 즉

경제적 부문이다. 노인장기요양보험제도의 도입에 대한 논의가 나타나고 있었던 시기에 이루어졌던 어느 조사에 따르면 65세 이상의 노인 중에서 「자신의 소득에 만족한다.」라는 응답률은 10.4%에 지나지 않았다(보건사회연구원, 2004). 노인이 느끼는 소득에 대한 곤란은 〈표 4-3〉으로부터도 이해할 수 있다. 즉, 노인세대의 월소득 수준은 노인이 없는 세대의 월소득 수준을 크게 밑돌고 있다. 이와 같은 배경에는 연금제도의 지연과도 관계가 있다.

일본의 경우, 노인세대와 노인이 없는 세대 간의 월소득 수준에는 거의 차이가 없다. 일본의 전체 세대의 월소득액은 1997년도 현재 222.7만 엔이며, 노인세대의 월소득액은 207.1만 엔으로 차이가 거의 없다. 일본의 경우, 대부분의 노인세대가 연금을 수령하고 있지만 한국의 노인세대는 2005년 현재 연금을 받는 노인세대는 전체 노인세대의 13.9%에 지나지 않았다(鄭載旭, 2006; 참고로 2013년도 노인연금수급률은 약 37.6%). 한국 노인세대의 경제적 어려움은 「노후의 주된 소득원은 자식이 주는 용돈」이란 질문에 대한 높은 응답률(76.9%)에서도 이를 엿볼 수 있다(한국보건사회연구원, 2004).

따라서 노후에 장기요양 서비스를 필요로 하는 상태, 예를 들면 치매나 중풍 및 노인성 질병 등으로 장기수발지원이 필요로 한 상태에 놓이게 되면, 자신의 경제력으로는 이를 감당하기가 어렵게 되어 가족, 특히 자식세대에 대한 「경제적 짐」이 될 수 있다는 부담감으로 인간으로써의 존엄성과 인격성을 유지하기가 어렵게 되었다.

표 4-3 노인세대의 경제상황

(2003년 12월 현, 천 원, %)

구 분	전세대(%, 명)	노인세대(18세 미만자 포함)	노인이 없는 세대
세대수(가족수)	100.0(3.5)	3.9(2.1)	96.1(3.4)
소득(월)	2,805.5	1,117.4	2,874.8
지출(월)	2,303.8	1,051.1	2,354.6

* 자료: 한국보건사회연구원 및 통계청의 관련 자료를 재구성하였음.

4) 노인의료비 급증에 따른 국민건강보험 재정 운영상의 어려움

급속한 고령화와 함께 노인장기요양 서비스를 필요로 하는 노인층이 증가하면서 노인의료비도 동시에 급속히 증가하였다. 이때, 노인의료비의 대부분은 국민건강보험 재정으로부터 충당되었기 때문에 자연히 국민건강보험 재정에 대한 압박과 함께 국민건강보험제도의 운영에 따른 어려움을 유발시켰다.

한편, 〈표 4-4〉에서도 제시하고 있듯이 노인의료비의 경우, 1995년도에는 의료보험 재정의 약 12.2% 수준이었지만, 2004년도에는 약 2배로 증가한 22.9%로 나타났다(보건복지부, 2005). 이와 같은 노인의료비의 증가에는 노인장기요양비의 증가가 큰 비중을 차지하였고, 그와 같은 추세는 시간이 흐를수록 더욱 강화되었다.

이와 같은 흐름 속에서 국민건강보험 재정으로부터 분리·독립된 노인장기요양보험 재정체제의 필요성이 모색되었다. 이와 같은 논의 과정에서 산업체를 중심으로, 새로운 사회보험제도의 도입에 따른 재정 부담을 우려하는 목소리도 일부 있었지만, 지금과 같이 국민건강보험제도에서 노인장기요양을 통합·운영할 경우, 국민건강보험제도 자체의 부실화도 가능하다는 우려의 목소리 역시 매우 컸다.

즉, 지금과 같은 양상이 지속될 경우, 장기요양 서비스를 필요로 하는 노인임에도 불구하고 진단이나 치료를 목적으로는 일반 병원에 장기간에 걸쳐 입원하는 소위 「사회적 입원」이 지속될 것은 분명하며 이와 같은 경우, 의료비의 급증과 이에 따른 국민건강보험 재정의 악화는 물론, 긴급한 진료와 치료를 필요로 하는 일반 환자의 일반 병원 이용에도 많은 지장을 초래하여 의료체제의 효율적 운영에도 많은 제약이 나타날 것으로 평가되었다.

표 4-4 노인의료비

(단위: 백억 원, %, 천 명)

구 분	2000년	2001년	2002년	2003년	2004년
전체 의료비	1,314	1,782	1,906	2,053	2,236
노인의료비	229	317	368	437	511
%	17.4	17.8	19.3	21.4	22.9

* 자료: 보건복지부(2005).

5) 국민의식의 변화

한국 사회에서는 경로효친 사상 등에 입각하여 자식이 부모를 가정에서 부양하는 것을 전통적 미덕으로 삼았다. 따라서 부모가 장기요양을 필요로 하는 상태에 놓일지라도, 가능한 자식이 가정에서 이를 수발하는 것을 당연한 것으로 인식되어 왔다. 그런데 이와 같은 사고방식에도 많은 변화가 나타났다.

보건복지부는 노인장기요양보험제도의 도입에 즈음하여 노인장기요양을 둘러싼 국민의식조사를 2004년 11월부터 2005년 6월까지 세 차례에 걸쳐 실시하였다(한길리서치, 2005). 당해 조사 결과를 종합하면, 국민의식은 점차적으로 노인장기요양을 「당해 가족만이 책임지기보다는 사회적 공동책임으로 이를 해결하는 것이 더 바람직하다.」는 방향으로 변화하고 있는 것으로 나타났다.

예를 들면, 노인장기요양은 당해 가족만이 아니고, 사회적 연대의식에 기초하여 이를 해결하는 것이 바람직하다는 의견이 전체 응답자의 약 87%였다. 이와 동시에 앞으로 노인장기요양보험제도가 도입될 경우, 「매월 노인장기요양보험료를 지불하겠다.」는 응답률이 약 72%였다. 특히, 가정에서 노인장기요양 서비스를 핵심적으로 담당하고 있는 25~59세 연령층에서 이와 같은 응답률이 77%로 나타났다.

이와 같은 통계 자료에 따르면, 노인장기요양을 둘러싼 국민의식이 점점 변화하고 있음을 엿볼 수 있었으며, 그와 같은 변화 방향은 기존의 가족 중심적 노인수발에서 사회적 연대의식 또는 사회공동체적 의식에 기반한 노인수발로의 변화였다.

제 2 절 운영 구조

1 개 관

1) 기본이념

고령시대에 즈음하여 도입 · 시행되고 있는 한국의 노인장기요양보험제도가 추구하는 기본이념은 당해 제도의 근거법(母法)에 해당되는 노인장기요양보험법(이하 동법)에서 이를 잘 제시하고 있다. 즉, 동법의 제1조에서 동 제도의 기본이념과 관련하여 「고령이나 노인성 질병 등의 사유로 일상생활을 혼자서 수행하기 어려운 노인 등에게 제공하는 신체활동 또는 가사활동 지원 등의 장기요양급여에 관한 사항을 규정하여 노후의 건강증진 및 생활안정을 도모하고 그 가족의 부담을 덜어줌으로써 국민의 삶의 질을 향상하도록 하는 것을 목적으로 한다.」라고 제시하고 있다.

이와 같은 내용을 다시 설명하면 「그 동안 가족의 영역에 크게 의존하여 왔던 치매·중풍 등과 같은 노인성 질환에 따른 노인 장기수발·장기요양·장기간병 등에 대한 일련의 노인문제를 이제는 사회적 연대주의 원리에 입각하여 국가·사회·지역공동체 등이 이를 공동·공식적으로 부담함으로써 당사자는 물론이고 그 가족 및 국민의 삶의 질을 향상시키고자 하는 것」으로 볼 수 있다.

따라서 노인장기요양보험제도는 기본적으로 노인성 질병 등으로 인하여 혼자서 일상생활을 수행하기 곤란한 노인들에게 신체활동 또는 가사활동의 지원 등과 같은 장기요양 서비스를 사회적 연대성의 원리에 입각하여 이를 제공함으로써 당해 노인의 자립생활을 지원하는 공적 사회복지제도의 일종으로 볼 수 있다.

당해 제도를 통하여 지원되는 서비스(동법에서는 급여로 표현)는 일반적으로 치료기능이 아닌 생활지원기능에 속하는 것으로써 예를 들면, 배설, 목욕, 식사, 취사, 조리, 세탁, 청소, 간호, 간병, 진료보조, 요양상의·상담 등과 함께 현금도 지불하는 등과 같이 그 형식은 다양하다.

한편, 장기요양보험제도에서는 이와 같은 각종 서비스를 제공함에 있어서 다음과 같은 부분을 특히 중시한다. 즉, 장기요양 서비스는 노인 등의 심신상태 및 생활환경, 그리고 노인과 그 가족이 가지고 있는 서비스 욕구를 종합적으로 고려한 위에, 당사자에게 필요한 서비스를 종합·체계적으로 제공하며, 나아가 가능한 노인 등이 자신의 가족과 함께 생활하면서 그들의 삶에 익숙한 지역사회를 중심으로 서비스를 이용할 수 있도록 소위 재가복지의 차원에서 관련 서비스를 제공하는 것을 우선으로 한다. 물론, 장기요양 서비스는 노인 등의 심신상태나 건강 등이 악화되지 아니하도록 의료 서비스와 연계하여 이를 종합·체계적으로 제공함을 원칙으로 한다.

2) 제도화 과정

급속한 고령화에 즈음하여 2000년대 초반기부터 새로운 형태의 노인장기요양 보장체제의 필요성에 대한 논의가 활발하게 이루어졌다. 이와 같은 사회적 분위기 속에서 노무현 정부는 이를 주요한 국정과제의 하나로써 다루게 되었고, 그리하여 정부는 보건복지부 산하에 관련 위원회 등을 설치하여 연구 작업을 계속하게 되었고, 마침내 그 동안의 논의 내용에 기초하여 노인장기요양보험제도를 입안하게 되었다.

즉, 약 6년 간에 걸친 연구・검토와 이에 기초한 정부(안), 그리고 이와 같은 정부(안)을 기반으로 한 세 차례에 걸친 시범사업을 통하여 마침내 노인장기요양보험제도를 도입・시행하게 되었다. 이와 같은 과정에서 당해 제도의 명칭도 여러 차례 변경되었다. 예를 들면, 처음에는 공적 요양보장제도라는 명칭이 사용되었지만, 이후 노인수발보장제도, 노인수발보험제도, 그리고 마지막으로 노인장기요양보험제도라는 명칭을 사용하게 되었다. 따라서 정부가 제시하였던 관련 법(안)의 명칭도 노인수발보장법(안), 노인수발보험법(안)과 같이 초반기에는 「수발」[4]이라는 용어를 주로 사용하였다. 그러나 일부 계층에서 수발이라는 용어에 대한 이견을 제시함에 따라서 최종적으로는 노인장기요양보험법이라는 명칭으로 입법화되었다(이광재, 2007).[5] 물론, 동법은 세 차례에 걸친 시범사업을 통하여 2008년 7월 1일부터 본격적으로 시행되게 되었다. 당해 제도의 도입 과정을 요약하면 〈표 4-5〉와 같다.

한편, 당해 제도의 명칭과 관련하여 주목되는 부분을 다시 간단히 살펴본다. 당해 제도의 명칭을 둘러싸고 제도화의 과정에서도 일련의 이견이 있었지만, 특히 주목되는 부분은 「장기요양」이라는 표현과 함께 그 의미의 한계에 관한 부분이다. 기본적으로 당해 제도는 장기간에 걸친 일상생활에 대한 지원・보

4) 「수발」이라는 용어는 순수 한글이며, 「신변 가까이에서 여러 가지 시중・도움을 주는 것」을 의미한다. 따라서 사회복지와 관련하여 보면 「care」에 가까운 의미이다.

5) 「수발」이라는 용어의 이미지가 관련 종사자들의 자존심을 손상시킨다는 것이 주된 내용이었다. 한편, 의료분야(주로, 의사협회)로부터는 「요양」이라는 용어의 사용에 대하여 이견을 표명하기도 하였다.

호·수발, 즉 care가 주된 기능이라는 측면에서 볼 때, 장기간에 걸쳐서 휴양하면서 병을 치료하는 기능에 상대적 초점이 주어진 요양(recuperation)이라는 명칭을 그대로 사용하는 데는 상당한 한계가 있다고 본다. 물론, 사회복지실천 현장에서도 관련 용어에 대한 해석을 둘러싸고 논란이 나타난다. 예를 들면, 「요양지원을 한다.」라고 할 때, 그것이 정확히 무엇을 의미하는지를 이해하기도 어려움이 나타난다.

한편, 정부는 노인장기요양보험제도 시행 이후, 그 동안에 제기되었던 일련의 문제점을 보완하는 차원에서 몇 차례에 걸친 제도 개선을 단행하였다. 이와 관련된 보다 구체적인 내용은 이하 관련 부분에서 살펴보기로 하고, 핵심적 내용을 간단히 정리하면 다음과 같다.

첫째, 2009년 9월 19일부터 시행된 법률 제9510호(2009. 3. 18, 일부개정)에 따른 주요 개정 내용이다. 이는 장기요양보험료만 내고 현실적으로 수급대상자가 되기 어려운 외국인 근로자에 대해서는 현행 외국인의 자격제도의 틀은 그대로 유지하되, 제외신청을 할 경우 예외적으로 장기요양보험가입자에서 제외할 수 있도록 하여 고용허가제로 입국한 외국인 근로자의 보험료 부담을 완화시켜 주는 것을 목표로 하였다.

둘째, 2009년 5월 21일부터 시행된 법률 제9693호(2009. 5. 21, 일부개정)에 따른 주요 개정 내용이다. 이는 도서·벽지·농어촌 등 일정 지역에 거주하는 자에 대하여 장기요양급여 본인 일부 부담금의 100분의 50을 감경할 수 있는 법적 근거를 마련함으로써 농어촌 지역에 거주하는 수급자의 경제적 부담을 완화시켜 주는 것을 목표로 하였다.

셋째, 2010년 3월 17일부터 시행된 법률 제10127호(2010. 3. 17, 일부개정)에 따른 주요 개정 내용이다. 즉, 원활한 장기요양급여비용 심사를 위하여 장기요양기관의 장에게 장기요양급여 제공자료 기록·관리의무를 부여하고, 폐업 또는 휴업할 경우 장기요양급여 제공자료를 공단으로 이관하도록 하며, 장기요양보험의 관리운영기관인 국민건강보험공단이 장기요양급여의 제공기준을 개발하고 장기요양급여비용의 적정성을 검토하도록 하기 위하여 직접 장기요양기관을 설치·운영할 수 있는 근거를 마련함과 아울러 설치남용을 방지하기 위하여 설치목적에 필요한 최소한의 범위에서 설치·운영하도록 하였다.

표 4-5 노인장기요양보험제도 도입 및 시행 과정

연 도	주요 내용
2001년 8월	노인요양보장제도의 도입을 제시(김대중 대통령의 8·15 경축사에서)
2003년 3월	공적요양보장추진기획단의 설치(복지부)
2004년 3월	공적요양보장제도실행위원회 및 실무기획단의 설치(복지부)
2005년 2월	공적요양보장실행위원회에 의한 공적요양보장제도 최종안의 보고
2005년 4월	노인요양보장제도운영평가위원회 및 시범사업운영평가단의 설치
2005년 6월	6개의 지방자치단체와의 노인요양보장제도시범사업에 대한 계약 체결
2005년 9월	보건복지부에 의한 노인수발보장법(안)의 제시
2006년 2월	내각에서의 노인수발보험법(안)의 가결
2006년 4월	제2차 시범사업의 추진
2007년 2월	국회보건사회위원회에서 노인장기요양보험법(대안) 제출
2007년 4월	노인장기요양보험법의 공포
2007년 10월	노인장기요양보험법의 일부 시행(등급판정, 장기요양시설 관련 사항 등)
2008년 7월	당해 제도의 전면 시행
2014년 6월	노인장기요양법 일부개정(등급판정 5단계)

* 자료: 지금까지 발표된 정부자료를 재정리한 것임.

넷째, 2014년 2월 14일부터 시행된 법률 제12067호(2013. 8. 13, 일부개정)에 따른 주요 개정 내용이다. 동 개정에서는 장기요양기관의 운영 질서를 확립하고 장기요양기관에 대한 관리를 강화하기 위하여 장기요양기관 등이 본인 일부부담금을 면제·할인하는 행위 등을 금지하고, 장기요양기관이 거짓으로 급여비용을 청구한 경우에 위반사실 등을 공표할 수 있도록 하며, 행정제재처분의 효과가 양수인, 합병 후의 법인 또는 폐업 후 같은 장소에서 장기요양기관을 운영하는 직계혈족 등에게 승계되도록 하는 한편, 그 밖에 현행 제도의 운영상 나타난 일부 미비점을 개선·보완하도록 하였다.

3) 기존 유사제도와의 차이

(1) 국민건강보험제도로부터 분립·독립

노인장기요양보험제도는 기존의 국민건강보험제도로부터 분리·독립된 새롭게 형태의 사회보험제도이다. 즉, 동 제도는 「고령이나 노인성 질병 등의 사유로 일상생활을 혼자서 수행하기 어려운 노인 등에게 제공하는 신체활동 또는 가사활동 지원 등의 장기요양급여에 관한 사항을 규정하여 노후의 건강증진 및 생활안정을 도모하고 그 가족의 부담을 덜어줌으로써 국민의 삶의 질을 향상하도록 하는 것을 목적」으로 제정·운영되는 사회보험제도로서 이는 국민건강보험제도와는 별도의 새로운 형태의 사회보험제도에 속한다.

물론, 고령자의 장기요양 니즈의 상당 수준이 의료 니즈와 깊이 연계되어 있기 때문에, 장기요양급부를 제공하는 과정에서 노인 등의 심신 상태나 건강 등이 악화되지 아니하도록 의료 서비스와의 연계성(동법 제3조 제3항)이 강조되고 있다는 측면에서, 동 제도와 국민건강보험제도와의 연관성은 현실적으로 충분히 존재하는 측면도 있다.

따라서 정부는 국민건강보험제도와 노인장기요양보험제도가 법적으로는 분리·독립되어 있지만, 노인장기요양보험제도의 운영에 따른 효율성을 제고시키고자 하는 차원에서 제도 운영자인 보험자를 국민건강보험제도의 보험자인 국민건강보험공단으로 규정하고 있다. 물론, 국민건강보험공단은 노인장기요양사업을 담당하는 조직을 따로 규정·설치·운영하고, 장기요양사업에 대한 독립회계를 통하여 독립성을 유지시키고 있다(동법 제49조).

한편, 정부는 사회복지적 차원에서 제도 운영과 관련하여 국고지원을 일부 하고 있다. 즉, 국가는 매년 예산의 범위 안에서 당해 연도 장기요양보험료 예상수입액의 100분의 20에 상당하는 금액을 국민건강보험공단에 지원한다(동법 제58조 제1항). 따라서 당해 제도의 운영에 따른 재원 형태는 크게 「국민건강보험법의 적용을 받는 건강보험가입자의 장기요양보험료(국민건강보험료액 × 6.55%[6])」 + 「국가부담액(장기요양보험료 예상수입액의 20%)」 + 「공적 부조의 적용을 받는 의료급여수급권자지원액(장기요양급여비용 지원)」 + 「서비스 이용자의 본인 직접 부담액」으로 구성된다.

한편, 노인장기요양보험제도에 따른 수급대상자가 되기 위해서는 일정한 제한 조건이 부가된다. 즉, 65세 이상의 노인 또는 65세 미만의 자 중에서 치매·뇌혈관성 질환 등과 같은 노인성 질병을 가진 자 중에서, 6개월 이상 혼자서 일상생활을 수행하기 어렵다고 인정되는 자만을 대상자로 한다. 따라서 65세 이상의 자라도 6개월 이상 혼자서 일상생활을 할 수 있는 노인, 65세 미만자의 자

6) 요율은 매년 변경된다. 당해 수치는 2011년도 보험료 기준임.

로서 동법에서 규정하고 있는 노인성 질병에 해당되니 아니하는 자 및 장애인 등은 기본적으로 수급대상자로부터 제외된다. 물론, 이들은 다른 법령, 예를 들면 국민건강보험법이나 장애인복지법 등에 의거하여 관련 지원을 받게 된다.

(2) 기존 노인복지 서비스와의 차이

기존의 노인복지제도와 당해 제도 간의 차이를 요약하면 〈표 4-6〉과 같다. 노인장기요양보험제도가 도입되기 이전에도 노인 등에 대한 장기요양 서비스는 시행되었다. 다만, 당시는 근거법이 노인복지법이었고, 대상자 역시 노인 일반인이기보다는 국민기초생활보장수급자 등과 같이 특정 계층으로 한정되었다. 물론, 지원 방식도 국가나 지방자치단체가 공적 부조의 정신에 의거하여 행정기관의 의사결정으로 이용관계가 결정되었다.

그러나 노인장기요양보험제도에 따른 노인장기요양 서비스의 이용과정은 소득 계층이나 행정기관의 의지와는 관계없이, 법률이 규정하고 있는 보편적 기준에 따라서 이용자의 의사를 기준으로 이를 결정하게 된다. 즉, 피보험자의 심신기능의 상태와 요양 서비스의 필요 정도와 이용자의 자율적 의사결정에 따라서 서비스의 이용 관계가 결정된다는 측면에서, 서비스 이용과정에 대한 보편성이 강화된 사회보장제도로 볼 수 있다.

표 4-6 노인장기요양보험제도와 기존 노인복지 서비스 체계

구 분	노인장기요양보험제도	기존 노인복지 서비스 체계
관련법	- 노인장기요양보험법	- 노인복지법
서비스 대상	- 보편적 제도 - 장기요양이 필요한 65세 이상 노인 및 치매 등 노인성 질병을 가진 65세 미만자	- 특정대상 한정(선택적) - 국민기초생활보장 수급자를 포함한 저소득층 위주
서비스 선택	수급자 및 부양가족의 선택에 의한 서비스 제공	- 지방자치단체장의 판단(공급자 위주)
재 원	- 장기요양보험료 + 국가 및 지방자치단체 부담 + 이용자 본인 부담	- 정부 및 지방자치단체의 부담

② 기본구조

조직구성과 관련하여 구조에 대한 이해는 매우 다양하다. 예를 들면, 참여자 간의 유형화된 상호작용(patterned interactions)(오석호, 1997), 구성원 간에 존재하는 공식적으로 규정되고 형태화되어 있는 상호관련성(Greenbere, J. & Baron, R. A., 1997), 구성원 간에 나타나는 공식적이며 유형화된 행동체계(Robbins, S. P., 2003) 등이 이에 해당된다. 따라서 제도운영과 관련하여 구조에 대한 관심은 대부분 업무체제가 법적·공식적으로 어떻게 구성되어 있고, 이들이 어떻게 조정·관리되고 있으며, 업무처리의 과정에 있어서 구성원 간에 공식적 상호작용이 어떻게 이루어지고 있는지에 상대적 초점이 주어져 있다고 볼 수 있다(오석홍, 1997).

그림 4-1 노인장기요양보험체제의 기본구조

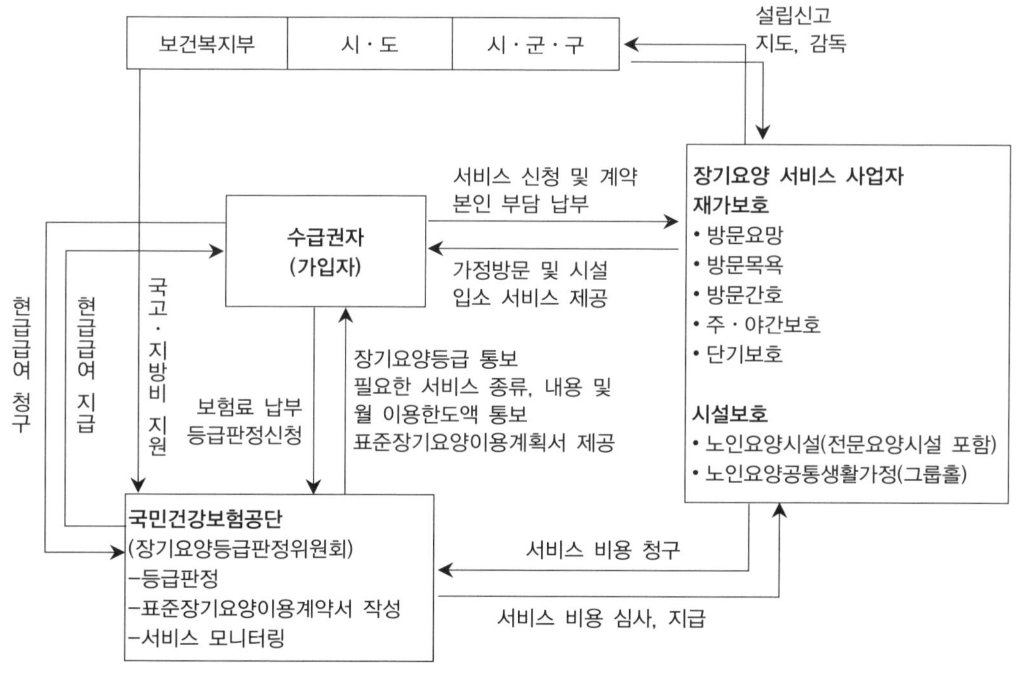

* 자료: 관련 내용을 기반으로 재구성한 것임.

이와 같은 차원에서 본 서에서도 노인장기요양보험제도의 운영구조를 「당해 제도의 운영과 관련된 업무체계의 구성 형태 및 업무처리 과정에 있어서의 공식적·법적으로 행하여지는 행동체계」로 규정함과 동시에, 이와 같은 업무체계를 구성하는 핵심 요인으로써 보험자(제도운영자 ; 국민건강보험공단), 피보험자(제도가입자), 서비스 제공기관(시설) 및 정부 부문(보건복지부 및 지방자치단체) 등에 주목하여 이들의 역할을 이를 살펴보기로 한다. 그와 같은 이유는 이와 같은 구성 요인을 중심으로 규정된 절차 및 상호작용을 통하여 노인장기요양보험체제가 공식적으로 작동하고 있기 때문이다. 한국의 노인장기요양보험제도의 기본구조를 살펴보면 [그림 4-1]과 같다.

1) 피보험자(대상자 및 수급권자)

노인장기요양보험제도는 재정 조달과 관련하여 사회보험방식을 원용하고 있기 때문에 기본적으로 피보험자, 즉 보험가입자가 존재하게 된다. 동 제도에 따른 보험가입자는 국민건강보험법 제5조 및 제109조의 규정에 따른 가입자(동법 제7조 제3항)로 규정되어 있기 때문에 사실상 국민건강보험 가입자와 동일하다. 국민건강보험법 제5조(적용대상 등)에서는 보험가입자를 다음과 같이 규정하고 있다. 즉, ① 국내에 거주하는 국민은 이 법에 따른 건강보험의 가입자 또는 피부양자가 된다. 다만, 다음 각 호의 어느 하나에 해당하는 사람은 제외한다. 즉, ㉠ 「의료급여법」에 따라 의료급여를 받는 사람, ㉡ 「독립유공자 예우에 관한 법률」 및 「국가유공자 등 예우 및 지원에 관한 법률」에 따라 의료보호를 받는 사람이다. 이때도 다만, 다음 각 목의 어느 하나에 해당하는 사람은 가입자 또는 피부양자가 된다. 즉, ⓐ 유공자 등 의료보호대상자 중 건강보험의 적용을 보험자에게 신청한 사람, ⓑ 건강보험을 적용받고 있던 사람이 유공자 등 의료보호대상자로 되었으나 건강보험의 적용배제신청을 보험자에게 하지 아니한 사람 등이다.

한편, 국민건강보험법 109조(외국인 등에 대한 특례)에서는 동 제도상의 보험가입자와 관련하여 「① 정부는 외국 정부가 사용자인 사업장의 근로자의 건강보험에 관하여는 외국 정부와 한 합의에 따라 이를 따로 정할 수 있다. ② 국내에 체류하는 재외국민 또는 외국인으로서 대통령령으로 정하는 사람은 제5조

에도 불구하고 이 법의 적용을 받는 가입자 또는 피부양자가 된다.」라고 규정하고 있다.[7)]

이와 같은 관계 법령에 의거하여 노인장기요양보험법에 따른 보험가입자는 전 국민 및 일단의 외국인근로자로 구성된다. 따라서 노인장기요양보험법에서는 일본의 개호보험법과 같은 달리 피보험자에 대한 별도의 법적 규정이 없고, 보험구역도 전국을 하나의 단일구역으로 규정하고 있다.

한편, 노인장기요양 서비스를 이용하기 위해서는 먼저 장기요양인정신청 및 등급 판정을 받아야 한다. 이때, 장기요양인정신청을 할 수 있는 자(자격자)는 동법 제12조에 따라서 65세 이상 노인 또는 65세 미만의 자로서 치매·뇌혈관성 질환 등과 같이 대통령령으로 정하는 노인성 질병을 가진 자 중에서 ㉠ 장기요양보험가입자 또는 그 피부양자, ㉡ 의료보험법 제3조 제1항에 따른 수급권자로 되어 있다(동법 제12조).

한편, 노인장기요양 서비스를 이용할 수 있는 사람, 수급권자는 장기요양인정신청자 중에서 「장기요양등급판정위원회로부터 신청자격 요건이 충족되고, 나아가서 6개월 이상 동안 혼자서 일상생활을 수행하기 어렵다는 인정과 함께, 심신상태 및 장기요양이 필요한 정도 등 대통령령으로 정하는 등급판정기준에 따라서 장기요양급여를 받을 자」로 판정된 자에 한한다(동법 제15조).

따라서 노인장기요양보험제도에 따른 수급권자는 기존의 노인복지법에서와 같이 제한된 계층만을 대상자로 하기보다는 피보험자 중에서 규정된 요건에 해당되는 자는 누구든지 대상자가 될 수 있는, 즉 대상자 선정에 따른 보편주의적 원칙이 크게 강화되었다고 볼 수 있다. 물론, 장애인 등은 동법의 대상자에서 제외되며, 이들은 장애인복지법 등에 의거하여 관련 지원을 받게 된다. 따라서 노인장기요양보험제도는 장기요양 일반에 관한 제도라기보다는 일상생활을 중심으로 일정 수준의 일상생활 불편을 경험하고 있는 노인 등을 대상으로 일상생활지원 지향적 서비스 지원제도의 성격이 강한 제도로 볼 수 있다.

7) 물론, 동법 제7조 제4항에서는 「국민건강보험공단은 동법 제7조 제3항에도 불구하고 「외국인근로자의 고용 등에 관한 법률」에 따른 외국인근로자 등 대통령령으로 정하는 외국인이 신청하는 경우 보건복지부령으로 정하는 바에 따라 장기요양보험가입자에서 제외할 수 있다.」라는 규정을 통하여 일단의 외국인근로자에 대한 보험가입을 제한하고 있다.

2) 관리운영기관

노인장기요양보험제도의 운영에 관한 권한과 책임은 기본적으로 정부(보건복지부장관)에게 주어져 있다. 즉, 장기요양보험사업은 보건복지부장관이 이를 관장하는 것(동법 제7조)으로 되어 있다. 그러나 정부는 당해 제도의 운영에 따른 효율성 등을 제고시키는 차원에서 관리운영기관을 따로 규정하였는데, 그것이 바로 국민건강보험공단(이하, 공단)이다.

따라서 노인장기요양보험제도를 실질적으로 운영하는 실질적 운영자는 공단이다. 동법 제48조에서 「장기요양사업의 관리운영기관은 공단으로 한다.」라는 규정이 이를 반증한다. 당해 공단은 기본적으로 공법인(公法人)이며, 주된 역할은 국민건강보험사업을 담당하는 것이다. 그럼에도 불구하고, 노인장기요양사업의 효율성 제고 차원에서 당해 공단이 노인장기요양보험사업을 병행·담당하고 있다. 이와 관련하여 앞에서도 지적하였듯이 당해 공단은 노인장기요양사업의 수행과 관련하여 당해 사업을 담당할 조직 등을 따로 설치·운영함은 물론, 당해 사업 회계를 국민건강보험사업 회계와 분리·독립적으로 운영함으로써 노인장기요양보험사업의 독자성을 담보하고 한다(동법 제50조). 그러나 자격관리 및 보험료의 부과·징수는 건강보험사업과 함께 수행한다(동법 제49조).

노인장기요양보험사업과 관련하여 당해 공단이 수행하는 중요한 역할을 간단히 정리하면 다음과 같다. 동법 제48조 제2항에 따르면 「① 장기요양보험가입자 및 그 피부양자와 의료급여수급권자의 자격관리, ② 장기요양보험료의 부과·징수, ③ 신청인에 대한 조사, ④ 등급판정위원회의 운영 및 장기요양등급판정, ⑤ 장기요양인정서의 작성 및 표준장기요양이용계획서의 제공, ⑥ 장기요양급여의 관리 및 평가, ⑦ 수급자에 대한 정보제공·안내·상담 등 장기요양급여 관련 이용지원에 관한 사항, ⑧ 재가 및 시설 급여비용의 심사 및 지급과 특별현금급여의 지급, ⑨ 장기요양급여 제공내용 확인, ⑩ 장기요양사업에 관한 조사·연구 및 홍보, ⑪ 노인성 질환 예방사업, ⑫ 이 법에 따른 부당이득금의 부과·징수 등, ⑬ 장기요양급여의 제공기준을 개발하고 장기요양급여비용의 적정성을 검토하기 위한 장기요양기관의 설치 및 운영, ⑭ 그 밖에 장기요양사업과 관련하여 보건복지부장관이 위탁한 업무」 등을 담당한다.

한편, 동 제도의 도입 과정에서 당해 공단을 보험자로 규정·운영하게 된 중요한 이유는 기존의 국민건강보험시스템의 활용을 통한 조직관리의 효율성 제고 및 관리비용 등의 절감, 노인장기요양업무 수행에 따른 민원편의 도모 및 의료 서비스와 장기요양 서비스 간의 연계성 강화 등을 도모할 수 있을 것으로 기대하였기 때문이었다(이광재, 2008; 장재혁 외 11인, 2010).

그러나 이와 같은 장점에도 불구하고 향후 제도 운영에 따른 역기능도 고려할 수 있을 것으로 본다. 즉, 당해 공단은 공법인인 관계로 이사장을 비롯하여 임원 선임, 조직구성 및 운영 등에 있어서 사실상 국가의 통제하에 놓여 있음에 비하여, 보험가입자인 피보험자에 의한 참여 및 통제 기능에는 많은 한계가 나타나고 있다. 동 제도가 이용자 지향적 사회복지제도라고 한다면, 이와 같은 부분에 대한 기능 제고 역시 향후 보완될 필요가 있을 것으로 본다(정재욱, 2009).

3) 장기요양기관

노인장기요양보험제도는 기본적으로 수급권자(이용자)가 자신에게 필요로 한 서비스의 선택·이용을 지향하는 노인복지제도이다. 이때, 이용자가 선택·이용할 수 있는 서비스를 제공(공급)하는 쪽(그와 같은 역할 담당자)이 노인장기요양기관이다. 따라서 적정 수준의 노인장기요양기관의 설치·운영은 노인장기요양보험제도의 효과성 제고와 관련하여 매우 중요한 부분을 차지한다.

노인장기요양보험법에 따르면 장기요양기관이란 「장기요양급여를 제공하는 기관」(동법 제2조 제4항)을 의미한다. 즉, 동법 제31조에 따라서 지정을 받은 기관 또는 동법 제32조에 따라서 지정의제된 재가장기요양기관으로써 장기요양급여를 제공하는 기관을 장기요양기관으로 규정하고 있다.

이때, 장기요양기관에 대한 동법의 입법태도와 관련하여 주목되는 부분은 관련 내용의 대부분을 대통령령 및 보건복지가족부령에 위임되어 있다는 점이다. 즉, 장기요양기관에 대한 정의는 동법에서 이를 규정하고 있지만(동법 제2조 제4항), 종류 및 지정 조건 등에 대해서는 대부분 시행령 및 시행규칙에 위임하고 있다.

예를 들면, 동법 시행규칙에 따르면 장기요양기관은 동법이 아닌 노인복지법에 의거하여 재가노인복지시설과 노인의료복지시설로 재구분되고, 나아가 노인의료복지시설은 다시 노인요양시설, 노인요양공동생활가정 및 노인전문병원으로 구분된다. 이때, 노인전문병원은 장기요양기관에서 제외되어 있다. 장기요양기관의 지정・설치・시설・인력 등에 대한 내용의 대부분이 하위 법령(시행령, 시행규칙 등)에 위임되어 있다. 이와 같은 모습으로 인하여 동 제도는 입법통제(의회통제) 및 이해당사자의 참여보다는 행정통제 및 전문가 지향적(각종 위원회 등) 참여를 보다 강조하는 제도운영이 강조되는 모습이 강하다.[8)]

4) 지원기관으로서의 정부조직

노인장기요양보험제도의 운영에 따른 정부 및 지방자치단체의 지원・관여가 폭넓게 이루어지고 있다. 노인장기요양보험제도는 공적 사회보험제도이기 때문에 정부는 사회보장적 차원에서 제도운영의 전반에 걸쳐 일정한 관여를 하는데, 이것을 상징하는 것이 보건복지부에 의한 노인장기요양사업에 대한 총체적 지도・감독, 즉 운영 전반에 걸친 관장이다. 이와 관련된 내용을 정리하면 다음과 같다.

먼저, 노인장기요양보험제도의 운영과 관련된 보건복지부의 역할이다. 앞에서도 지적하였듯이 노인장기요양보험제도는 보건복지부장관이 관장한다(동법 제7조 제1항). 보건복지부는 노인장기요양보험제도의 효율적인 운영과 관련하여 장기요양기본계획(동법 제6조)을 비롯하여, 제도 시행에 따른 각종 기본방침 등을 결정할 수 있는 권한을 가지고 있다.

이때, 보건복지부장관은 노인장기요양보험제도와 관련된 일련의 정책을 결정함에 자문기관으로써 장기요양위원회를 설치・운영한다(동법 제45조). 이때, 장기요양위원회의 중요한 역할은 장기요양보험률, 각종 요양비 지급 기준, 재가 및 시설 급여비용 및 기타 대통령령으로 정하는 주요 사항에 대하여 심의하게 된다.

한편, 보건복지부장관은 노인 등에 대한 장기요양급여를 원활하게 제공하기 위하여 5년 단위로 장기요양기본계획을 수립・시행하며, 지방자치단체의 장은 이와 같은 장기요양기본계획에 따라서 보다 세부적인 시행계획을 수립・시행하게 된다.

---

8) 따라서 관련 시설의 설치·운영과정에 있어서 행정통제가 광범위하게 나타날 가능성이 제도적으로 높다.

국가와 지방자치단체는 노인장기요양보험사업을 수행함에 즈음하여, 당해 사업과 함께 노인이 일상생활을 혼자서 수행할 수 있는 온전한 심신상태를 유지하는 데 필요한 사업, 즉 「노인성 질환 예방사업」도 함께 수립·시행하여야 하며, 국가는 이에 따른 사업을 시행하는 지방자치단체에 대해 경비를 지원할 수도 있다(동법 제4조).

한편, 노인장기요양제도의 운영자인 보험자는 국민건강보험공단으로 되어 있기 때문에 동 제도의 운영과정에 있어서 지방자치단체의 역할은 사실상 매우 제한되어 있다(정재욱, 2006b). 특히, 광역지방자치단체와 기초지방자치단체 간의 법령상의 역할 구분은 거의 없는 상태이다. 물론, 당해 제도의 운영과 관련하여 지방자치단체에게 장기요양기관의 확충 지원, 노인성 질환 예방사업 및 장기요양기본계획의 시행 등에 대한 노력, 요양인정신청에 대한 협조 등과 관련된 역할을 부여하고는 있지만, 이것을 강제할 수 있는 법적 근거는 매우 약하다. 즉, 노인장기요양보험제도의 운영에 따른 한국 지방자치단체의 권한과 책임은 매우 미약하다고 볼 수 있다(정재욱, 2008).

제 3 절 피보험자 및 서비스(급여) 이용절차

1 피보험자 및 이용절차 개관

노인장기요양보험법에 따른 피보험자, 즉 장기요양보험가입자에 대해서는 제2절 운영 구조에서 기술하였던 관련 내용으로 이를 대체한다. 다만, 동법 제11조 「장기요양보험가입 자격 등에 관한 준용」이에 대하여 관련 내용을 살펴보면 다음과 같다. 즉, 「국민건강보험법 제5조, 제6조, 제8조부터 제11조까지, 제69조 제1항부터 제3항까지, 제76조부터 제86조까지 및 제110조는 장기요양보험가입자·피부양자의 자격취득·상실, 장기요양보험료 등의 납부·징수 및 결손처분 등에 관하여 이를 준용한다. 이 경우 보험료는 장기요양보험료로, 건강보험은 장기요양보험으로, 가입자는 장기요양보험가입자로 본다.」라는 규정 내용으로 피보험자는 사실상 전 국민으로 볼 수 있다.

한편, 노인장기요양 서비스를 이용할 수 있는 사람, 수급권자는 장기요양인정 신청자 중에서 「장기요양등급판정위원회로부터 신청자격 요건을 충족하고, 나아가서 6개월 이상 동안 혼자서 일상생활을 수행하기 어렵다는 인정과 함께, 심신상태 및 장기요양이 필요한 정도 등 대통령령으로 정하는 등급판정 기준에 따라서 장기요양급여를 받을 자로 판정된 자」로 한정된다(동법 제15조). 이와 같은 이유로 노인장기요양보험제도에 의거하여 관련 서비스를 이용하기 위해서는 먼저 동법에서 규정하고 있는 일련의 절차를 밟아야 함은 물론, 각 절차에서 요구하는 요건을 갖추어야만 된다.

동 제도에 따른 서비스 이용 절차(동법에 따르면 급여 절차로 기술)를 요약하면 [그림 4-2]와 같으며, 이는 전체적으로 크게 4단계로 구분된다. 이용절차를 살펴보면 ① 대상자에 의한 장기요양인정 신청 및 국민건강보험공단(직원)에 의한 방문 조사, ② 지역단위에 설치된 등급판정위원회에 의한 장기요양인정 및 장기요양등급의 판정, ③ 국민건강보험공단(직원)에 의한 장기요양인정서 및 표준장기요양이용계획(서) 송부, ④ 대상자와 장기요양기관(시설) 간의 장기요양급여에 대한 이용계약(서)의 체결 및 장기요양급여의 제공 및 이용 등이다.

이하에서는 이와 같은 단계 및 관련 내용을 중심으로 이를 살펴보기로 한다.

그림 4-2 노인장기요양 서비스 이용과정 및 관련 기관

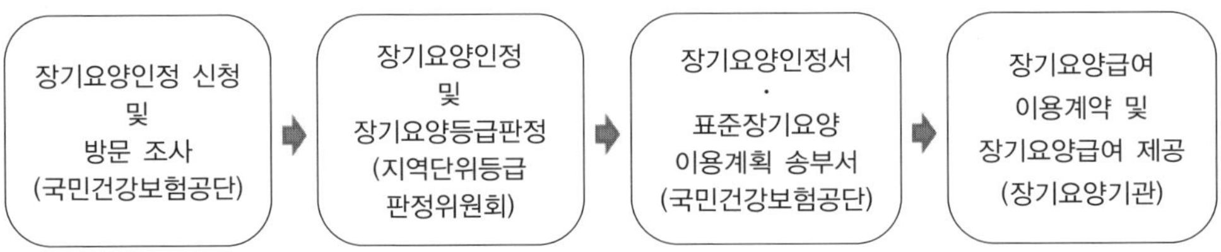

2 서비스 이용절차 및 내용

1) 장기요양인정 신청 및 방문조사

노인장기요양보험제도에 의거하여 관련 서비스(급여)를 받기 위해서는 먼저 장기요양인정 신청과 이에 따른 방문조사가 첫째 단계로 이루어지게 된다. 이에 대한 내용을 살펴보면 다음과 같다.

(1) 장기요양인정 신청

관계자는 장기요양인정 신청(신청서)을 국민건강보험공단에 서면으로 신청(제출)하여야 한다. 이때, 노인장기요양인정 신청을 하기 위한 대상자의 요건은 기본적으로 동법 제2조에 의거하여 「65세 이상의 노인 또는 65세 미만의 자로서 치매·뇌혈관성 질환 등 대통령령으로 정하는 노인성 질병을 가진 자」이어야 한다.

한편, 신청서를 신청할 수 있는 자(신청인)는 동법 제12조에 의거하여 「노인 등으로서 다음 각 호의 어느 하나에 해당하는 자격을 갖추어야 한다.[9] 즉, ① 장기요양보험가입자 또는 그 피부양자, ② 「의료급여법」 제3조 제1항에 따른 수급권자(의료급여수급권자) 등」이다(동법 제12조). 따라서 신청인을 다시 구분하면 크게 피보험자 자신 및 그 대리인으로 구분할 수 있다. 이때, 대리인으로는 가족, 친족 또는 이해관계인, 사회복지전담공무원, 시장·군수·구청장이 지정하는 자 등이다. 이때, 대리인이 대리 신청하는 경우에는 대리인 자신을 확인시킬 수 있는 신분증을 제출하여야 한다.

신청인은 먼저 국민건강보험공단(실제적으로는 전국 국민건강보험공단 지사에 설치된 노인장기요양보험센터)에 신청서를 신청하게 된다. 신청 방법은 공단에의 직접 방문을 비롯하여, 우편, 팩스 및 인터넷 신청 등도 가능하다. 신청서의 양식은 동법 시행규칙 제2조에 따른 「별지 1호의2 서식」에 따르며, 그 양식은 〈표 4-7〉과 같다.[10]

---

9) 여기서 지칭하고 있는 「노인 등」은 노인장기요양보험법 제2조의 규정에 따른다.

10) 신청서의 서식은 공단지사 또는 홈페이지(www.longtermcare.or.kr)에 접속하여, 알림·자료실 > 자료실 > 서식자료실 > 게시물(1호의2 서식)-[별지 제1호의2 서식]을 다운받을 수 있다.

표 4-7 동법 시행규칙(별지 제1호의2 서식)

<table>
<tr><td colspan="5">[ ] 장기요양인정 신청서
[ ] 장기요양인정 갱신신청서
[ ] 장기요양등급 변경신청서
[ ] 장기요양 급여종류 · 내용 변경신청서

※ 뒤쪽의 작성방법 및 유의사항을 읽고 작성하시기 바라며, 어두운 란은 신청인이 적지 않습니다. (앞쪽)</td></tr>
<tr><td colspan="2">접수번호</td><td colspan="2">접수일자</td><td>처리기간 30일</td></tr>
<tr><td colspan="5"></td></tr>
<tr><td rowspan="4">신청인
(본인)</td><td colspan="3">① 성명</td><td>② 주민등록번호</td></tr>
<tr><td colspan="4">③ 주민등록지</td></tr>
<tr><td colspan="4">④ 실제거주지</td></tr>
<tr><td colspan="3">⑤ 전화번호</td><td>휴대전화</td></tr>
<tr><td colspan="5"></td></tr>
<tr><td>보호자</td><td colspan="2">⑥ 성명</td><td>⑦ 신청인과의 관계</td><td>⑧ 전화번호</td></tr>
<tr><td colspan="5"></td></tr>
<tr><td rowspan="4">대리인</td><td colspan="3">⑨ 성명</td><td>⑩ 주민등록번호</td></tr>
<tr><td colspan="4">⑪ 주소</td></tr>
<tr><td colspan="3">⑫ 전화번호</td><td>휴대전화</td></tr>
<tr><td>⑬ 유형</td><td colspan="3">1. 가족 · 친족 · 이해관계인(신청인과의 관계:)
2. 사회복지전담공무원
3. 시장 · 군수 · 구청장이 지정한 자</td></tr>
<tr><td colspan="5"></td></tr>
<tr><td colspan="5">⑭ 변경신청 시 사유</td></tr>
<tr><td colspan="5">「노인장기요양보험법」 제13조, 제20조부터 제22조까지 및 같은 법 시행규칙 제2조, 제8조 및 제9조에 따라 위와 같이 신청합니다.

년 월 일
신청인 (서명 또는 인)
대리인 (서명 또는 인)
국민건강보험공단 이사장 귀하</td></tr>
<tr><td>첨부서류</td><td colspan="4">1. 별지 제2호서식의 의사소견서(신청서와 함께 제출하지 않고 추후에 제출할 수 있으며, 「노인장기요양보험법 시행령」 제6조에 해당하는 경우와 급여종류 · 내용 변경신청 시에는 제출하지 아니합니다.)
2. 노인성 질병을 확인할 수 있는 진단서 등 증명서류(65세 미만인 자로서 장기요양인정신청 시에 별지 제2호서식의 의사소견서를 제출하지 아니한 경우만 해당합니다.)
3. 대리인 관련서류
가. 가족, 친족 또는 이해관계인: 대리인의 신분증
나. 사회복지전담공무원: 공무원임을 증명하는 신분증
다. 시장 · 군수 · 구청장이 지정한 자: 별지 제9호서식의 대리인 지정서</td></tr>
</table>

표 4-8 의사소견서(별지 제2호 서식)

의 사 소 견 서

※ 색상이 어두운 란은 담당의사가 적지 않습니다. (제1쪽 앞면)

접수번호		접수일		유효기간	발급일부터 30일

※ 담당의사는 소견서 내용을 빠짐없이 작성하여 주시기 바랍니다.

신청인(본인)	성명	주민등록번호 (세)
	주소	(전화번호)
발급 구분	[ ] 65세 이상자 [ ] 65세 미만자	

※ 65세 미만자에 한하여 기입하며, 해당하는 질병에 √표를 합니다.

구 분	질병명	질병코드
한국표준질병 · 사인분류	가. 알츠하이머병에서의 치매	[ ] F00
	나. 혈관성 치매	[ ] F01
	다. 달리 분류된 기타 질환에서의 치매	[ ] F02
	라. 상세불명의 치매	[ ] F03
	마. 알츠하이머병	[ ] G30
	바. 지주막하출혈	[ ] I60
	사. 뇌내출혈	[ ] I61
	아. 기타 비외상성 두개내 출혈	[ ] I62
	자. 뇌경색증	[ ] I63
	차. 출혈 또는 경색증으로 명시되지 않은 뇌졸중	[ ] I64
	카. 대뇌경색증을 유발하지 않은 뇌전동맥의 폐쇄 및 협착	[ ] I65
	타. 뇌경색증을 유발하지 않은 대뇌동맥의 폐쇄 및 협착	[ ] I66
	파. 기타 뇌혈관질환	[ ] I67
	하. 달리 분류된 질환에서의 뇌혈관장애	[ ] I68
	거. 뇌혈관질환의 후유증	[ ] I69
	너. 파킨슨병	[ ] G20
	더. 이차성 파킨슨증	[ ] G21
	러. 달리 분류된 질환에서의 파킨슨증	[ ] G22
	머. 기저핵의 기타 퇴행성 질환	[ ] G23
	버. 중풍후유증(中風後遺症)	[ ] U23.4
	서. 진전(振顫)	[ ] U23.6

※ 1) 65세 미만자 중 상기 질병에 해당하는 경우에만 장기요양인정 신청자격이 인정됩니다.
   * 신청인이 다른 진단서 등에 의해 노인성 질병임을 이미 진단받아 장기요양인정 신청자격을 인정받은 경우에는 위 진단표를 작성하지 않을 수 있습니다.
2) 65세 미만자 중 상기 질병에 해당하는 경우에는 뒷면의 사항을 빠짐없이 작성하여 주시고, 상기 질병에 해당하지 않는 경우에는 뒷면의 사항을 작성하지 아니합니다.
3) 상기 질병에 해당하지 않는 경우에는 진찰료 등 실비는 공단이 부담하지 아니하고 전액 신청인(본인)이 부담하여야 하며, 상기 질병에 해당하는 경우에도 진찰료 외에 진단에 드는 검사비용 등은 신청인(본인)이 부담하여야 합니다.
4) 노인성 질병의 진단은 위 진단표 이외의 진단서 등으로도 할 수 있습니다.

(제1쪽 뒷면)

1. 장애의 직접적인 원인이 되는 상병에 대한 의견
가. 기능장애 원인 진단명 및 발병 연월일 1) ______________________ 발병 연월일(　　년　　월　　일경) 2) ______________________ 발병 연월일(　　년　　월　　일경) 3) ______________________ 발병 연월일(　　년　　월　　일경)
나. 상기 질환에 대한 현재 치료내용:
다. 향후 상태의 변동가능성 [ ] 호전 가능 [ ] 현 상태 유지 [ ] 악화 가능 [ ] 알 수 없음 ■ 판단 이유:

2. 심신상태에 관한 의견

가. 신체상태

1) 근 력

구 분	좌 측	우 측
상지	(5　4) (3　2) (1　0)	(5　4) (3　2) (1　0)
하지	(5　4) (3　2) (1　0)	(5　4) (3　2) (1　0)

2) 관절운동 범위

상지	[ ] 정상	제한(어깨관절 [ ]좌 [ ]우, 팔꿈치관절 [ ]좌 [ ]우, 손목 · 손가락관절 [ ]좌 [ ]우)
하지	[ ] 정상	제한(고관절 [ ]좌 [ ]우, 무릎관절 [ ]좌 [ ]우, 발목관절 [ ]좌 [ ]우)
관절의 통증		[ ] 없음　[ ] 있음 (부위:　　　)
요양 서비스 제공 시 관절 움직임을 제한할 필요가 있는지 여부		[ ] 없음　[ ] 있음 제한 이유:
사지결손		[ ] 없음　[ ] 있음 (부위:　　　)

3) 운동상태

보행	[ ] 가능	[ ] 부분적 가능	[ ] 불가능
실조* 또는 운동이상 (진전 등)	[ ] 없음	[ ] 있음	[ ] 평가할 수 없음
서동증**	[ ] 없음	[ ] 있음	[ ] 평가할 수 없음
요양서비스 제공 시 보행을 제한할 필요가 있는지 여부	[ ] 없음	[ ] 있음	
	제한 이유:		

* 신체 움직임의 부조화 여부

** 신체 동작의 속도가 비정상적으로 느리거나 육체 및 정신적 반응이 둔한 것

(제2쪽 앞면)

나. 정신상태

1) 인지기능

의사소통 능력	[ ] 정상	[ ] 부분적 가능	[ ] 불가능
단기 기억력	[ ] 정상	[ ] 경미한 장애	[ ] 심한 장애
장기 기억력	[ ] 정상	[ ] 경미한 장애	[ ] 심한 장애
장소 지남력***	[ ] 정상	[ ] 경미한 장애	[ ] 심한 장애
판단력	[ ] 정상	[ ] 경미한 장애	[ ] 심한 장애

*** 장소에 대해 올바르게 인식하는 능력				
2) 문제행동 유무				
[ ] 없음				
[ ] 있음	[ ] 망상	[ ] 환각	[ ] 수면장애	[ ] 서성거리며 안절부절 못함
	[ ] 길을 잃음	[ ] 공격적, 파괴적 행동	[ ] 밖으로 나가려 함	[ ] 돈/물건 등 감추기
	[ ] 부적절한 옷 입기	[ ] 불결한 행동	[ ] 거부증	[ ] 우울 기분
	[ ] 그 밖의 특이 증상 :			

다. 일상생활 자립도				
장애노인	[ ] 정상	[ ] 생활자립	[ ] 준 와상상태	[ ] 완전 와상상태
치매노인	[ ] 자립	[ ] 불완전자립	[ ] 부분의존	[ ] 완전의존

3. 의료적 처치 필요항목					
기관지 절개	[ ] 없음	[ ] 있음	도뇨관	[ ] 없음	[ ] 있음
욕창	[ ] 없음	[ ] 있음	장루	[ ] 없음	[ ] 있음
경관 영양	[ ] 없음	[ ] 있음	당뇨발 및 그에 준하는 피부질환	[ ] 없음	[ ] 있음
암성 통증 및 그에 준하는 통증	[ ] 없음	[ ] 있음	기타( )	[ ] 없음	[ ] 있음
비고					

※ 해당 항목의 중증도 등을 상세하게 기록하여 주시기 바랍니다.
예시) • 통증: 부위, 통증조절방법, 원인
• 욕창 · 피부질환: 부위, 경과 등

(제2쪽 뒷면)

4. 치료 및 장기요양에 관한 의견		
가. 향후 발생가능성이 높은 의학적 문제		
[ ] 넘어짐 · 골절	[ ] 심폐기능 악화	[ ] 욕창
[ ] 흡인성 폐렴	[ ] 탈수 · 영양장애	[ ] 기타( )
나. 가장 적절한 장기요양 서비스 (특히 필요성이 높은 것에 체크하여 주시기 바랍니다.)		
[ ] 방문요양 (기능장애로 일상생활이 어려워 장기요양을 위해 요양보호인력의 방문보호가 필요함)		
[ ] 방문목욕 (거동이 어려운 상태로 신체위생을 위한 목욕이 필요함)		
[ ] 방문간호 (보다 전문적인 간호인력의 정기적인 모니터링과 처치가 필요함)		
[ ] 주간 또는 야간보호 (혼자 두면 상태가 악화되거나 문제가 발생할 수 있으므로 주 · 야간보호가 필요함)		
[ ] 단기보호 (1~3개월 정도의 간호관리 및 장기요양이 필요함)		
[ ] 복지용구 (일상생활과 재활을 위한 복지용구가 필요함)		
[ ] 시설 서비스 (요양시설 등 입소가 필요함)		
다. 의학적 치료의 필요성 여부		
[ ] 장기요양 서비스 이전에 의학적 치료가 필요함		
[ ] 장기요양 서비스와 의학적 치료가 병행되어야 함		
[ ] 의학적 치료가 반드시 필요하지는 않음 (판단이유:)		

5. 그 밖의 특기사항
※ 장기요양인정서 및 표준장기요양이용계획서 작성시 필요한 의학적 의견 등을 적고, 또한 전문의 등에게 별도로 의견을 요청한 경우에는 그 내용 및 결과도 적습니다. ※ 국민건강보험공단에서 치매환자로서 장기요양 5등급이 예상되는 사람에 대한 치매진단에 관련된 사항의 보완을 요청할 때에는, 의사 또는 한의사는 보건복지부장관이 정하는 양식으로 작성하여 주시기 바랍니다.
6. 의사소견서 발급비용과 관련된 정보
발급일: 년 월 일 의사 · 한의사 성명: (서명 또는 인) 의사 · 한의사 면허번호: 제 호 의료기관명(건강보험요양기관기호): (직인) 의료기관 주소: 전화번호:

한편, 신청인은 신청서의 제출에 즈음하여 동법 13조에 의거하여 「① 신청서에 의사 또는 한의사가 발급하는 소견서(의사소견서)를 제출하여야 한다. 다만, 의사소견서는 공단이 동법 제15조 제1항에 따라 등급판정위원회에 자료를 제출하기 이전까지 제출할 수 있다. ② 제1항에도 불구하고 거동이 현저하게 불편하거나 도서 · 벽지 지역에 거주하여 의료기관을 방문하기 어려운 자 등 대통령령으로 정하는 자는 의사소견서를 제출하지 아니할 수 있다. ③ 의사소견서의 발급비용 · 비용 부담 방법 · 발급자의 범위, 그 밖에 필요한 사항은 보건복지부령으로 정하는 것」으로 되어 있다. 이때, 첨부되는 의사소견서의 양식은 동법 시행규칙 제2조에 따른 「별지 제2호 서식」에 따르며 그 양식은 〈표 4-8〉과 같다.

한편, 이와 같이 장기요양인정 신청서를 제출함에 있어서는 반드시 의사소견서의 첨부가 필요하다. 의사소견서가 제출되는 않은 경우에는 장기요양등급 판정이 불가능하기 때문에 장기요양급여의 이용이 불가능하다. 물론, 위에서도 제시하였듯이 의사소견서의 제출이 제외되는 자도 있다. 즉, 동법 시행령 제4조에 의거하여 「1차 판정결과 1등급 또는 2등급을 받을 것으로 예상되는 자로서 보건복지부장관이 정하여 고시하는 거동불편자에 해당하는 자, 보건복지부장관이 고시하는 도서 · 벽지 지역 거주자」 등이 이에 해당된다.

한편, 의사소견서의 발급에 따른 비용 처리는 다음과 같이 이루어진다. 즉, ㉠ 공단으로부터 의사소견서발급의뢰서를 발급받아 의료기관에 제출하면 〈표 4-9〉와 같이 국가 또는 지방자치단체 및 공단에서 발급비용의 일부를 부담하게 된

표 4-9 의사소견서 발급부비용 부담률

부담률	일반 신청자	의료급여 수급권자	법이 정한 저소득층 또는 생계곤란자, 경감대상자	국민기초생활보장 수급권자
신청자	20%	10%	10%	면제
공 단	80%	-	90%	-
국가 또는 지자체	-	90%	-	100%

다. ㉡ 신청인이 이와 같은 의사소견서발급의뢰서 없이 의료기관으로부터 의사소견서를 발급받는 경우에는 발급비용의 전액을 신청인이 부담하게 된다. 물론, 의사소견서 발급에 즈음하여 본인이 전액 부담한 내용 중에서, 장기요양급여 수급자로 결정되거나, 등급변경신청에 의해 등급이 변경된 경우와 장기요양인정 신청을 최초로 신청하거나 갱신 신청하는 경우에는 본인이 전액 부담한 금액 중, 본인부담 금액을 제외한 나머지 금액(공단부담금)을 공단에 청구할 수 있다.

(2) 방문조사 실시

신청서가 접수되면 건보공단은 현장 방문 등을 통하여 이에 대한 확인 작업, 즉 방문조사를 시행하게 된다. 이와 관련하여 동법 제14조에 따르면 「① 공단은 제13조 제1항에 따라 신청서를 접수한 때 보건복지부령으로 정하는 바에 따라 소속 직원으로 하여금 다음 각 호의 사항을 조사하게 하여야 한다. 다만, 지리적 사정 등으로 직접 조사하기 어려운 경우 또는 조사에 필요하다고 인정하는 경우 특별자치시·특별자치도·시·군·자치구에 대하여 조사를 의뢰하거나 공동으로 조사할 것을 요청할 수 있다.」라고 되어 있다. 이때, 방문조사하게 되는 주요한 항목으로는 ㉠ 신청인의 심신상태, ㉡ 신청인에게 필요한 장기요양급여의 종류 및 내용, ㉢ 그 밖에 장기요양에 관하여 필요한 사항으로서 보건복지부령으로 정하는 사항 등이다.

한편, 건보공단은 방문조사에 즈음하여 동법 제14조의 「① 제1항에 따라 조사를 하는 자는 조사 일시, 장소 및 조사를 담당하는 자의 인적사항 등을 미리 신청인에게 통보하여야 하며, ② 공단 또는 제1항 단서에 따른 조사를 의뢰받은

표 4-10 장기요양인정조사표(별지 제5호 서식)

<table>
<tr><td colspan="6">장기요양인정조사표</td></tr>
<tr><td colspan="6">※ [ ]에는 해당되는 곳에 √표를 합니다. (제1쪽 앞면)</td></tr>
<tr><td colspan="6">1. 일반사항</td></tr>
<tr><td>① 구 분</td><td>[ ] 장기요양인정신청</td><td>[ ] 갱신신청</td><td>[ ] 등급변경신청</td><td colspan="2">[ ] 이의신청</td></tr>
<tr><td rowspan="2">② 조사원</td><td>성 명</td><td></td><td>소속(지사)</td><td colspan="2"></td></tr>
<tr><td>조사장소</td><td></td><td>조사일시</td><td colspan="2"></td></tr>
<tr><td colspan="6"></td></tr>
<tr><td rowspan="6">③ 신청인
(본인)</td><td>성명</td><td></td><td>생년월일</td><td colspan="2"></td></tr>
<tr><td>전화번호</td><td></td><td>도서 · 벽지 대상자</td><td colspan="2">[ ] 도서지역
[ ] 벽지지역</td></tr>
<tr><td>주민등록지</td><td colspan="4"></td></tr>
<tr><td>실제거주지</td><td colspan="4"></td></tr>
<tr><td>장기요양등급</td><td></td><td>유효기간</td><td colspan="2"></td></tr>
<tr><td>보호자 또는
주수발자
성명(관계)</td><td>( )</td><td>보호자 또는 주수발자
전화번호</td><td colspan="2"></td></tr>
<tr><td>④ 참석인</td><td>성 명</td><td></td><td>신청인과의 관계</td><td></td><td>전화번호</td></tr>
<tr><td colspan="6"></td></tr>
<tr><td>⑤ 주거상태</td><td colspan="5">[ ] 자택 [ ] 노인요양시설 [ ] 단기보호시설
[ ] 양로시설 [ ] 요양병원 [ ] 기타 병 · 의원 [ ] 기타( )</td></tr>
<tr><td rowspan="2">⑥ 동거인</td><td colspan="5">현재 신청인과 동거하는 자에 대해 복수체크 가능</td></tr>
<tr><td>[ ] 독거
[ ] 손자녀</td><td>[ ] 부부
[ ] 친척</td><td>[ ] 부모
[ ] 친구 · 이웃</td><td colspan="2">[ ] 자녀(며느리, 사위 포함)
[ ] 입소시설관계자 [ ] 기타( )</td></tr>
<tr><td rowspan="4">⑦ 현재 받고 있는 급여
(과거 3개월 간 평균 횟수 · 일수 기록)</td><td>재가급여</td><td colspan="2">[ ] 방문요양(회/주)
[ ] 방문간호(회/주)
[ ] 단기보호(일/주)</td><td colspan="2">[ ] 방문목욕(회/주)
[ ] 주 · 야간보호(일/주)
[ ] 복지용구(구입 · 대여)</td></tr>
<tr><td>시설급여</td><td colspan="4">[ ] 노인요양시설 [ ] 노인요양공동생활가정</td></tr>
<tr><td>특별현금급여</td><td colspan="4">[ ] 가족요양비 [ ] 특례요양비 [ ] 요양병원간병비</td></tr>
<tr><td>그 밖의 서비스</td><td colspan="4">[ ] 노인돌봄서비스 [ ] 가사간병방문도움 [ ] 보건소사업( )
[ ] 개인간병인 [ ] 치매상담센터 [ ] 기타( )</td></tr>
</table>

<table>
<tr><td rowspan="5">⑧ 희망급여종류</td><td colspan="2">현재 신청인이 희망하는 급여에 대해 복수체크 가능</td></tr>
<tr><td>재가급여</td><td>[ ] 방문요양 [ ] 방문목욕 [ ] 방문간호 [ ] 주 · 야간보호
[ ] 단기보호 [ ] 복지용구(구입 · 대여)</td></tr>
<tr><td>시설급여</td><td>[ ] 노인요양시설 [ ] 노인요양공동생활가정</td></tr>
<tr><td>특별현금급여</td><td>[ ] 가족요양비 [ ] 특례요양비 [ ] 요양병원간병비</td></tr>
<tr><td colspan="2">1순위 희망급여종류 및 내용</td></tr>
<tr><td colspan="3"></td></tr>
<tr><td>⑨ 등급외 판정 시 희망 서비스
(등급외 판정 시 지역사회 자원 연계를 위한 참고자료입니다.)</td><td colspan="2">[ ] 노인돌봄서비스 [ ] 보건소 사업 [ ] 노인일자리사업
[ ] 치매상담센터 [ ] 주거개선사업 [ ] 무료진료연계
[ ] 급식 및 도시락 반찬 [ ] 건강운동교실 [ ] 가사간병방문도움
[ ] 활동보조 [ ] 목욕 · 이미용 [ ] 여가, 문화, 교육
[ ] 말벗 [ ] 기타( ) [ ] 거부</td></tr>
<tr><td colspan="3"></td></tr>
<tr><td>⑩ 등록장애</td><td colspan="2">※ 장애의 종류 및 등급 기록</td></tr>
<tr><td colspan="3">〈참고사항〉</td></tr>
</table>

(제1쪽 뒷면)

<table>
<tr><td colspan="4">2. 장기요양인정 · 욕구사항</td></tr>
<tr><td colspan="4">○ 신청인의 기능상태 등에 대한 정보를 종합하여 다음의 해당란에 √표 체크
○ 각 항목 아래의 빈칸에 특기사항을 기록</td></tr>
<tr><td colspan="4"></td></tr>
<tr><td colspan="4">가. 신체기능(기본적 일상생활기능) 영역
1) 최근 한 달 간의 상황을 종합하여 일상생활에서 다음과 같은 동작을 할 때 다른 사람의 도움을 받는 정도에 √표로 표시함.</td></tr>
<tr><td rowspan="2">항 목</td><td colspan="3">기능 자립 정도</td></tr>
<tr><td>완전 자립</td><td>부분 도움</td><td>완전 도움</td></tr>
<tr><td>① 옷 벗고 입기</td><td></td><td></td><td></td></tr>
<tr><td colspan="4"></td></tr>
<tr><td>② 세수하기</td><td></td><td></td><td></td></tr>
<tr><td colspan="4"></td></tr>
<tr><td>③ 양치질하기</td><td></td><td></td><td></td></tr>
<tr><td colspan="4"></td></tr>
<tr><td>④ 목욕하기</td><td></td><td></td><td></td></tr>
<tr><td colspan="4"></td></tr>
<tr><td>⑤ 식사하기</td><td></td><td></td><td></td></tr>
<tr><td colspan="4"></td></tr>
<tr><td>⑥ 체위 변경하기</td><td></td><td></td><td></td></tr>
<tr><td colspan="4"></td></tr>
<tr><td>⑦ 일어나 앉기</td><td></td><td></td><td></td></tr>
<tr><td></td><td></td><td></td><td></td></tr>
</table>

⑧ 옮겨 앉기			
⑨ 방 밖으로 나오기			
⑩ 화장실 사용하기			
⑪ 대변 조절하기			
⑫ 소변 조절하기			
⑬ 머리감기			

2) 일상생활 자립도

장애노인(와상도)	[ ] 정상	[ ] 생활 자립	[ ] 준 와상 상태	[ ] 완전 와상 상태
치매노인(인지증)	[ ] 자립	[ ] 불완전 자립	[ ] 부분 의존	[ ] 완전 의존

※ 신청인의 평소 일상생활 자립정도를 종합하여 각각의 항목 해당 란에 √표로 표시함.

(제2쪽 앞면)

나. 사회생활기능(수단적 일상생활 기능) 영역
최근 한 달 간의 상황을 종합하여 일상생활에서 다음과 같은 동작을 할 때 다른 사람의 도움을 받는 정도를 평가하여 해당 란에 √표로 표시함.

항 목	기능 자립 정도		
	완전 자립	부분 도움	완전 도움
① 집안일 하기			
② 식사 준비하기			
③ 빨래하기			
④ 금전 관리			
⑤ 물건 사기			
⑥ 전화 사용하기			
⑦ 교통수단 이용하기			

⑧ 근거리 외출하기			
⑨ 몸 단장하기			
⑩ 약 챙겨먹기			

(제2쪽 뒷면)

다. 인지기능 영역
최근 한 달 간의 상황을 종합하여 신청인이 보였던 증상에 √표로 표시함.

항 목	증상여부	
	예	아니오
① 방금 전에 들었던 이야기나 일을 잊는다.		
② 오늘이 몇 월 며칠인지 모른다.		
③ 자신이 있는 장소를 알지 못한다.		
④ 자신의 나이와 생일을 모른다.		
⑤ 지시를 이해하지 못한다.		
⑥ 주어진 상황에 대한 판단력이 떨어져 있다.		
⑦ 의사소통이나 전달에 장애가 있다.		
⑧ 계산을 하지 못한다.		
⑨ 하루 일과를 이해하지 못한다.		
⑩ 가족이나 친척을 알아보지 못한다.		

(제3쪽 앞면)

라. 행동변화 영역
최근 한 달 간의 상황을 종합하여 신청인이 보였던 증상에 √표로 표시함.

항 목	증상여부	
	예	아니오
① 사람들이 무엇을 훔쳤다고 믿거나 자기를 해하려 한다고 잘못 믿고 있다.		

② 헛것을 보거나 환청을 듣는다.		
③ 슬퍼 보이거나 기분이 처져 있으며 때로 울기도 한다.		
④ 밤에 자다가 일어나 주위 사람을 깨우거나 아침에 너무 일찍 일어난다. 또는 낮에는 지나치게 잠을 자고 밤에는 잠을 이루지 못한다.		
⑤ 주위사람이 도와주려 할 때 도와주는 것에 저항한다.		
⑥ 한군데 가만히 있지 못하고 서성거리거나 왔다갔다 하며 안절부절 못한다.		
⑦ 길을 잃거나 헤맨 적이 있다. 외출하면 집이나 병원, 시설로 혼자 들어올 수 없다.		
⑧ 화를 내며 폭언이나 폭행을 하는 등 위협적인 행동을 보인다.		
⑨ 혼자서 밖으로 나가려고 해서 눈을 뗄 수가 없다.		
⑩ 물건을 망가뜨리거나 부순다.		
⑪ 의미 없거나 부적절한 행동을 자주 보인다.		
⑫ 돈이나 물건을 장롱같이 찾기 어려운 곳에 감춘다.		
⑬ 옷을 부적절하게 입는다.		
⑭ 대소변을 벽이나 옷에 바르는 등 행위를 한다.		
⑮ 가스불이나 담뱃불, 연탄불과 같은 화기를 관리할 수 없다.		
⑯ 혼자 있는 것을 두려워하여 누군가 옆에 있어야 한다.		
⑰ 이유 없이 크게 소리치고 고함을 친다.		
⑱ 공공장소에서 부적절한 성적 행동을 한다.		
⑲ 음식이 아닌 물건 등을 먹는다.		

⑳ 쓸데없이 간섭하거나 참견한다.		
㉑ 식습관 및 식욕변화를 보이거나 이유 없이 식사를 거부한다.		
㉒ 귀찮을 정도로 붙어 따라 다닌다.		

(제3쪽 뒷면)

마. 간호처치 영역
최근 2주 간의 상황을 종합하여 해당 란에 √표로 표시함.

항 목	증상 유무		항 목	증상 유무	
	있다	없다		있다	없다
① 기관지 절개관 간호			⑥ 암성통증 간호		
② 흡 인			⑦ 도뇨(導尿) 관리		
③ 산소요법			⑧ 장루 간호		
④ 욕창 간호			⑨ 투석 간호		
⑤ 경관 영양			⑩ 당뇨발 간호		

※ 암성통증 간호에 해당되지 않는 통증이 있을 경우 특기사항에 기록함.
※ 당뇨발 간호에 해당되지 않는 상처가 있을 경우 특기사항에 기록함.

바. 재활 영역
반드시 각 항목을 직접 신청인이 수행하도록 한 후 해당 란에 √표로 표시함.

항 목	운동장애 정도		
	운동장애 없음	불완전 운동장애	완전 운동장애
① 우측상지			
② 좌측상지			
③ 우측하지			
④ 좌측하지			

항 목	관절 제한 정도		
	제한 없음	한쪽 관절 제한	양관절 제한
⑤ 어깨관절			
⑥ 팔꿈치관절			
⑦ 손목 및 수지관절			
⑧ 고관절			
⑨ 무릎관절			
⑩ 발목관절			

(제4쪽 앞면)

사. 복지용구
현재 보유하고 있거나, 이용하기를 희망하는 복지용구에 √표로 표시함.

용 구	보유	희망	용 구	보유		희망	
				구입	대여	구입	대여
① 이동변기			⑩ 수동휠체어				
② 목욕의자			⑪ 전동침대				
③ 성인용 보행기			⑫ 수동침대				
④ 안전손잡이			⑬ 욕창예방 매트리스				
⑤ 미끄럼 방지용품 *							
⑥ 간이변기(간이대변기 · 소변기)			⑭ 이동 욕조				
⑦ 지팡이			⑮ 목욕리프트				
⑧ 욕창예방 방석			⑯ 배회감지기				
⑨ 자세변환 용구			⑰ 경사로				

* 미끄럼 방지용품: 미끄럼 방지매트, 미끄럼 방지액, 미끄럼 방지양말

※ 신청인이 필요하다고 생각하지만 급여이용을 희망하지 않거나 그 밖에 의견이 있다면 특기사항에 기록함.

아. 지원형태

① 주 수발자	[ ] 없음 [ ] 배우자 [ ] 부모 [ ] 자녀(며느리, 사위 포함) [ ] 손자녀 [ ] 친척 [ ] 친구 · 이웃 [ ] 간병인 [ ] 자원봉사자 [ ] 기타( )
② 주 수발자의 도움 영역	[ ] 신체기능 [ ] 사회생활기능 [ ] 정서적 지지

③ 하루 종일 혼자 있음	[ ] 예	[ ] 아니오

자. 환경 평가 주거 상황이 건강에 해롭거나 지내기 어려운 환경을 만드는지 평가(조명, 바닥 상태, 욕실 및 화장실 환경, 부엌 환경, 냉방과 난방, 개인안전, 환기 등)	
① 조명(눈부심, 그림자, 스위치 위치 등)	[ ] 양호 [ ] 불량
② 바닥과 벽지(마룻바닥, 벽지상태)	[ ] 양호 [ ] 불량
③ 계단(계단 난간 위치)	[ ] 양호 [ ] 불량
④ 주방(가스기구, 조리기구 위치)	[ ] 양호 [ ] 불량
⑤ 문턱 여부(현관, 방, 화장실)	[ ] 양호 [ ] 불량
⑥ 난방과 환기(적정수준의 온도와 환기)	[ ] 양호 [ ] 불량
⑦ 화장실 세면대 설치 여부	[ ] 유 [ ] 무
⑧ 좌변기 여부	[ ] 유 [ ] 무
⑨ 온수 여부	[ ] 유 [ ] 무
⑩ 욕조 여부	[ ] 유 [ ] 무

(제4쪽 뒷면)

차. 시력 · 청력상태	
① 시력상태	[ ] ㄱ. 정상 [ ] ㄴ. 1미터 떨어진 달력은 읽을 수 있으나 더 먼 거리는 보이지 않는다. [ ] ㄷ. 눈앞에 근접한 글씨는 읽을 수 있으나 더 먼 거리는 보이지 않는다. [ ] ㄹ. 거의 보이지 않는다. [ ] ㅁ. 보이는지 판단 불능
② 청력상태	[ ] ㄱ. 정상 [ ] ㄴ. 보통의 소리를 듣기도 하고, 못 듣기도 한다. [ ] ㄷ. 큰 소리는 들을 수 있다. [ ] ㄹ. 거의 들리지 않는다. [ ] ㅁ. 들리는지 판단 불능
카. 질병 및 증상 신청인이 현재 앓고 있는 질병 또는 증상에 대해 해당 란에 √표로 표시함.	
① 질병 및 증상	[ ] ㄱ. 없음 [ ] ㄴ. 치매 [ ] ㄷ. 중풍 (뇌졸중) [ ] ㄹ. 고혈압 [ ] ㅁ. 당뇨병 [ ] ㅂ. 관절염(퇴행성, 류마티스) [ ] ㅅ. 요통, 좌골통(디스크탈출증, 척수관협착증) [ ] ㅇ. 일상생활에 지장이 있을 정도의 호흡곤란(심부전, 만성폐질환, 천식) [ ] ㅈ. 난청 [ ] ㅊ. 백내장, 녹내장 등 시각 장애 [ ] ㅋ. 골절, 탈골 등 사고로 인한 후유증 [ ] ㅌ. 암 (진단명:) [ ] ㅍ. 기타 (진단명:)

② 주요 질병 및 증상
①에서 파악된 내용 가운데 신청인의 현재 기능상태 저하에 가장 직접적인 원인이 되고 비중이 높은 항목 한 가지만 √표로 표시함.

[ ] ㄱ. 치매 [ ] ㄴ. 중풍 [ ] ㄷ. 치매 + 중풍
[ ] ㄹ. 고혈압 [ ] ㅁ. 당뇨병 [ ] ㅂ. 관절염
[ ] ㅅ. 요통, 좌골통
[ ] ㅇ. 일상생활에 지장이 있을 정도의 호흡곤란
[ ] ㅈ. 난청 [ ] ㅊ. 백내장, 녹내장 등 시각 장애
[ ] ㅋ. 골절, 탈골 등 사고로 인한 후유증 [ ] ㅌ. 암
[ ] ㅍ. 기타 (진단명:) ※ 1가지 진단명만 적으십시오.

지방자치단체는 조사를 완료한 때 조사결과서를 작성하여야 한다. 조사를 의뢰받은 지방자치단체는 지체 없이 공단에 조사결과서를 송부」하여야 한다.

한편, 동법 제14조에 따라서 장기요양인정 신청 내용을 조사하는 공단의 직원은 별지 제5호 서식의 장기요양인정조사표에 따라 조사결과서를 작성하여야 하며(동법 시행규칙 제5조), 장기요양인정조사표의 양식은 〈표 4-10〉과 같다.

한편, 장기요양인정신청에 따른 방문조사는 장기요양인정신청서가 접수된 이후, 국민건강보험공단의 소속 직원에 의해 법령에 규정된 사항을 조사하는 것을 의미하는데, 지리적 사정 등으로 인하여 직접 조사하기 어려운 경우는 시·군·구에 조사를 의뢰하거나 공동으로 조사할 것을 요청할 수 있다. 이때, 방문조사자는 소정의 교육을 이수한 간호사·사회복지사 등으로 구성된 공단 직원

표 4-11 장기요양인정 조사 항목 개요

<table>
<tr><th>영 역</th><th colspan="2">조사 항목</th></tr>
<tr><td>신체기능
(12항목)</td><td colspan="2">•옷 벗고 입기 •식사하기 •일어나 앉기 •화장실 사용하기 •세수하기 •목욕하기 •옮겨앉기 •대변 조절하기 •양치질하기 •체위변경하기 •방 밖으로 나오기 •소변 조절하기</td></tr>
<tr><td>인지기능
(7항목)</td><td colspan="2">•단기 기억장애 •날짜 불인지 •장소 불인지 •나이/생년월일 불인지 •지시 불인지 •상황 판단력 감퇴 •의사소통/전달 장애</td></tr>
<tr><td>행동변화
(14항목)</td><td colspan="2">•망상 •환각 •환청 •슬픈상태 •울기도함 •불규칙수면 •주야혼돈 •도움에 저항 •서성거림 •안절부절못함 •길을 잃음 •폭언 •위협행동 •밖으로 나가려함 •의미없거나 부적절한 행동 •물건 망가트리기 •돈/물건 감추기 •부적절한 옷입기 •대/소변 불결행위</td></tr>
<tr><td>간호처치
(9항목)</td><td colspan="2">•기관지 절개관 간호 •흡인 •산소요법 •경관 영양 •욕창 간호 •암성통증 간호 •도뇨관리 •장루 간호 •투석 간호</td></tr>
<tr><td>재활
(10항목)</td><td>운동장애(4항목) ⇨ •우측상지 •좌측상지 •우측하지 •좌측하지</td><td>관절제한(6항목) ⇨ •어깨관절 •고관절 •팔꿈치관절 •무릎관절 •손목/수지관절 •발목관절</td></tr>
</table>

이 행하는 것을 원칙으로 한다. 조사 내용(항목)은 〈표 4-11〉과 같이 장기요양인정조사표에서도 제시되어 있듯이 기본적 일상생활활동(ADL), 인지기능, 행동변화, 간호처치, 재활영역 등과 같은 장기요양욕구 5개 영역(52개 항목)에 대한 기능 상태와 함께 환경적 상태 및 서비스욕구 등을 종합적으로 조사하게 된다.

2) 장기요양인정 및 장기요양등급판정

노인장기요양보험제도에 따른 관련 서비스(급여)를 이용하기(제공받기) 위해서는 건보공단으로부터 장기요양인정과 함께 동법에서 규정하고 있는 유효한 수준의 등급을 판정받아야 한다. 이와 관련된 내용을 살펴보면 다음과 같다.

(1) 장기요양등급판정위원회와 장기요양인정

건보공단은 동법 제14조에 따른 방문조사가 완료된 때에는 즉시 조사결과서, 신청서, 의사소견서, 그 밖에 심의에 필요한 자료를 동법 제52조에 따른 장기요양등급판정위원회(이하, 등급판정위원회)에 제출한다(동법 제15조). 등급판정위원회는 장기요양인정에 대한 핵심적 역할을 담당한다. 이와 같은 역할을 하는 등급판정위원회의 설치 및 운영 방법은 다음과 같다. 즉, 건보공단에 ① 장기요양인정 및 장기요양등급판정 등을 심의하기 위한 등급판정위원회를 두며, ② 당해 위원회는 특별자치시 · 특별자치도 · 시 · 군 · 구 단위로 설치한다. 다만, 인구 수 등을 고려하여 하나의 특별자치시 · 특별자치도 · 시 · 군 · 구에 2 이상의 등급판정위원회를 설치하거나, 2 이상의 특별자치시 · 특별자치도 · 시 · 군 · 구를 통합하여 하나의 등급판정위원회를 설치할 수 있다(동법 제52조).

한편, 당해 위원회는 신청인이 동법 제12조의 신청자격요건을 충족하고 6개월 이상 동안 혼자서 일상생활을 수행하기 어렵다고 인정하는 경우 심신상태 및 장기요양이 필요한 정도 등 대통령령으로 정하는 등급판정기준에 따라 장기요양급여를 받을 자(수급자)로 판정하며, ③ 등급판정위원회는 동법 제15조 제2항에 따라 심의 · 판정을 하는 경우 신청인과 그 가족, 의사소견서를 발급한 의사 등 관계인의 의견을 들을 수 있다(동법 제15조).

(2) 등급판정

위에서도 지적하였듯이 등급판정위원회는 신청서, 조사결과서, 의사소견서 및 그 밖에 심의에 필요한 자료 등에 의거하여 동법 제15조 제2항 및 동법 시행령 제7조 등에 의거하여 수급자 및 등급 여부를 판정하게 된다. 이와 관련된 내용을 간단히 살펴보면 다음과 같다.

첫째, 등급판정이다.

노인장기요양제도에 따른 등급판정은 신청인의 「건강 상태가 매우 안 좋다」 든가 또는 「큰 병에 걸린 것 같다」와 같은 대상자 또는 판정자의 주관적 판단으로 이루어지는 것이 아니고, 신청인의 심신의 기능상태에 따라 일상생활에서 도움, 즉 수발지원 및 장기요양 등이 얼마나 필요한지를 「객관적으로 지표화한 장기요양인정 점수」를 기준으로 이루어진다.

한편, 장기요양인정 점수를 부여하는 기준은 동법 시행령 제7조에 의거하여 〈표 4-12〉와 같이 5개 등급으로 구성되어 있다. 이때, 장기요양인정 점수의 의미는 장기요양이 필요로 한 정도를 나타내는 점수로써, 보건복지부장관이 정하여 고시하는 심신의 기능상태를 측정하는 일련의 방법에 의거하여 산정되는 점수이다(동법 시행령 제7조 제2항).

표 4-12 등급판정 기준 및 등급 구분(동법 제7조)

등 급	심신의 기능상태	장기요양인정 점수
1등급	일상생활에서 전적으로 다른 사람의 도움이 필요한 상태	95점 이상
2등급	일상생활에서 상당 부분 다른 사람의 도움이 필요한 상태	75점 이상 95점 미만
3등급	일상생활에서 부분적으로 다른 사람의 도움이 필요한 상태	60점 이상 75점 미만
4등급	심신의 기능상태 장애로 일상생활에서 일정부분 다른 사람의 도움이 필요한 사람	51점 이상 60점 미만
5등급	치매(제2조에 따른 노인성 질병으로 한정한다)환자	45점 이상 51점 미만

* 자료: 동법 시행령 제7조의 내용을 재정리.

이와 같은 등급판정이 이루어지는 단계 또는 절차는 [그림 4-3]과 같다. 즉, 등급판정의 기본절차는 다음과 같이 구분할 수 있다. 즉, 인정신청 → 방문조사 → 방문조사에 따른 결과서 및 의사소견서 제출 → 등급판정위원회에 의한 장

그림 4-3 등급판정 절차 개요

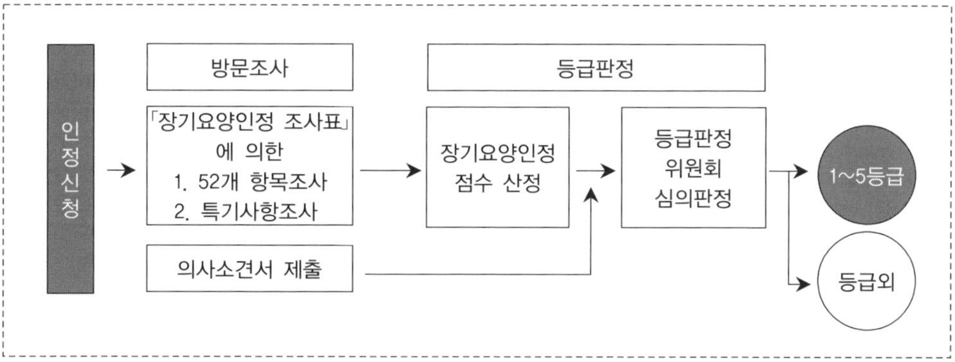

기요양인정 점수 환산 및 심의판정 → 등급 부여(1~5등급) 또는 등급외 판정 → 결과 통보 및 서비스 이용 등이 이에 해당된다.

둘째, 장기요양인정 점수의 산정 방법이다.

등급판정위원회는 장기요양인정 조사표에 의거하여 이루어진 조사결과보고서 및 의사소견서 등에 기초하여 신청인에 대한 등급판정을 하게 된다. 이때, 조사보고서에 기술된 신청인의 심신상태를 나타내는 52개 항목에 대한 조사 결과를 먼저 컴퓨터에 입력하여 장기요양인정 점수를 산정하게 된다. 이때, 장기요양인정 점수의 산정 방법은 크게 다음과 같이 이루어진다. 등급판정은 기본적으로 장기요양인정 조사표에 따라 작성된 심신상태를 나타내는 52개 항목 조사의 결과를 합산한 것으로 한다. 이때, 점수를 산정하는 절차는 다음과 같다. 즉, ㉠ 영역별 점수 합계를 구함, ㉡ 영역별 점수를 100점 환산 점수로 재산정, ㉢ 52개 항목 조사 결과와 영역별 100점 환산 점수는 수형분석(Tree Regression Analysis)에 적용하여 장기요양인정 점수로 산정 후 합계를 구한다.

이때, 수형분석이란 데이터 마이닝 기법에 의하여 결과를 예측하거나 분류하고자 할 때 사용하는 통계적인 방법을 의미한다. 수형분석의 주된 역할은 노인장기요양보험제도에 따른 서비스를 필요로 하는 신청인의 기능상태에 따라 필요한 서비스 양을 예측하기 위해 사용되고 있다. 등급판정위원회는 이와 같은 방법을 통하여 산출된 장기요양인정 점수의 합계와 등급판정 기준에 의거하여 등급판정 여부를 결정하게 된다.

한편, 등급판정과 관련하여 장기요양인정 점수의 산정 과정을 사례를 중심으로 이를 살펴보면 다음과 같다(사례자는 79세의 할아버지, 정부의 관련 자료를 재인용).

제1단계, 조사표의 조사항목에 대한 개괄적 분석이다. 〈표 4-13〉과 같이 신청자의 심신상태를 나타내는 52개 조사 항목의 내용에 대한 전체적 점검이다. 즉, 5개 영역 및 52개 항목으로 분류되어 있는 조사항목에 대한 신청자의 응답치를 우선 파악하는 작업이 이에 해당된다.

표 4-13 제1단계의 작업

5개 영역(52개 항목)	조사항목별 판단기준 및 척도		조사 결과
신체기능(12항목)	기능자립 정도	완전자립	1항목
		부분도움	6항목
		완전도움	5항목
간호처치(9항목)		있다	4항목
재활(10항목)		운동장애 없음	1항목
		불완전운동장애	3항목
		완전운동장애	6항목

제2단계, 영역별 점수의 합계이다. 제1단계에서 확인된 심신상태를 나타내는 52개 항목 조사 결과를 기초로 하여 영역별 조사항목에 나타난 원점수표를 기준으로 해당 항목별 점수의 합을 구한다. 이때, 접수의 합을 구하는 방법은 다음과 같다. 즉, 「완전자립, 예, 있음, 운동장애 없음, 관절제한 없음」의 경우에는

표 4-14 사례자의 점수 현황

영 역	원점수 계산	영역별 원점수
신체기능	(1항목×1점) + (6항목×2점) + (5항목×3점)	28점
인지기능	-	0점
행동변화	-	0점
간호처치	4항목×1점	4점
재 활	(1항목×1점) + (3항목×2점) + (6항목×3점)	25점

1점을 부여, 「부분도움, 불완전운동장애, 한쪽관절제한」의 경우에는 2점을 부여, 그리고 「완전도움, 완전운동장애, 양관절제한」의 경우에는 3점을 부여한다. 사례자의 점수 현황은 〈표 4-14〉와 같다.

표 4-15 영역별 100점 환산 점수 현황

영 역	영역별 원점수	영역별 100점 환산 점수
신체기능	28점	61.71점
인지기능	0점	0점
행동변화	0점	0점
간호처치	4점	55.81점
재 활	25점	70.53점

그림 4-4 영역별 100점 득점 환산표

신체기능(ADL)		인지기능		행동변화		간호처치		재 활	
원점수	환산 점수	원점수	환산 점수	원점수	환산 점수	원점수	환산 점수	원점수	환산 점수
12	.00	0	.00	0	.00	0	.00	10	.00
13	13.19	1	19.71	1	15.58	1	19.84	11	11.51
14	22.24	2	33.81	2	25.55	2	36.90	12	19.43
15	28.04	3	44.61	3	32.10	3	47.84	13	24.72
16	32.38	4	54.78	4	37.29	4	55.81	14	28.93
17	35.92	5	65.71	5	41.80	5	62.53	15	32.62
18	38.96	6	80.06	6	45.95	6	68.98	16	36.06
19	41.68	7	100.00	7	49.94	7	76.11	17	39.46
20	44.18			8	53.93	8	85.86	18	42.96
21	46.52			9	58.08	9	100.00	19	46.69
22	48.76			10	62.59			20	50.72
23	50.93			11	67.80			21	54.97
24	53.06			12	74.37			22	59.20
25	55.17			13	84.37			23	63.19
26	57.30			14	100.00			24	66.93
27	59.46							25	70.53
28	61.71							26	74.16
29	64.06							27	78.07
30	66.59							28	82.75
31	69.36							29	89.57
32	72.50							30	100.00
33	76.22								
34	81.02								
35	88.40								
36	100.00								

제3단계, 영역별 점수를 100점으로 환산하여 점수를 다시 계산한다. 즉, 제2단계에서 계산한 「영역별 합계 점수」를 다시 「영역별 100점 득점 환산표」에 의거하여 영역별 합계 점수를 100점 환산 점수로 다시 조정한다. 사례자의 영역별 100점 환산 점수의 현황은 〈표 4-15〉와 같다.

한편, 영역별 합계 점수표를 영역별 100점 득점 환산으로 계산하는 환산표는 [그림 4-4]와 같다. 즉, 이와 같은 환산표에 의거하여 영역별로 100점을 기준으로 다시 점수를 부여하게 된다.

제4단계, 8개의 서비스군별의 장기요양인정 점수의 산정 및 합계이다. 제1단계에서 심신상태를 나타내는 52개 항목에 대한 조사결과와 제3단계에서 산출한 영역별 100점 환산 점수를 가지고서, 이를 8개 서비스군별 수형분석도에 적용하여 장기요양인정 점수를 산정한 후, 그 합을 구한다. 이때, 사례자의 점수 현황은 〈표 4-16〉과 같다.

표 4-16 서비스군별 장기요양인정 점수 산정

8개 서비스군	장기요양인정 점수
장기요양인정 점수의 합(①~⑧)	80.2
① 청결	9.0
② 배설	10.2
③ 식사	15.1
④ 기능보조	6.4
⑤ 행동변화대응	0.4
⑥ 간접지원	19.7
⑦ 간호처치	14.6
⑧ 재활훈련	4.8

제5단계, 장기요양등급에 대한 결정이다. 제4단계에서 확인된 점수에 의거하여 장기요양인정 여부 및 인정되는 경우에는 등급을 결정하게 된다. 본 사례자의 경우를 보면, 〈표 4-17〉에 의거하여 「본 사례자는 장기요양인정 점수가 80.2점으로써 다음의 장기요양등급 기준을 적용하면 장기요양 2등급」을 판정받게 된다.

표 4-17 장기요양인정 점수 및 등급 구분

등 급	장기요양인정 점수
1	95점 이상
2	75점 이상 95점 미만
3	60점 이상 75점 미만
4	51점 이상 60점 미만
5	45점 이상 51점 미만

그림 4-5 등급판정위원회의 등급판정 양식 요약

가. 인정조사결과 : ( )등급 / 요양인정점수 : ( ) 점

구분	계	청결	배설	식사	기능보조	행동변화	간접지원	간호처치	재활훈련
점수									
통상적인 예(표기)									

- 요양인정점수가 통상적인 예(신뢰구간 95%)를 벗어난 경우 △표기
- 경고코드 : 09, 16

다. 영역별 기능상태 원점수

구분	신체기능	인지기능	행동변화	간호처치	재활
점수					
통상적인 예(표기)					

라. 조사항목의 영역별 가중치 부과 100 득점

신체기능	인지기능	행동변화	간호처치	재활

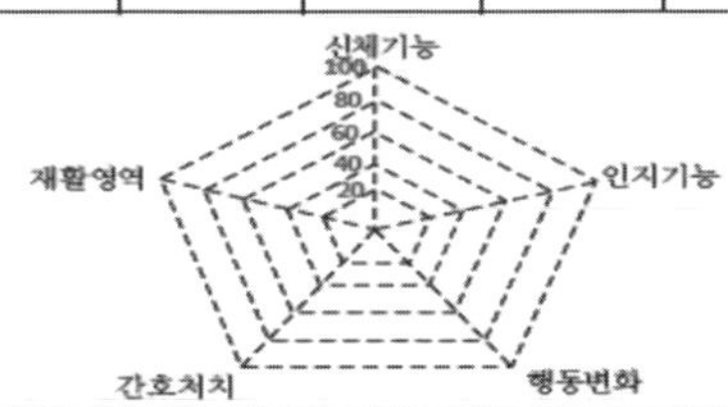

마. 장애 · 치매성노인의 일상생활자립도 및 등급별 분포

구분		치매성노인				
		자립	불완전	부분의존	완전의존	1등급 : 2등급 : 3등급 : 등급외 :
신체기능	정상					
	생활자립					
	준와상					
	완전와상					

바. 서비스 이용 현황

가. 방문요양	회/ 월
나. 방문목욕	회/ 월
다. 방문간호	회/ 월
라. 주 · 야간보호	회/ 월
마. 단기보호	회/ 월
바. 복지욕구	품목/ 년

나. 인정조사 항목

항 목		조사결과	의사소견서	전회결과
신체기능 12	1. 옷 벗고 입기 2. 세수하기 3. 양치질하기 4. 목욕하기 5. 식사하기 6. 체위 변경하기 7. 일어나 앉기 8. 옮겨 앉기 9. 방밖으로 나오기 10. 화장실 사용하기 11. 대변 조절하기 12. 소변 조절하기			
인지기능 7	1. 단기 기억장애 2. 날짜 불인지 3. 장소 불인지 4. 나이 · 생년월일 불인지 5. 지시 불인지 6. 상황 판단력 감퇴 7. 의사소통 · 전달장애			
행동변화 14	1. 망상 2. 환각 · 환청 3. 슬픈상태 · 울기도함 4. 불규칙한 수면 · 주야혼돈 5. 도움에 저항 6. 서성거림 · 안절부절 못함 7. 길을 잃음 8. 폭언 · 위협행동 9. 밖으로 나가려함 10. 물건 망가트리기 11. 의미없거나 부적절한 행동 12. 돈 · 물건 감추기 13. 부적절한 옷 입기 14. 대 · 소변 불결행위			
간호처치 9	1. 기관지 절개 간호 2. 흡인 3. 산소요법 4. 욕창간호 5. 경관영양 6. 암성 통증간호 7. 도뇨관리 8. 장루간호 9. 투석간호			
재활 10	1. 우측상지 운동장애 2. 좌측상지 운동장애 3. 우측하지 운동장애 4. 좌측하지 운동장애 5. 어깨관절 제한 6. 팔꿈치관절 제한 7. 손목 및 수지관절 제한 8. 고관절 제한 9. 무릎관절 제한 10. 발목관절 제한			

한편, 등급판정위원회에 의한 등급판정의 양식은 [그림 4-5]와 같다. 이와 같은 판정 양식에 의하여 신청인의 관련 현황 및 자료가 종합적으로 정리되게 된다.

(3) 장기요양인정 판정과정 요약

장기요양인정에 대한 판정과 관련하여 핵심적 역할을 담당하는 등급판정위원회는 건보공단 직원 등이 제출한 방문조사 결과보고서, 담당의사의 소견서 및 그 외 특기사항에 기초하여 신청인의 기능상태 및 장기요양이 필요한 정도 등에 대하여 등급판정기준에 의거하여 이를 심의 및 판정하게 된다.

즉, 동 위원회는 ㉠ 요양이 필요로 하는 상태에 해당하는지의 여부에 대한 심의, ㉡ 요양이 필요로 한 상태인 경우에는 등급판정의 기준에 따라서 해당 등급을 판정한다. 이때, 필요에 따라서는 등급판정위원회의 의견을 첨부할 수도 있다. 이와 같은 과정을 요약하면 [그림 4-6]과 같다.

그림 4-6 장기요양인정 판정과정 및 관련 내용

심의판정자료	요양필요 상태 심의	등급판정 기준	등급판정 기준
• 인정조사결과 • 의사소견서 • 특기사항	• 항목별 가중치 점수 • 일상생활자립도 • 등급별 상태 등	• 1등급: 95점 이상 • 2등급: 75점 이상 95점 미만 • 3등급: 60점 이상 75점 미만 • 4등급: 51점 이상 60점 미만 • 5등급: 45점 이상 51점 미만 & 치매	• 인정유효기간 변경 • 급여이용에 대한 의견 제시 등

3) 장기요양인정 및 표준장기요양이용계획서 송부

(1) 장기요양인정서 작성 및 송부

국민건강보험공단은 등급판정위원회가 장기요양인정 및 등급판정의 심의를 완료한 경우, 지체 없이 다음의 사항이 포함된 〈표 4-18〉과 같은 장기요양인정서를 작성하여 수급자에게 송부하여야 한다. 즉, 장기요양등급, 장기요양급여의 종류와 내용, 그리고 그 밖에 장기요양급여에 관한 사항으로서 보건복지부령으로 정하는 사항 등이 이에 포함된다.

건보공단은 등급판정위원회가 장기요양인정 및 등급판정의 심의를 완료한 경우, 수급자로 판정받지 못한 신청인에게도 그 내용 및 사유를 통보하여야 한다. 이 경우 특별자치시장・특별자치도지사・시장・군수・구청장(자치구)은 공단에 대하여 이를 통보하도록 요청할 수 있고, 요청을 받은 공단은 이에 응하여야 한다.

건보공단은 동법 제17조 제1항에 따라 장기요양인정서를 송부하는 때에 장기요양급여를 원활히 이용할 수 있도록 동법 제28조에 따른 월 한도액 범위 안에서 표준장기요양이용계획서를 작성하여 이를 함께 송부하여야 한다(동법 제17조).

한편, 건보공단은 장기요양인정서를 작성할 경우 동법 제17조 제1항 제2호에 따른 장기요양급여의 종류 및 내용을 정하는 때에 다음 사항을 고려하여 정하여야 한다. 즉, 수급자의 장기요양등급 및 생활환경, 수급자와 그 가족의 욕구 및 선택, 그리고 시설급여를 제공하는 경우 장기요양기관이 운영하는 시설 현황 등이다(동법 제18조).

동법 제15조에 따른 장기요양인정의 유효기간은 최소 1년 이상으로써 대통령령으로 정한다(동법 제19조). 다만 동법 제20조에 따른 장기요양인정의 갱신결과, 직전 등급과 같은 등급으로 판정된 경우에는 그 갱신된 장기요양인정의 유효기간은 다음 각 호의 구분에 따른다. 즉, 장기요양 1등급의 경우에는 3년, 장기요양 2등급부터 5등급까지의 경우에는 2년으로 한다(동법 시행령 제8조 제1항). 한편, 동법 제52조에 따른 등급판정위원회는 제1항에도 불구하고 장기요양 신청인의 심신상태 등을 고려하여 장기요양인정 유효기간을 6개월의 범위에서 늘리거나 줄일 수 있다. 다만, 이 경우에도 장기요양인정 유효기간을 1년 미만으로 할 수 없다(동법 시행령 제8조 제2항).

한편, 수급자는 동법 제19조에 따른 장기요양인정의 유효기간이 만료된 후, 장기요양급여를 계속하여 받고자 하는 경우에는 공단에 장기요양인정의 갱신을 신청하여야 한다(동법 제20조 제1항). 이때, 동법 제20조 제1항에 따른 장기요양인정의 갱신신청은 유효기간이 만료되기 전 30일까지 이를 완료하여야 한다(동법 제20조 제2항). 한편, 장기요양급여를 받고 있는 수급자는 장기요양등급, 장기요양급여의 종류 또는 내용을 변경하여 장기요양급여를 받고자 하는 경우 공단에 변경신청을 하여야 하며, 동법 제12조부터 제19조까지의 규정은 장기요양등급의 변경절차에 관하여 준용된다(동법 제21조).

표 4-18 장기요양인정서(동법 시행규칙, 별지 제6호 서식)

장기요양인정서	
성 명	
생년월일	
장기요양인정번호	
장기요양등급	
유효기간	
장기요양급여의 종류 및 내용	
장기요양등급판정 위원회 의견	
국민건강보험공단 이사장 (직인)	
전화번호: 주소: 홈페이지: www.longtermcare.or.kr	

수급자 안내사항
1. 수급자가 장기요양급여를 받기 위해서는 장기요양기관에 장기요양인정서를 제시하여야 합니다. 2. 법 제40조에 따라 「국민기초생활 보장법」상 수급권자는 본인일부 부담금이 면제되고, 그 외의 「의료급여법」상 수급권자는 본인일부 부담금이 50% 경감됩니다. 3. 장기요양급여 이용 시 월 한도액 범위 내에서 장기요양급여가 가능하며, 이를 초과하는 비용 및 비급여비용은 본인이 부담합니다. 4. 장기요양보험료를 6회 이상 납부하지 아니하면 장기요양급여를 받을 수 없습니다. 5. 장기요양인정 등급판정결과에 대해 이의가 있는 경우 통보를 받은 날로부터 90일 이내에 공단에 증명서류를 첨부하여 이의신청할 수 있습니다. 6. 장기요양인정의 갱신신청을 하고자 할 경우에는 유효기간이 끝나기 90일 전부터 30일 전까지의 기간에 공단에 신청하여야 합니다.

발행일자:

(2) 표준장기요양이용계획서 작성 및 송부

건보공단은 신청인에게 장기요양인정서를 송부하는 때에는 수급자가 장기요양급여를 원활히 이용할 수 있도록 동법 28조에 따른 월 한도액 범위 안에서 표준장기요양이용계획서를 작성하여 이를 함께 전달하여야 한다. 장기요양인정서 및 표준장기요양계획서의 작성 방법에 관하여 필요한 사항은 보건복지부령으로 규정할 수 있도록 되어 있으며, 그 양식은 동법 시행규칙 제6조 제2항의 별지 제7호 서식을 따르며 〈표 4-19〉와 같다.

한편, 한국의 노인장기요양보험제도에 따른 표준장기요양이용계획서는 기본적으로 사례관리(care management)와 관련하여 자주 이용되는 서비스 이용계획서(care plan)에 해당된다. 동 계획은 기본적으로 피보험자인 이용자 중심의 서비스 이용과정을 지원하기 위한 제도이다. 일본의 개호보험제도에서는 이와 관련하여 케어플랜을 전문적으로 담당하는 전문직, 즉 개호지원전문원(介護支

표 4-19 표준장기요양이용계획서(동법 시행규칙, 별지 제7호 서식)

장기요양인정번호 L0000000000 – (이용계획서번호)

<table>
<tr><td colspan="6">본 서식은 수급자가 장기요양급여를 원활히 이용할 수 있도록 발급하는 이용계획서로 장기요양기관과 급여계약 체결 시에 제시하시기 바랍니다.</td></tr>
<tr><td colspan="2">성 명</td><td colspan="2"></td><td>생년월일</td><td>. .</td></tr>
<tr><td colspan="2">장기요양등급</td><td></td><td>등급</td><td>발급일</td><td>. .</td></tr>
<tr><td colspan="2">재가급여(월한도액)</td><td>1월당</td><td>원</td><td rowspan="3">본인일부 부담금(률)</td><td>재가: %</td></tr>
<tr><td rowspan="2">시설
급여</td><td>노인요양시설</td><td>1일당</td><td>원</td><td rowspan="2">시설: %</td></tr>
<tr><td>노인요양
공동생활가정</td><td>1일당</td><td>원</td></tr>
<tr><td colspan="6"></td></tr>
<tr><td colspan="2">장기요양필요영역</td><td colspan="3">장기요양 단기목표</td><td>중장기목표</td></tr>
<tr><td colspan="2"></td><td colspan="3"></td><td></td></tr>
<tr><td colspan="2"></td><td colspan="3"></td><td></td></tr>
<tr><td colspan="2">장기요양필요내용</td><td colspan="4"></td></tr>
<tr><td colspan="2">유의사항</td><td colspan="4"></td></tr>
<tr><td colspan="2">수급자 희망급여</td><td colspan="4"></td></tr>
<tr><td colspan="6"></td></tr>
<tr><td colspan="6">표준장기요양이용계획 및 비용</td></tr>
<tr><td colspan="2">급여종류</td><td colspan="2">횟 수</td><td>장기요양급여비용</td><td>본인부담금</td></tr>
<tr><td colspan="2"></td><td>주</td><td>회</td><td>원</td><td>원</td></tr>
<tr><td colspan="2"></td><td>월</td><td>회</td><td>원</td><td>원</td></tr>
<tr><td colspan="4">합 계</td><td>원</td><td>원</td></tr>
<tr><td colspan="6"></td></tr>
<tr><td colspan="2">복지용구</td><td colspan="4"></td></tr>
<tr><td colspan="2">☎ 000-0000-0000</td><td colspan="2">지 사</td><td>담당자</td><td></td></tr>
<tr><td colspan="6">국민건강보험공단 이사장 직인</td></tr>
</table>

援專門員, care manager)을 두고 있으며, 이들은 거택개호지원사업자(소)에 배치되어 있고, 케어플랜은 거택개호지원 서비스라는 이름으로 개호보험법에 따른 법정화된 서비스에 해당된다(정재욱, 2006; 임효연, 2012; 白澤政和, 2000).

이에 비하여, 한국의 노인장기요양보험제도에서는 표준장기요양이용계획서를 건보공단의 직원이 작성하며, 법정화된 서비스의 대상도 아니며, 동 계획서의 작성과정에 이용자의 의견이 반영되기도 매우 어렵게 되어 있다. 노인장기요양보험제도가 피보험자의 보험료를 바탕으로 작동하는 제도라는 측면에서 볼 때, 동 계획서의 작성 과정에의 이용자 참여를 강화시키는 것은 매우 중요할 것으로 본다.

4) 장기요양급여 이용계약 및 급여 이용

수급자는 장기요양인정서가 도달한 날부터 장기요양급여를 받을 수 있다. 단, 돌볼 가족이 없는 등 대통령령이 정하는 부득이한 사유가 있는 경우에는 장기요양인정신청서를 제출한 날부터 장기요양인정서가 도달되는 날까지의 기간 중에도 장기요양급여를 받을 수 있다(동법 제27조). 이에 해당되는 것으로는 ① 주거를 같이하는 가족이 없는 경우, ② 주거를 같이하는 가족이 미성년자 또는 65세 이상의 노인 외에는 없는 경우 등이다. 이와 같은 경우에 지급되는 급여로써는 재가급여와 시설급여에 한정되며 특별현금급여는 지급되지 아니한다.[11)]

한편, 장기요양급여의 이용과 관련된 주요 내용을 정리하면 다음과 같다. ① 급여이용 대상자는 1~5등급의 장기요양인정을 받은 자로 한정된다. ② 장기요양수급자는 시설 또는 재가 장기요양기관과 계약을 체결하고 관련 급여를 이용할 수 있다. ③ 공단은 수급자가 자율적으로 장기요양기관을 선택할 수 있도록 객관적인 정보 제공, 안내 및 상담 등을 하게 된다. ④ 장기요양인정서와 표준장기요양이용계획서에 따라 수급자와 그 가족이 자율적으로 장기요양기관을 선택하여 급여계약체결을 하고, 장기요양기관에서는 표준장기요양이용계획서와 계약 내용을 반영하여 세부급여제공 계획(일정)을 수립하고 급여를 제공한다. ⑤ 장기요양기관은 표준장기요양이용계획서와 계약 내용을 반영한 위에 장기요

11) 급여의 형태는 크게 재가급여, 시설급여 및 특별현금급여로 구성되어 있는데, 이에 대해서는 이하의 관련 부분에서 자세히 살펴보기로 한다.

양급여의 제공계획서를 작성하고 급여를 제공한다.

한편, 수급자는 요양 등급별 월 이용 한도액의 범위 내에서 장기요양기관과의 자율 계약을 통하여 관련 서비스를 제공받게 된다. 이때, 장기요양기관은 수급자들이 장기요양급여를 쉽게 선택하도록 하고 장기요양기관이 제공하는 급여의 질을 보장하기 위하여 장기요양기관별 급여의 내용, 시설·인력 등 현황자료 등을 공단이 운영하는 인터넷 홈페이지에 게시하여야 한다(동법 제34조).

이때, 게시되는 중요한 내용으로는 ① 시설의 구조, 설비 상태 및 건물 전경 등의 사진, ② 장기요양기관의 주소, 약도, 전화번호 및 홈페이지 주소, ③ 장기요양기관에 소속된 인력 종류별 종사자 수 및 입소(이용)정원과 현재 입소(이용)한 인원, ④ 장기요양기관에서 제공하고 있는 급여 종류, ⑤ 장기요양급여 이용계약에 관한 사항, ⑥ 비급여대상 항목별 비용 등이다(동법 시행규칙 제26조). 따라서 수급자(이용자)는 시설 또는 재가장기요양기관에서 제시하고 있는

표 4-20 장기요양급여 이용계약서(사례)

<table>
<tr><td colspan="5">장기요양급여 이용 표준약관(방문요양, 표준약관 제10068호)</td></tr>
</table>

이용자, 제공자 및 대리인(보호자)은 장기요양급여 중 시설급여 이용에 대하여 다음과 같은 조건으로 계약을 체결한다.

<table>
<tr><th colspan="5">계약당사자</th></tr>
<tr><td rowspan="4">이용자
(갑)</td><td>성 명</td><td>(인)</td><td>등 급
(인정번호)</td><td></td></tr>
<tr><td>생년월일</td><td></td><td>연락처</td><td>자택)</td></tr>
<tr><td>주 소</td><td colspan="3"></td></tr>
<tr><td>기 타</td><td colspan="3">☐ 일반 ☐ 50% 경감대상자 ☐ 국민기초생활 수급권자</td></tr>
<tr><td rowspan="3">제공자
(을)</td><td>시설명</td><td></td><td>시설종류</td><td></td></tr>
<tr><td>시설장 성명</td><td>(인)</td><td>연락처</td><td></td></tr>
<tr><td>주 소</td><td colspan="3"></td></tr>
<tr><td rowspan="3">대리인
또는
보호자
(병)</td><td>성 명</td><td>(인)</td><td>관 계</td><td>'갑'의 ( )</td></tr>
<tr><td>생년월일</td><td></td><td>연락처</td><td>자택)
이동전화)</td></tr>
<tr><td>주 소</td><td colspan="3"></td></tr>
</table>

* 이하, 계약서 내용은 생략함.

각종 정보 및 계약 내용 등을 참조한 위에, 시설과의 당사자 계약을 통하여 관련 급여를 제공받게 되는 것이 원칙이다.

그러나 보건복지부와 건보공단에서는 〈표 4-20〉과 같은 표준약관(표준약관 제10068호)에 의존하여 시설 또는 재가장기요양기관이 수급자와 계약을 체결하도록 권유하고 있다. 따라서 장기요양 서비스 실천 현장에서는 이와 같은 표준약관에 의거하여 서비스 이용계약이 체결되고 있다.[12] 한편, 수급자가 이용하게 되는 서비스의 유형(급여 유형)은 이하의 관련 부분에서 구체적으로 다시 살펴보기로 한다.

제 4 절 급여 유형 및 장기요양기관

제3장에서도 살펴보았듯이 장기요양보장체제에서 시행하고 있는 급여[13](benefits)의 유형은 크게 현물(각종 서비스, 기타 물건 등)과 현금(현금 지급)으로 구분된다. 이때, 국가에 따라서 현물 및 현금을 모두 지급하는 국가도 있고, 현물을 중심으로 지급하는 국가도 있는데, 한국은 전자에 해당되고 일본은 후자에 해당된다.

한편, 급여가 시행되는 장소 및 성격 등을 기준으로 급여 유형을 다시 재가급여, 시설급여 및 특별현금급여로 구분하기도 한다. 한국의 노인장기요양보험법상의 입법 태도는 후자의 형식을 따르고 있다. 따라서 이후의 논의 과정 및 내용에서도 이와 같은 입법 태도에 따라서 논의를 진행하기로 한다.

12) 이와 같은 계약서 체결방식에 따른 효율성 등에 대한 학술적 차원의 연구는 부족한 실정이다.

13) 이미 지적하였듯이 노인장기요양보험제도를 비롯한 각종 보험제도에서 보험조건에 따른 반대급부의 성격으로 지급되는 benefits을 「급여」로 명명하고 있는데, 해석하기에 따라서는 상당한 논란도 가능하다고 본다. 이는 자칫 현금지급만을 연상시킬 수도 있기 때문이다. 더구나, 현물「급여」, 서비스「급여」 등과 같은 표현은 의미 전달에 많은 오해를 초래할 수도 있다. 「급부」라는 표현이 싫으면 차라리 「지급」이라는 표현도 좋을 것으로 본다.

1 장기요양급여의 유형

노인장기요양보험법에 따른 장기요양급여(서비스)의 유형은 크게 재가급여, 시설급여 및 특별현금급여로 구분된다(동법 제23조). 이때, 재가급여에는 방문급여를 비롯한 6가지의 서비스가 있고, 시설급여에는 노인의료복지시설 등에 입소하여 받게 되는 다양한 형태의 서비스가 있다. 특별현금급여에는 가족요양비를 비롯한 3가지 형태의 현금지급이 이루어지고 있다. 이에 대한 내용을 정리하면 다음과 같다.

1) 재가급여

재가(거택)급여는 주로 이용자의 가정 · 지역사회 · 서비스 제공시설이 딸린 공동주택 등을 중심으로 이루어지는 서비스(급여) 형태를 의미한다. 이와 관련하여 노인장기요양보험법에서는 형태 및 내용을 다음과 같이 규정하고 있다.

첫째, 방문요양이다.

방문요양은 장기요양요원이 수급자의 가정 등을 방문하여 신체활동 및 가사활동 등을 지원하는 장기요양급여이다. 이때, 인지활동형 방문요양은 인지자극활동 및 잔존기능 유지 · 향상을 위한 사회활동 훈련을 제공하는 방문요양을 의미한다. 한편, 2014년의 동법 개정으로 장기요양 5등급(치매특별등급) 수급자는 방문요양급여 중에서 가사지원(빨래, 식사준비 등)을 제공받을 수 없도록 되어 있다.

둘째, 방문목욕이다.

방문목욕은 장기요양요원이 목욕설비를 갖춘 차량을 이용하여, 수급자의 가정을 방문하여 목욕 서비스를 제공하는 급여이다.

셋째, 방문간호이다.

방문간호는 장기요양요원인 간호사 등이 의사, 한의사 또는 치과의사(구강위생에 한함)의 지시서(방문간호지시서)에 따라 수급자의 가정 등을 방문하여 간호, 진료의 보조, 요양에 관한 상담 또는 구강위생 등을 제공하는 장기요양급여를 의미한다. 이때, 5등급 수급자의 경우 방문간호지시서 발급일로부터 6개월 동안 월 1회 방문간호 급여를 이용할 수 있다. 1~4등급 수급자는 방문간호 건강관리 서비스를 월 한도액에 상관없이 월 1회 이용가능하다.

넷째, 주・야간보호이다.

주・야간보호는 수급자를 하루 중 일정한 시간 동안 장기요양기관에 보호하여 신체활동 지원 및 심신기능의 유지 향상을 위한 교육・훈련 등을 제공하는 급여이다.

다섯째, 단기보호이다.

단기보호는 수급자를 보건복지부령으로 정하는 범위 안에서(보건복지부령으로 월 15일 이내) 일정 기간 동안 장기요양기관에 보호하여 신체활동 지원 및 심신기능의 유지・향상을 위한 교육・훈련 등을 제공하는 장기요양급여를 의미한다.

여섯째, 기타 재가급여이다.

기타 재가급여란 수급자의 일상생활・신체활동 지원에 필요한 용구를 제공하거나 가정을 방문하여 재활에 관한 지도 등을 제공하는 장기요양급여를 의미한다. 한편, 이에 대한 구체적인 내용은 대통령령으로 정하도록 되어 있으며, 대통령령은 이를 다시 보건복지부장관이 고시하도록 하고 있다. 이와 관련하여 보건복지부장관이 고시하고 있는 주요 내용은 휠체어, 전동・수동침대, 욕창방지 매트리스・방석, 욕조용 리프트, 이동욕조, 보행기 등에 대한 지원 또는 대여이다.

2) 시설급여

시설급여는 장기요양기관이 운영하는 노인복지법 제34조에 따른 「노인의료복지시설 등」(노인전문병원은 제외)에 장기간 동안 입소하여 신체활동지원, 심신기능의 유지・향상을 위한 교육・훈련 등을 제공하는 요양급여를 의미한다.

한편, 노인의료복지시설에 대한 이해를 위하여 노인복지법에서 규정하고 있는 노인복지시설에 대하여 잠시 살펴보면 다음과 같다. 즉, 동법에서는 노인복지시설로써 ① 노인주거복지시설, ② 노인의료복지시설, ③ 노인여가복지시설, ④ 재가노인복지시설, ⑤ 노인보호전문기관, ⑥ 동법 제23조의2 제1항 제2호의 노인일자리지원기관으로 구분하고 있다(동법 제31조).

나아가서 노인의료복지시설에는 ① 치매・중풍 등 노인성 질환 등으로 심신에 상당한 장애가 발생하여 도움을 필요로 하는 노인을 입소시켜 급식·요양과 그 밖에 일상생활에 필요한 편의를 제공함을 목적으로 하는 「노인요양시설」, ② 치매·중풍 등 노인성 질환 등으로 심신에 상당한 장애가 발생하여 도움을 필요로 하는 노인에게 가정과 같은 주거여건과 급식·요양, 그 밖에 일상생활에 필요한 편의를 제공함을 목적으로 하는 「노인요양공동생활가정」 등을 규정하고 있다. 따라서 기존의 노인전문병원은 노인의료복지시설에서 제외되었다.

3) 특별현금급여

한국의 노인장기요양보험법에 따르면 현물급여와 함께 현금급여도 이루어지는데, 이와 같은 현금급여를 상징하는 것이 특별현금급여이다. 이미 살펴보았듯이, 일본의 개호보험제도에서는 가족요양부담의 지속, 재정 낭비, 장기요양 서비스 질의 저하 등에 대한 우려 때문에 이와 같은 현금급여 도입을 부정하였다.[14] 특별현금급여에 대한 내용은 다음과 같다.

첫째, 가족요양비이다.

이는 동법 제24조에 따라 지급하는 가족장기요양급여에 해당된다. 즉, 장기요양기관이 현저히 부족한 지역(도서·벽지 등)에 거주하는 자, 천재지변 등으로 장기요양기관이 실시하는 장기요양급여 이용이 어렵다고 인정된 자, 신체·정신·성격 등의 사유로 가족 등으로부터 장기요양을 받아야 하는 자에게 지급되는 현금급여를 의미한다.

둘째, 특례요양비이다.

이는 동법 제25조에 따라 지급하는 특례장기요양급여에 해당된다. 즉, 수급자가 장기요양기관으로 지정되지 않은 장기요양시설 등의 기관과 재가 또는 시설급여에 상당한 장기요양급여를 받은 경우 장기요양급여 비용의 일부를 지급하는 현금급여를 의미한다.

셋째, 요양병원간병비이다.

이는 동법 제26조에 따라 지급하는 요양병원장기요양급여에 해당된다. 즉, 수급자가 노인복지법상의 노인전문병원 또는 의료법상의 요양병원에 입원한 때에

14) 한국에서도 제도 도입 6~7년째를 맞이하여 이에 대한 종합적 평가도 필요할 것으로 본다.

장기요양에 사용되는 비용의 일부를 지급한다. 다만, 특례요양비와 요양병원간병비는 현재 시행을 유보하고 있다.

2 장기요양기관

1) 개 관

노인장기요양보험제도에 따른 관련 급여, 특히 현물급여에 해당되는 관련 서비스를 제공(공급)하는 대표적인 기관(시설)이 장기요양기관이다.[15] 즉, 동법 제2조 제4항에 따르면 장기요양기관이란 「장기요양급여를 제공하는 기관」으로써, 동법 제31조에 따라 지정을 받은 기관 또는 동법 제32조에 따라 지정의제된 재가장기요양기관으로 규정하고 있다.

따라서 장기요양기관을 설치・운영하고자 하는 자는 동법 제31조에 의거하여 소재지를 관할구역으로 하는 특별자치시장・특별자치도지사・시장・군수・구청장으로부터 지정을 받아야 한다. 물론, 장기요양기관으로 지정받고자 하는 자는 보건복지부령으로 정하는 장기요양에 필요한 시설 및 인력을 갖추어야 한다.

한편, 노인장기요양보험법에 따른 서비스의 유형이 크게 재가급여, 시설급여 및 특별연금급여로 구분되듯이, 노인장기요양기관의 유형도 이와 같은 급여의 유형에 맞추어서 크게 재가급여를 제공하는 장기요양기관과 시설급여를 제공하는 장기요양기관으로 구분할 수 있다(동법 시행령 제10조). 이때, 재가시설로써는 ① 노인복지법 제38조에 따른 재가노인복지시설 중에서 노인장기요양보험법 제31조에 의하여 지정을 받은 장기요양기관 및, ② 노인장기요양보험법 제32조에 따라서 설치된 재가장기요양기관 등이다.

한편, 시설급여를 제공하는 장기요양기관, 소위 「시설」로써는 ① 노인복지법 제34조 제1항 제1호에 따른 노인요양시설로써 법 제31조에 따라 지정받은 장기요양기관 및, ② 노인복지법 제34조 제1항 제2호에 따른 노인요양공동생활가정으로써 노인장기요양보험법 제31조에 따라 지정받은 장기요양기관 등이다. 이와 같이 한국의 노인장기요양보험제도에서는 재가급여 및 시설급여를 제공하는

15) 현금급여의 경우에는 장기요양기관의 역할은 제한된다.

주체를 모두 「기관 또는 시설」로 표현하고 있음에 비하여, 일본의 개호보험제도에서는 전자를 「거택사업자」, 후자를 「시설」로 표현하고 있다.

2) 재가장기요양기관

앞에서 살펴보았던 동법 제23조 제1항에서 제시하고 있는 재가급여 중에서 어느 하나 이상에 해당하는 장기요양급여를 제공하고자 하는 자는 시설 및 인력을 갖추어 재가장기요양기관을 설치하고, 특별자치시장 · 특별자치도지사 · 시장 · 군수 · 구청장에게 이를 신고하여야 한다. 이때, 신고를 받은 특별자치시장 · 특별자치도지사 · 시장 · 군수 · 구청장은 신고 명세를 공단에 통보하여야 한다. 한편, 의료기관이 아닌 자가 설치 · 운영하는 재가장기요양기관이 방문간호를 제공하는 경우, 방문간호의 관리책임자로서 간호사를 두어야 한다(동법 제32조).

한편, 동법 제32조에 따라 재가장기요양기관을 설치 · 운영하려는 자는 「별표 1」에 따른 시설 및 인력을 갖춘 후 「별지 제21호」 서식의 재가장기요양기관 설치신고서에 다음 각 호의 서류를 첨부하여 특별자치시장 · 특별자치도지사 · 시장 · 군수 · 구청장에게 제출하여야 한다. 이 경우 2명 이상이 공동으로 재가장기요양기관을 설치 · 운영하려는 경우에는 각 구성원의 연명으로 신고서를 제출하여야 한다. 이때, 첨부되는 서류로써는 ① 정관 1부(법인만 제출한다), ② 위치도, 평면도 및 설비구조내역서 각 1부(법 제23조 제1항 제1호 라목 및 마목의 주 · 야간보호, 단기보호를 제공하는 경우만 제출한다), ③ 시설을 설치할 토지 및 건물의 소유권 또는 사용권을 증명할 수 있는 서류 1부(법 제23조 제1항 제1호 라목 및 마목의 주 · 야간보호, 단기보호를 제공하는 경우만 제출하되, 특별자치시장 · 특별자치도지사 · 시장 · 군수 · 구청장이 「전자정부법」 제36조 제1항에 따른 행정정보의 공동이용을 통하여 소유권 또는 사용권을 확인할 수 있는 경우에는 그 확인으로 첨부서류를 갈음한다), ④ 일반현황 · 인력현황 및 시설현황을 적은 서류 각 1부, ⑤ 사업계획서 및 운영규정을 적은 서류 각 1부, ⑥ 의료기기판매(임대)업 신고증명서 1부(법 제23조 제1항 제1호 바목의 기타 재가급여를 제공하는 경우만 제출한다) 등이다.

3) 노인장기요양시설

노인복지법 제34조에서 규정하고 있는 「노인의료복지시설 등」에 속하는 시설 중에서 노인장기요양 관련 시설급여를 제공할 수 있는 시설은 크게 노인요양시설과 노인요양공동생활가정이다. 따라서 시설 급여(서비스)를 제공할 수 있는 대표적인 기관이 노인장기요양시설이다. 따라서 본 서에서는 노인요양시설에 대하여 살펴보기로 한다.

첫째, 2008년 4월 4일에 단행된 노인의료복지시설의 개편이다. 즉, 사회복지사업법상의 관련 내용에 대한 개정을 통하여 기존의 노인의료복지시설의 무료·유료의 구분을 없앰과 동시에 노인요양시설과 노인전문요양시설의 통합을 통하여 노인요양시설로 단일화되었다. 한편, 노인의료복지시설의 하나로써 노인요양공동생활가정을 신설하였는데, 이와 같은 내용은 〈표 4-21〉과 같다.

표 4-21 노인의료복지시설 유형

변경 전	변경 후
노인요양시설, 실비노인요양시설, 유료노인요양시설, 노인전문요양시설, 유료노인전문요양시설	노인요양시설(통합)
(없음)	노인요양공동생활가정(신설)
노인전문병원	노인전문병원

* 노인전문병원은 장기요양기관의 지정대상에서 제외됨.

둘째, 노인의료복지시설의 시설기준 및 직원배치기준이다. 예를 들면, 기존의 각 시설을 노인요양시설로 통합시키면서 시설과 인력의 기준도 단일화시켰다. 2008년 4월 4일 이전에 설치·신고된 시설은 2008년 4월 4일부터 5년 이내 개정 규정에 따라 변경되어야 한다. 관련 내용은 〈표 4-22〉와 같다.

셋째, 장기요양보험제도에 따른 단기보호 서비스의 변경이다(2010. 3. 1). 즉, 단기보호 서비스의 이용기간을 월 15일로 하였다. 다만, 가족의 여행, 병원 치료 등 예외적인 경우에는 월 15일 이내에서 연간 2회까지 연장 가능하다. 한편, 기존의 단기보호기관은 노인요양시설로 전환되었다.

- 입소대상자: 1, 2등급자 및 3등급자 중 시설급여가 인정되는 수급자
- 급여 수가: 단기보호 수가 적용, 요양시설의 시설인력기준을 갖추면 요양

표 4-22 노인의료복지시설 시설 및 인력기준

구 분	변경 후
시설면적	- 노인요양시설: 입소정원 1명당 연면적 23.6㎡ 이상의 공간 확보 - 노인요양공동생활가정: 입소정원 1명당 연면적 20.5㎡ 이상 공간 확보
거실(침실)면적	- 전 시설 공히 1인당 침실면적 6.6㎡ 확보 ※ 화장실이 개별 침실마다 설치되어 있는 경우에는 화장실 면적까지 포함
	- 합숙침실 1실 정원은 4명 이하
시설정원	- 노인요양시설: 입소자 10인 이상 - 노인요양공동생활가정: 입소정원 5명 이상 9명 이하
요양보호사 배치	- 노인요양시설: 입소자 2.5명당 1명 - 노인요양공동생활가정: 입소자 3명당 1명
간접 서비스 인력	- 간접 서비스 인력배치는 필요수로 규정

시설 수가 적용

- 향후 현행 노인요양시설 설치기준을 갖출 경우 장기요양기관 변경신고
  - 급여종류(노인요양시설: 단기보호 전환) → 노인요양시설(현행법)로 처리
  - 이용자 본인 부담: 15%(재가급여) → 20%(시설급여)
- 요양시설로 전환한 단기보호기관은 가급적 빨리(개정 시행규칙 시행 이후 3년 이내) 요양시설의 시설 · 인력기준을 갖추어야 함.

넷째, 입소대상자 자격기준이다. 입소대상자의 자격은 다음과 같다. 즉, ① 노인장기요양보험법 제15조에 따른 수급자(장기요양급여수급자), ② 65세 이상 기초수급자 및 부양의무자로부터 적절한 부양을 받지 못하는 자 및, ③ 입소자로부터 입소비용의 전부를 수납하여 운영하는 시설(기존 유료시설)의 경우 60세 이상의 자 등이다.

다섯째, 입소대상자 선정기준이다. 이와 같은 선정기준은 크게 2가지로 구분된다. 즉, 신규 입소자에 대한 기준과 기존 입소자에 대한 기준이다. 신규 입소자의 선정기준으로는 ① 장기요양 1~2등급(요양인정점수 75점 이상), ② 장기요양 3등급자로 판정받았으나, 등급판정위원회에서 다음 사유에 해당하는 것으로 판단되어 시설입소를 희망하는 자이다. 즉, ㉮ 동일세대의 가족구성원으로부터 수발이 곤란한 경우. 예를 들면, 동일세대의 가족구성원으로부터 방임 또는 유기되거나 학대받을 가능성이 높을 때, 가정폭력 등으로 인해 가족과 함께 원

만한 가정생활이 곤란하게 된 때 등이다. ㉯ 주거환경이 열악하여 시설입소가 불가피한 경우. 예를 들면, 화재 및 철거 등 거주하는 주택 또는 건물에서 생활하기 곤란하게 된 때 등이다. ㉰ 심신상태 수준이 재가급여를 이용할 수 없는 경우. 예를 들면, 배회나 폭행 등의 문제행동으로 보호자가 생계를 위해 직장에 있는 동안 하루 종일 밖에서 문을 잠궈 두어야 하는 상태에 있는 때, 치매증상이 심하여 수발자가 24시간 지켜보아야 하고, 가족의 수발 부담이 크고 스트레스가 심한 상태에 있는 때 등이다.

다음으로 기존 입소자에 대한 선정기준이다. 이에 대한 내용은 다음과 같다. 먼저, ① 기존 운영비 지원 시설 입소자이다. 예를 들면, 노인장기요양보험제도 시행일 이전 국가 또는 지방자치단체로부터 운영비의 전부 또는 일부를 지원받던 시설급여 제공 장기요양기관에 2008년 7월 1일 이전 입소해 있던 자 중 장기요양 3등급자(기존 입소자 중 등외자의 입소는 계속 허용하나 급여비용은 지방자치단체로 청구)이다. ② 기존 운영비 미지원 시설 입소자이다. 예를 들면, 노인장기요양보험제도 시행일 이전 국가 또는 지방자치단체로부터 운영비를 지원받지 못했던 시설급여 제공 장기요양기관에 2008년 6월 1일 이전 입소해 있던 자 중 장기요양 3등급자(기존 입소자 중 등외자의 입소는 계속 허용하나 급여비용은 본인이 100% 부담해야 함)이다. 이때, 이들이 2008년 6월 1일 이전에 입소하였다는 사실에 대한 입증 책임은 입소자에게 있다. ③ 미인가 시설 등 입소자이다. 예를 들면, 노인장기요양보험제도 시행 당시 미인가 시설 등으로서 2009년 1월 1일 이전 장기요양기관으로 지정받은 기관에 2008년 6월 1일 이전 입소해 있던 자 중 장기요양 3등급자(기존 입소자 중 등외자의 입소는 계속 허용하나 급여비용은 본인이 100% 부담해야 함)이다.

여섯째, 3등급 입소자 시설급여 허용 방안이다. 3등급자 중 기존 시설 입소자는 시설 입소일을 확인한 후, 장기요양인정서에 시설급여와 재가급여를 동시에 표기하여 송부하고, 신규 입소자는 등급판정위원회의 판정을 거쳐 장기요양인정서에 시설급여와 재가급여를 동시에 표기·통보한다. 한편, 이미 시설급여를 인정받은 3등급 인정자가 시설 퇴소 후, 재입소 또는 다른 시설로 이동하는 경우 시설급여 가능 여부에 대한 의견은 다음과 같다. 즉, 이와 같은 3등급 인정자는 장기요양인정서의 「장기요양급여의 종류 및 내용」의 란에 "시설·재가급여"

라고 기재되므로, 장기요양등급 유효기간 내에는 시설급여가 원칙적으로 허용된다. 시설 퇴소 후, 재입소 또는 타 시설 이동도 가능하다.

제 5 절 관리운영기관

앞에서도 살펴보았듯이 노인장기요양보험제도의 운영에 따른 권한과 책임은 보건복지부장관에게 부여되어 있다. 장기요양보험사업은 보건복지부장관이 관장한다는 규정이 이를 상징한다(동법 제7조). 한편, 정부는 노인장기요양보험제도의 운영에 따른 효율성 등을 고려하여 실질적인 제도 운영자인 보험자는 국민건강보험법에 의하여 설립·운영되고 있는 국민건강보험공단으로 규정·운영하고 있다.

한편, 국가(중앙정부)와 지방자치단체는 노인장기요양보험제도의 원활한 운영을 위하여 장기요양기관의 확충(동법 제4조) 및 장기요양기본계획의 시행 등과 관련된 다양한 시책을 강구하고 있다. 한편, 보건복지부장관 소속의 장기요양위원회의 설치·운영을 통하여 보건복지부장관은 노인장기요양제도의 운영과 관련된 전반적 내용에 대해 정책적 자문을 받고 있다.

따라서 본 서에서는 노인장기요양보험제도의 관리운영기관이란 차원에서 이와 관련된 내용을 포괄적으로 기술하기로 한다. 즉, 보건복지부(장기요양위원회 포함) 및 정부(국가와 지방자치단체), 그리고 보험자인 국민건강보험공단(장기요양심사위원회 포함) 등의 역할이 이에 해당된다.

1 보건복지부 및 정부

1) 보건복지부 및 장기요양위원회

(1) 보건복지부

노인장기요양보험제도의 운영에 따른 권한과 책임은 보건복지부장관에게 부여되어 있다. 즉, 보건복지부장관은 장기요양사업에 대한 총체적 지도·감독 권한을 가지고 있다. 그러나 노인장기요양보험제도의 운영에 따른 보험자는 국민건강보험공단으로 규정되어 있기 때문에, 당해 제도의 운영에 따른 보건복지부의 권한에는 한계가 있다. 보건복지부가 노인장기요양보험제도의 운영과 관련하여 수행되는 중요한 역할을 살펴보면 다음과 같다.

첫째, 노인장기요양보험제도의 운영과 관련된 노인장기요양기본계획의 수립·시행이다. 보건복지부장관은 노인 등에 대한 장기요양급여를 원활하게 제공하기 위하여 5년 단위로 장기요양계획을 수립·시행하게 된다(동법 제6조). 이때, 동 계획(안)에 포함되어야 하는 사항은 다음과 같다. 즉, ① 연도별 장기요양급여 대상 인원 및 재원 조달 계획, ② 연도별 장기요양기관 및 장기요양전문인력 확충 방안, ③ 그 밖에 노인 등의 장기요양에 관한 사항으로써 대통령령으로 정하는 사항 등이다.

한편, 동법 제6조 제1항 제3호에 따른 노인장기요양기본계획에 포함되어야 할 내용 중에서 대통령령으로 규정하는 「그 밖에 사항」으로는 ① 장기요양급여의 수준 향상 방안, ② 노인성 질환 예방사업 추진계획, ③ 그 밖에 노인 등의 장기요양급여의 실시에 필요한 사항(동법 시행령 제3조) 등이다.

둘째, 노인장기요양보험제도의 운영과 관련하여 보건복지부장관 소속의 정책자문기구인 장기요양위원회의 설치·운영이다(동법 제45조). 동 위원회에 대해서는 이하에서 따로 설명하기로 한다.

셋째, 기타 동법 및 동법 시행령 등으로 규정하고 있는 각종 지도 감독(동법 제61조의 보고 및 검사) 및 장기요양기관의 시설·인력에 관한 변경 등에 대하여 관리감독권의 행사이다(동법 제33조).

(2) 장기요양위원회

보건복지부장관은 노인장기요양보험제도의 운영과 관련하여 정책 자문 및 심의 기능을 수행하는 장기요양위원회를 설치·운영한다. 이때, 동 위원회는 ① 동법 제9조 제2항에 따른 장기요양보험료율, ② 동법 제24조부터 제26조까지의 규정에 따른 가족요양비, 특례요양비 및 요양병원간병비의 지급기준, ③ 동법 제39조에 따른 재가 및 시설 급여비용, ④ 그 밖에 대통령령으로 정하는 주요 사항 등에 대하여 심의한다(동법 45조).

한편, 동 위원회의 구성은 다음과 같다. 즉, 동 위원회는 위원장 1인, 부위원장 1인을 포함한 16인 이상 22인 이하의 위원으로 구성한다. 이때, 위원장이 아닌 위원은 다음 각 호의 자 중에서 보건복지부장관이 임명 또는 위촉한 자로 하고, 각 호에 해당하는 자를 각각 동수로 구성하여야 한다. 즉, ① 근로자단체, 사용자단체, 시민단체(비영리민간단체지원법 제2조에 따른 비영리민간단체를 말한다), 노인단체, 농어업인단체 또는 자영자단체를 대표하는 자, ② 장기요양기관 또는 의료계를 대표하는 자, ③ 대통령령으로 정하는 관계 중앙행정기관의 고위공무원단 소속 공무원, 장기요양에 관한 학계 또는 연구계를 대표하는 자, 공단 이사장이 추천하는 자 등이다. 동 위원회의 위원장은 보건복지부차관이 되고, 부위원장은 위원 중에서 위원장이 지명한다. 장기요양위원회 위원의 임기는 3년으로 한다. 다만, 공무원인 위원의 임기는 재임기간으로 한다(동법 제46조).

한편, 동 위원회의 운영은 다음과 같이 이루어진다. 즉, ① 장기요양위원회 회의는 구성원 과반수의 출석으로 개의하고 출석위원 과반수의 찬성으로 의결한다. ② 장기요양위원회의 효율적 운영을 위하여 분야별로 실무위원회를 둘 수 있다. ③ 이 법에서 정한 것 외에 장기요양위원회의 구성·운영, 그 밖에 필요한 사항은 대통령령으로 정한다(동법 제47조).

2) 정부(국가 및 지방자치단체)

노인장기요양보험제도는 공적 사회복지제도인 관계로 정부는 사회보장적 차원에서 각종 재정 지원은 물론, 장기요양급여에 관한 정책방향의 설정, 노인성 질환 예방사업 및 장기요양기관의 확충 등과 관련하여 다양한 영역에 걸친 관여를 하게 된다. 이와 같은 양상은 지방자치단체에서도 비슷하게 나타나고 있다. 여기서는 노인장기요양보험법을 기반으로 한 정부 및 지방자치단체의 중요한 역할을 정리하면 다음과 같다.

첫째, 국가 및 지방자치단체의 기본책무이다.

국가와 지방자치단체는 노인장기요양보험제도의 운영과 관련하여 다음과 같은 책무를 가진다. 즉, ① 국가 및 지방자치단체는 노인이 일상생활을 혼자서 수행할 수 있는 온전한 심신상태를 유지하는 데 필요한 사업(노인성 질환 예방사업)을 실시하여야 한다. ② 국가는 노인성 질환 예방사업을 수행하는 지방자치단체 또는 국민건강보험법에 따른 국민건강보험공단(공단)에 대하여 이에 소요되는 비용을 지원할 수 있다. ③ 국가 및 지방자치단체는 노인인구 및 지역특성 등을 고려하여 장기요양급여가 원활하게 제공될 수 있도록 충분한 수의 장기요양기관을 확충하고 장기요양기관의 설립을 지원하여야 한다. ④ 국가 및 지방자치단체는 장기요양급여가 원활히 제공될 수 있도록 공단에 필요한 행정적 또는 재정적 지원을 할 수 있다(동법 제4조).

둘째, 장기요양급여에 관한 국가정책방향의 결정이다.

국가는 동법 제6조의 장기요양기본계획을 수립・시행함에 있어서 노인뿐만 아니라 장애인 등 일상생활을 혼자서 수행하기 어려운 모든 국민이 장기요양급여, 신체활동지원 서비스 등을 제공받을 수 있도록 노력하고 나아가 이들의 생활안정과 자립을 지원할 수 있는 시책을 강구하여야 한다.

셋째, 재원에 대한 국가의 일부 부담이다.

즉, ① 국가는 매년 예산의 범위 안에서 당해 연도 장기요양보험료 예상수입액의 100분의 20에 상당하는 금액을 공단에 지원한다. ② 국가와 지방자치단체는 대통령령으로 정하는 바에 따라 의료급여수급권자의 장기요양급여비용, 의사소견서 발급비용, 방문간호지시서 발급비용 중 공단이 부담하여야 할 비용(동법 제40조 제1항 단서 및 제3항 제1호에 따라 면제 및 감경됨으로 인하여 공단이 부담하게 되는 비용을 포함한다) 및 관리운영비의 전액을 부담한다. ③ 제2항에 따라 지방자치단체가 부담하는 금액은 보건복지부령으로 정하는 바에 따라 특별시・광역시・특별자치시・도・특별자치도와 시・군・구가 분담한다. ④ 제2항 및 제3항에 따른 지방자치단체의 부담액 부과, 징수 및 재원관리, 그 밖에 필요한 사항은 대통령령으로 정한다(동법 제58조).

이와 같은 규정에 따라서 정부는 매년 노인장기요양보험제도의 운영재원의 약 20% 정도를 국고에서 지원한다. 일본의 개호보험제도에서는 국고 지원(국가 및 지방자치단체 지원 합계)이 총 운영 재원의 50% 수준이다. 한국에서는 지방자치단체의 지원은 이루어지지 않고 있다.

넷째, 장기요양기본계획의 세부시행계획 및 장기요양기관의 지정 등에 대한 지방자치단체의 역할이다.

보건복지부장관에 의한 노인장기요양기본계획이 책정되면 이어서, 지방자치단체의 장은 이와 같은 장기요양기본계획에 따라 세부시행계획을 수립·시행하여야 한다(동법 제6조 제2항). 한편, 지방자치단체의 장은 장기요양기관의 지정, 설치 신고, 시설 및 인력 변경, 폐업 신고, 지정 취소 등과 관련하여 동법에 따른 권한을 가지게 된다.

한편, 이와 같은 내용에도 불구하고 노인장기요양제도의 운영과정에 있어서 지방자치단체의 역할은 사실상 매우 제한되어 있다(정재욱, 2006b).[16] 물론, 앞에서 지적하듯이 외형적으로는 장기요양기관의 확충 지원, 노인성 질환 예방사업 및 장기요양기본계획의 시행 등에 대한 노력, 요양인정신청에 대한 협조 등과 관련된 역할이 부여되어 있지만, 이것을 강제할 수 있는 법적 근거는 매우 약하다. 지방자치시대 및 지역복지가 강조되고 있는 지금의 흐름을 고려할 때, 노인장기요양보험제도의 운영에 따른 한국 지방자치단체의 권한과 책임을 제고시킬 수 있는 방안 모색이 향후 중요할 것으로 본다(정재욱, 2009a).

2 국민건강보험공단 및 장기요양심사위원회

앞에서도 살펴보았듯이 노인장기요양사업의 추진에 따른 보험자는 국민건강보험공단으로 규정되어 있다(동법 제7조). 한편, 장기요양사업의 운영 재원은 피보험자의 보험료를 바탕으로 한 위에, 국가 및 지방자치단체의 지원금 및 서비스 이용자에 의한 일정 수준의 직접 지불금으로 구성되어 있다. 이와 같은 차원에서 볼 때 제도 운영자에 해당되는 보험자, 즉 국민건강보험공단의 역할은 매우 중요하다. 즉, 공단은 당해 제도의 운영과 관련하여 피보험자, 국가와 지방자치단체 및 장기요양기관 간을 연계·조정하는 핵심적 기능을 담당하게 된다. 노인장기요양보험제도와 관련된 국민건강보험공단의 주요 업무를 살펴보면 다음과 같다.

한편, 노인장기요양보험제도의 운영과 관련하여 건보공단에는 각종 심사위원회를 설치·운영하고 있는데, 등급판정위원회 및 장기요양심사위원회 등이 이

16) 특히, 광역지방자치단체와 기초지방자치단체 간의 역할 구분은 거의 없는 상태이다.

에 해당된다. 이때, 등급판정위원회는 각 지부에 설치·운영되고 있는데, 그에 대해서는 이미 살펴보았다. 따라서 여기서는 장기요양심사위원회에 대해서만 그 역할을 간단히 살펴보기로 한다.

1) 국민건강보험공단

노인장기요양보험제도의 운영에 대한 권한과 책임은 보건복지부장관에게 주어져 있지만, 당해 제도의 운영에 따른 실질적인 책임자, 즉 보험자는 국민건강보험공단으로 되어 있다. 즉, 동법 제48조의 「장기요양사업의 관리운영기관은 공단으로 한다.」라는 규정이 이에 해당된다.

한편, 국민건강보험공단은 노인장기요양사업의 추진과 관련하여 당해 사업의 독립·독자성을 담보하는 차원에서 장기요양사업을 담당할 조직 등을 [그림 4-7]과 같이 별도로 구성·운영한다. 이때, 본부 차원에서는 1명의 장기요양 상

그림 4-7 국민건강보험공단 및 노인장기요양보험제도 운영 기구

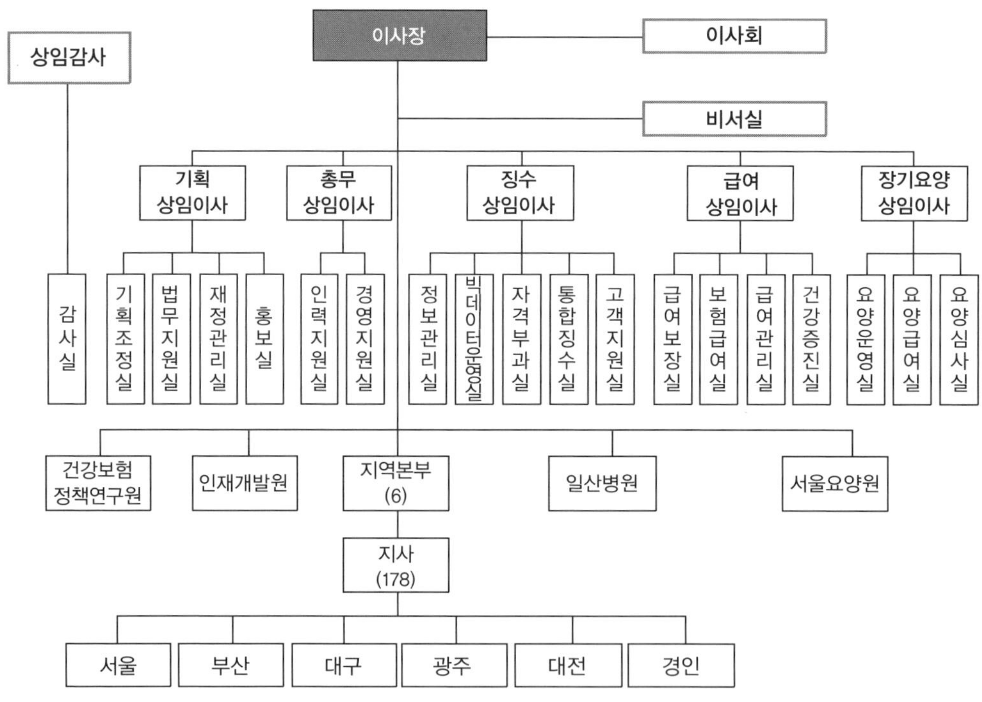

임이사와 3개의 실(요양운영실, 요양급여실 및 요양심사실)로 편성·운영되며, 각 지사에 「노인장기요양보험운영센터」를 설치하여 관련 업무를 수행하게 하고 있다. 물론, 노인장기요양보험사업의 운영에 따른 회계에 있어서도 노인장기요양보험사업의 독자성을 담보하는 차원에서 국민건강보험사업 회계와 분리·독립적으로 이를 관리한다(동법 제50조). 그러나 자격관리 및 보험료의 부과·징수의 경우에는 조직관리의 효율성 제고 차원에서 건강보험사업과 함께 수행하고 있다(동법 제49조).

한편, 노인장기요양보험사업과 관련하여 국민건강보험공단이 관장하는 주요 업무를 살펴보면 다음과 같다(동법 제48조).

- 장기요양보험가입자 및 그 피부양자와 의료급여수급권자의 자격관리
- 장기요양보험료의 부과·징수
- 신청인에 대한 조사
- 등급판정위원회의 운영 및 장기요양등급 판정
- 장기요양인정서의 작성 및 표준장기요양이용계획서의 제공
- 장기요양급여의 관리 및 평가
- 수급자에 대한 정보제공·안내·상담 등 장기요양급여 관련 이용지원에 관한 사항
- 재가 및 시설 급여비용의 심사 및 지급과 특별현금급여의 지급
- 장기요양급여 제공내용 확인
- 장기요양사업에 관한 조사·연구 및 홍보
- 노인성 질환 예방사업
- 이 법에 따른 부당이득금의 부과·징수 등
- 장기요양급여의 제공기준을 개발하고 장기요양급여 비용의 적정성을 검토하기 위한 장기요양기관의 설치 및 운영
- 그 밖에 장기요양사업과 관련하여 보건복지부장관이 위탁한 업무 등이다.

한편, 국민건강보험공단은 장기요양사업과 관련하여 정관으로 다음과 같은 사항을 규정하고 있다. 즉, 장기요양보험료, 장기요양급여, 장기요양사업에 관한 예산 및 결산, 그 밖에 대통령령으로 정하는 사항 등이 이에 속한다(동법 제48

조). 이때, 대통령령으로 규정하게 되는 내용으로써는 장기요양사업을 전담하는 상임이사의 수 및 장기요양사업과 관련된 조직・인사・보수・회계에 관한 사항 등이다(동법 시행령 제19조).

동 제도의 도입 과정에서 보험자를 어떻게 규정할 것인지, 예를 들면, 지방자치단체나 국민건강보험공단과 같은 공법인으로 할 것인지에 대한 일련의 논란이 있었다. 이때, 건보공단을 보험자로 규정・운영하게 된 중요한 배경으로는 기존의 국민건강보험시스템의 활용을 통한 조직관리의 효율성 제고 및 관리비용 등의 절감, 노인장기요양업무 수행에 따른 민원편의 도모 및 의료 서비스와 장기요양 서비스 간의 연계성 강화 등에 대한 기대감이 큰 비중을 차지하였다(이광재, 2008; 장재혁 외 11인, 2010).

그러나 이와 같은 장점에도 불구하고 향후 제도 운영에 따른 역기능도 고려할 수 있을 것으로 본다. 즉, 당해 공단은 공법인인 관계로 이사장을 비롯하여 임원 선임, 조직 구성 및 운영 등에 있어서 사실상 국가의 통제하에 놓여 있음에 비하여, 보험가입자인 피보험자에 의한 제도 운영에 대한 참여 및 통제 기능에는 많은 한계가 있다고 본다. 동 제도가 이용자 지향적 노인복지제도라고 한다면, 이와 같은 부분에 대한 기능 제고를 위한 제도 보완이 요구될 수 있을 것으로 본다(정재욱, 2009).

2) 이의신청과 장기요양심사위원회

노인장기요양보험제도에 따른 이의신청제도는 노인장기요양사업 등과 관련하여 나타나는 법적 다툼에 대해 동법에서 규정하고 있는 관련 위원회에서 나아가서 이는 이를 우선적으로 심리・판단하는 행정심판절차의 일환으로 이루어지고 있다. 나아가서 이는 국민건강보험공단으로부터 위법・부당한 처분을 받은 피보험자 등이 자신의 권리 내지 이익의 침해를 구제받기 위하여 신속・간편하게 이용할 수 있는 「소원전치주의」(訴願前置主義)에 따른 권리구제제도에 해당된다. 이와 관련된 내용을 [그림 4-8]을 중심으로 살펴보면 다음과 같다.

먼저, 동법 제55조 제1항에 의거하여 「장기요양인정・장기요양등급・장기요양급여・부당이득・장기요양급여비용 또는 장기요양보험료 등에 관한 공단의 처분에 이의가 있는 자는 공단에 이의 신청」을 할 수 있도록 되어 있다. 그러나

그림 4-8 이의신청 처리절차

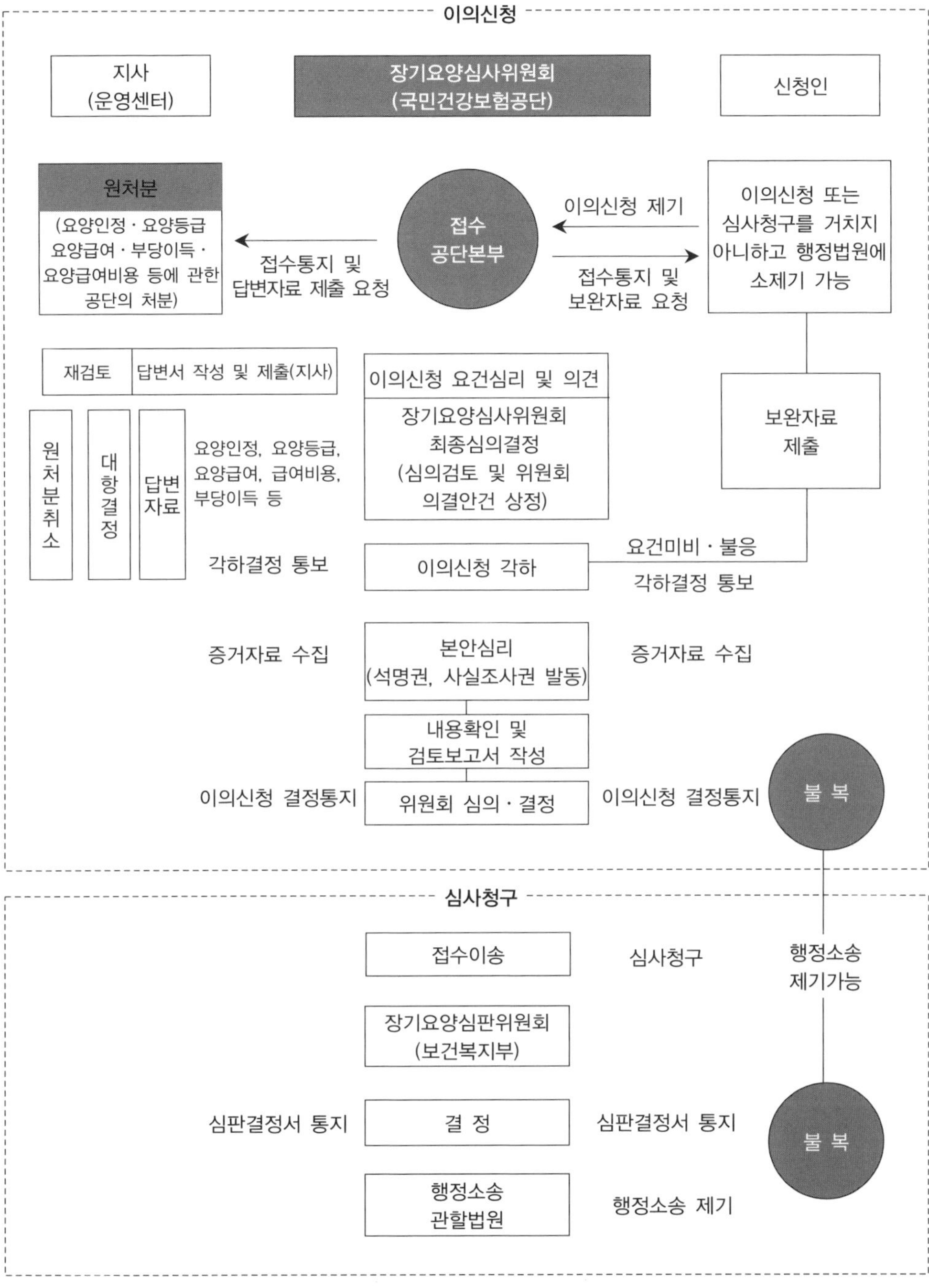

진정이나 민원 질의에 대한 회신, 고충 민원에 대한 권고, 단순한 사실행위 및 견해 표명 등은 법적 효과를 발생시키지 않는 행위이므로 이의신청의 대상이 되는 처분에 속하지 않는다.

이와 같은 이의신청은 처분(장기요양인정서, 보험료납부고지서, 기타 징수금 납부고지서 등)을 받은 날부터 90일 이내에 문서(이의신청서)를 작성한 후, 관련 증빙자료를 첨부하여 공단에 우편 또는 팩스로 제출하면 된다. 이의신청을 할 때에 제출하는 이의신청서의 양식은 동법 시행규칙 제39조의 「별지 제32호」에 따른다. 공단은 이의신청서를 받으면 지체 없이 그 사본이나 부본(副本)을 이해관계인에게 보내야 한다(동법 시행규칙 제39조). 공단은 이의신청을 받은 날부터 60일 이내에 이를 결정하여야 한다. 다만, 부득이한 사정이 있으면 30일의 범위 내에서 결정기간을 연장할 수 있다.

한편, 공단은 장기요양심사위원회를 구성하여 이의신청사건을 심의하게 하여야한다. 이때, 동 위원회는 위원장 1명을 포함하여 50명 이내의 위원으로 구성한다. 심사위원장은 공단의 이사장이 장기요양사업을 담당하는 공단의 상임이사 중에서 임명하며, 위원은 다음과 같은 요건을 가진 사람 중에서 공단의 이사장이 위촉하거나 임명하는 사람으로 구성된다. 즉, ① 의료법에 따른 의사・치과의사・한의사나 업무경력이 10년 이상인 간호사, ② 사회복지사업법에 따른 사회복지사로서 업무경력이 10년 이상인 자, ③ 노인장기요양보험 업무를 담당하고 있는 공단의 임직원, ④ 그 밖에 법학 및 장기요양에 관한 학식과 경험이 풍부한 자 등이다(동법 시행령 제23조).

제 6 절 재원 구조 및 급여 비용

1 재원 구조

노인장기요양보험제도는 재정 충원과 관련하여 사회보험주의를 채택하고 있기 때문에 기본적으로 피보험자의 보험료를 기반으로 한 위에, 국가의 지원금이 재원의 중요한 기틀을 이루고 있다. 이와 같은 모습은 이미 살펴보았듯이 유사한 제도를 시행하고 있는 대부분의 국가에서 나타나고 있는 바이다. 물론, 피보험자의 보험료 및 국가의 재정지원 정도는 국가마다 차이가 있다.

한국 노인장기요양보험제도에 있어서의 재원의 기존 구조를 살펴보면 다음과 같다. 즉, 노인장기요양보험에 소요되는 재원은 크게 피보험자가 납부하는 장기요양보험료, 국가 및 지방자치단체가 지원하는 각종 지원금 및 장기요양급여 이용자가 직접 부담하는 본인 일부 부담금이 이에 해당된다. 이와 같은 내용에 대하여 간단히 살펴보면 다음과 같다.

첫째, 피보험자의 보험료이다.

노인장기요양보험제도에서는 피보험자의 보험료 납부 및 보험료율이 법령으로 규정되어 있다. 즉, 건보공단은 장기요양사업에 사용되는 비용에 충당하기 위하여 장기요양보험료를 징수하며(동법 제8조), 보험료율은 「동법 제45조에 따른 장기요양위원회의 심의를 거쳐 대통령령으로 규정하는 것」으로 되어 있다. 이때, 장기요양보험료는 건강보험료(액)에 장기요양보험료율을 곱하여 부과·징수하며, 2015년도 장기요양보험료율은 6.55%이다. 건보공단은 건강보험료와 장기요양보험료를 통합·징수하지만, 이를 구분하여 고지하고, 나아가서 독립회계로써 이를 관리한다.

노인장기요양보험제도에 따른 피보험자의 보험료 현황을 살펴보면 다음과 같다. 먼저, 보험가입자가 지역가입자인 경우에는 보험료를 본인이 100% 직접 부담한다. 이에 비하여 직장가입자인 경우에는 사용자와 국가·지방자치단체·사립학교 등이 법령에 의하여 다음과 같이 부담한다. 즉,

- 일반 근로자인 경우에는 당사자(가입자)와 사용자: 각각 50%씩 분담
- 공무원·교직원인 경우에는 소속 국가·지방자치단체·사립학교: 각각 50%씩 분담(사립학교의 경우에는 당해 학교 30%, 국가 20%씩 분담)

둘째, 국고 지원이다.

국가는 사회보장적 차원에서 노인장기요양보험제도의 운영과 관련하여 법령에 의거하여 매년 예산의 범위 안에서 당해 연도 장기요양보험료 예상 수입액의 100분의 20에 상당하는 금액을 공단에 지원하는 것으로 되어 있다(동법 58

조). 노인장기요양보험제도의 운영과 관련하여 이루어지고 있는 국가 지원은 유사한 제도를 운영하고 있는 대부분의 국가에서도 나타나고 있다.

한편, 일본에서는 국가의 의한 재정 지원이 약 50% 수준이다. 이에 비하여 한국은 동법에 따른 국가 지원 규모가 20%이지만, 〈표 4-23〉과 같이 실질적으로는 약 30~40% 수준으로 나타나고 있다(이광재, 2007; 국민건강보험공단, 2014). 그와 같은 이유는 국가 및 지방자치단체에 의한 다양한 형태의 지원이 추가되고 있기 때문이다. 즉, 국가와 지방자치단체는 의료급여수급권자에 대한 장기요양급여 비용, 의사소견서 발급 비용, 방문간호지시서 발급 비용 중 공단이 부담해야 할 비용 및 관리운영비의 전액을 부담하고 있기 때문이다. 그렇지만 노인장기요양보험 재정의 약 67~68% 정도를 피보험자의 보험료로 충당되고 있다는 점은 향후 개선의 여지를 남겨두고 있다고 본다.

표 4-23 노인장기요양보험제도의 재원(수입) 구조

구 분		2008	2009	2010	2011	2012	2013
수입구조 및 현황	계	868,974,878	1,084,929,125	2,877,740,484	3,263,144,467	3,561,672,883	3,831,212,265
	보험료	477,011,336	1,199,551,493	1,831,554,777	2,142,331,738	2,369,669,274	2,542,097,685
	국고지원금	120,747,289	204,351,491	332,318,000	388,311,000	415,243,000	459,058,000
	의료급여부담금	266,136,914	660,082,482	670,449,396	677,321,582	701,778,005	743,938,636
	(국가부담금)	8,660,977	41,596,688	20,918,791	29,852,191	29,250,315	35,068,334
	(지자체부담금)	257,475,937	618,485,794	649,530,605	647,469,391	672,527,690	708,870,302
	기 타	5,079,339	20,943,659	43,418,311	55,180,147	74,982,604	86,117,944

* 자료: 국민건강보험공단(2014).

셋째, 본인 일부 부담금이다.

수급대상자가 실제적으로 장기요양 서비스를 직접 이용하게 될 경우, 이용자는 장기요양급여 비용에 대하여 그 일부를 장기요양기관에 본인이 직접 부담(본인 일부 부담금)·납부하여야 한다(동법 제40조). 이에 대한 내용을 정리하면 다음과 같다. 즉, ① 재가급여에 경우에는 당해 장기요양급여 비용의 100분의 15, ② 시설급여의 경우에는 당해 장기요양급여 비용의 100분의 20을 본인이 당해 장기요양기관에 직접 지불하여야 한다. 이때, 국민기초생활보장법에 의한 수급자는 본인 일부 부담금이 전액 면제된다.

한편, 아래와 같은 사항에 해당하는 자에 대하여는 본인 일부 부담금의 100분의 50을 감경하게 된다. 즉, ① 의료급여법 제3조 제1항 제2호부터 제9호까지의 규정에 따른 수급권자, ② 소득・재산 등이 보건복지가족부장관이 정하여 고시하는 일정 금액 이하인 자. 다만, 도서・벽지・농어촌 등의 지역에 거주하는 자에 대하여 따로 금액을 정할 수 있다. ③ 천재지변 등 보건복지가족부령으로 정하는 사유로 인하여 생계가 곤란한 자 등이다.

한편, 다음과 같은 서비스의 이용에 따른 비용은 본인이 전액 부담하여야 한다. 동법 제40조 제2항에 따르면 다음과 같은 내용의 장기요양급여에 대한 비용은 수급자 본인이 전부 부담한다. 즉, ① 동법의 규정에 따른 급여의 범위 및 대상에 포함되지 아니하는 장기요양급여, ② 수급자가 동법 제17조 제1항 제2호에 따른 장기요양인정서에 기재된 장기요양급여의 종류 및 내용과 다르게 선택하여 장기요양급여를 받은 경우 그 차액, ③ 동법 제28조에 따른 장기요양급여의 월 한도액을 초과하는 장기요양급여 등이 이에 해당된다.

이때, 동법에 의하여 급여 대상에 포함되지 아니하는 장기요양급여의 유형으로는 다음과 같이 것이 있다. 즉, ① 식사재료비, ② 상급침실 이용에 따른 추가비용: 노인요양시설 또는 노인요양공동생활가정에서 본인이 원하여 1인실 또는 2인실을 이용하는 경우 장기요양에 소요된 총 비용에서 제1호・제3호 및 제4호의 비용과 장기요양급여 비용을 제외한 금액, ③ 이・미용비, ④ 그 외 일상생활에 통상 필요한 것과 관련된 비용으로 수급자에게 부담시키는 것이 적당하다고 보건복지부장관이 정하여 고시한 비용 등이다. 한편, 수급자와 장기요양기관은 장기요양급여를 제공받거나 제공할 경우에는 다음 각 호의 행위를 요구하거나 제공하여서는 아니 된다. 즉, ① 수급자의 가족을 위한 행위, ② 수급자 또는 그 가족의 생업을 지원하는 행위, ③ 그 밖에 수급자의 일상생활에 지장이 없는 행위 등이다.

2 급여 비용

1) 법적 규정

노인장기요양보험제도에 의거하여 수급자에게 재가급여 또는 시설급여를 제공한 장기요양기관은 공단에 대해 장기요양급여 비용을 청구하게 된다(동법 제38조). 이때, 공단은 장기요양기관으로부터 재가 또는 시설 급여 비용의 청구를 받은 경우, 이를 심사하여 장기요양에 사용된 비용 중 공단부담금(재가 및 시설 급여 비용 중 본인 일부 부담금을 공제한 금액을 말한다)에 대해 당해 장기요양기관에게 이를 지급하여야 한다. 공단은 동법 제54조 제2항에 따른 장기요양기관의 장기요양급여 평가 결과에 따라 장기요양급여 비용을 가산 또는 감액 조정하여 지급할 수 있다.

한편, 장기요양기관은 동법 제38조 제1항에 따라 장기요양급여 비용을 공단에 청구하려는 경우에는 장기요양급여 비용 청구서에 다음 각 호의 사항을 기재한 장기요양급여 비용 청구명세서를 첨부하여 전자문서교환방식 또는 전산매체로 공단에 제출하여야 한다. 즉, ① 장기요양급여를 받은 자의 성명 및 주민등록번호, ② 장기요양인정 번호, 장기요양등급, 장기요양인정 유효기간 및 본인 일부 부담 감경 사항, ③ 급여의 종류 및 내용, 급여 제공일자 및 제공시간 등, ④ 장기요양급여 비용, 본인 일부 부담금 및 비용청구액 등이다. 이때, 장기요양급여 비용의 청구방법, 청구시기, 장기요양급여 비용 청구서 및 장기요양급여 비용 청구명세서의 서식·작성요령 등 그 밖에 필요한 사항은 보건복지부장관이 정하여 고시한다.

공단은 장기요양급여 비용의 청구를 받은 경우에는 동법 제38조 제2항에 따라 다음 각 호의 사항에 적합한지를 심사한다. 이 경우 공단의 이사장은 심사를 수행함에 있어 필요하면 소속 직원으로 하여금 현지를 방문하여 확인하게 할 수 있다. 즉, ① 동법 제17조 제1항 제2호에 따라 장기요양인정서에 기재된 장기요양 급여의 종류와 내용, ② 동법 제23조 제3항에 따른 장기요양 급여의 제공기준, ③ 동법 제39조 제1항에 따라 산정된 재가 및 시설 급여 비용의 내역 등이다. 공단은 장기요양급여 비용의 청구를 받은 날부터 30일 이내에 이를 심사하여 그 내용이 기재된 장기요양급여 비용 심사지급통보서를 전자문서교환방식 등을 통하여 장기요양기관에 통보하여야 하며, 그 심사지급통보서에 기재된 장기요양급여 비용을 해당 장기요양기관에 지체 없이 지급하여야 한다. 이 경우 심사기간을 산정함에 있어 공단의 이사장이 해당 장기요양기관에 심사에 필요한 자료를 요청한 경우 등 특별한 사유가 있는 경우에는 그에 소요되는 기간은 제외한다.

장기요양급여 비용 심사지급통보서의 서식과 장기요양급여 비용의 심사·지급에 필요한 사항은 보건복지부장관이 정하여 고시한다. 재가 및 시설 급여 비용은 급여 종류 및 장기요양등급 등에 따라 동법 제45조에 따른 장기요양위원회의 심의를 거쳐 보건복지부장관이 정하여 고시한다. 재가 및 시설 급여 비용의 구체적인 산정방법 및 항목 등에 관하여 필요한 사항은 보건복지부령으로 정한다.

한편, 재가급여의 비용에 대한 산정과정을 살펴보면 다음과 같다. 방문요양 및 방문간호는 방문당 제공시간을 기준으로 산정한다. 방문목욕은 방문횟수를 기준으로 산정한다. 주·야간보호는 장기요양 등급 및 1일당 급여제공시간을 기준으로 산정한다. 단기보호는 장기요양 등급 및 급여제공일수를 기준으로 산정한다. 기타 재가급여는 복지용구의 품목별, 제공방법별 기준으로 산정한다. 한편, 시설급여는 장기요양 등급 및 급여제공일수를 기준으로 산정한다.

2) 월 한도액

동법 제28조(장기요양급여의 월 한도액) 및 동법 시행규칙 제22조(장기요양급여의 월 한도액)에 의거, 장기요양급여는 월 한도액 범위 안에서 제공되어야 하며, 이와 같은 급여에 대해서만 공단은 비용을 지불하게 된다. 이때, 재가급여(복지용구 제외)의 월 한도액은 장기요양위원회의 심의를 거쳐 등급별로 보건복지부장관이 정하여 고시하며, 시설급여의 월 한도액은 급여에 소요되는 장기요양기관의 각종 비용과 운영 현황을 고려하여 등급별로 보건복지부장관이 정하여 고시한 1일당 급여 비용에 월간 일수를 곱하여 산정한다.[17]

17) 이에 해당되는 고시가 「장기요양급여 제공기준 및 산정방법 등에 관한 고시」이다.

이에 대한 관련 내용을 살펴보면 다음과 같다. 먼저 재가급여의 경우에는 〈표 4-24〉와 같이 1등급은 월 한도액이 1,185,300원이며, 2등급은 1,044,300원, 3등급은 964,800원, 4등급은 903,800원, 그리고 5등급은 766,600원으로 되어 있다. 한편, 시설급여는 법령에 의하여 다음과 같이 계산된다. 즉, 「월 한도액 = 등급별 해당금액 × 월간 일수」이다.

표 4-24 재가급여의 월 한도액

등 급	1등급	2등급	3등급	4등급	5등급
월 한도액	1,185,300원	1,044,300원	964,800원	903,800원	766,600원

한편, 본인 일부 부담금 강경도 있다. 이때, 그 범위 및 기준은 다음과 같다. 즉, ① 국민건강보험법 시행규칙 제15조에 따라 건강보험 본인 부담액 감경 인정을 받은 자(희귀난치성 질환자이면서 차상위, 만성 질환자이면서 차상위 등), ② 본인 일부 부담금 감경 고시 「별표」에서 정한 감경 적용기준에 해당되는 자(저소득 대상자: 2009년 7월 1일부터 감경 시행, 지역가입자는 월별보험료액과 가입자수를 기준으로 감경여부 판단, 직장가입자는 직장보험료액 · 가입자수 · 재산과표액을 기준으로 감경여부 판단)

본인 일부 부담금 감경은 공단이 보유하고 하고 있는 자료를 토대로 해당 요건을 확인하여 공단이 직권으로 감경을 적용할 수 있다. 다만, 본인 일부 부담금 감경 고시 「별표」에 따른 저소득대상자가 공단의 귀책사유 등으로 감경 적용이 제외(해지)된 경우에는 장기요양보험 가입자 또는 그 피부양자로부터 본인 일부 부담금 감경 신청을 받아 해당요건을 확인한 후에 감경 적용하게 된다.

제 7 절 장기요양 전문인력

노인장기요양 서비스는 기본적으로 휴먼 서비스(human services)에 속하기 때문에(성규택, 1985; Hasenfeld, 1983) 장기요양 니즈를 가진 대상자에게 서비스를 직접 제공하는 전문 인력의 확보가 지속가능한 장기요양보험제도의 확립과 관련하여 중요한 위치를 차지하게 된다. 즉, 장기요양 서비스의 질의 확보와 관련하여 우수한 장기요양요원의 양성은 매우 중요한 과제의 하나가 된다. 장기요양요원과 관련하여 장기요양보험제도와 함께 법제화된 것의 하나가 요양보호사제도이다. 따라서 요양보호사와 관련하여 장기요양보험제도의 근거법인 장기요양보험법과 노인복지법 등을 중심으로 이를 간단히 살펴보기로 한다.

1 노인장기요양보험법과 장기요양요원

장기요양보험제도의 모법에 해당되는 노인장기요양보험법에는 장기요양 서비스의 실천 과정에서 핵심적 역할을 담당하는 요양보호사에 대한 직접적 법률 규정은 두고 있지 않다. 대신에 「장기요양요원」에 대한 법적 규정과 함께 역할 범위 등을 제시하고 있다. 예를 들면, 동법 제2조 제5항에서 「장기요양기관에 소속되어 노인 등의 신체활동 또는 가사활동 지원 등의 업무를 수행하는 자를 장기요양요원」이라고 규정하고 있다. 물론, 이와 같은 업무를 담당하는 자를 「요양보호사」로 명명하는 법적 근거는 노인장기요양보험법이 아니고 노인복지법에 두고 있다(노인복지법 제39조의2, 요양보호사의 직무・자격증의 교부 등).

한편, 노인장기요양보험법에서는 방문요양의 경우에는 장기요양요원이 관련된 서비스를 담당하고, 방문간호의 경우에는 장기요양요원인 간호사 등이 의사(한의사, 치과의사)의 지시서에 따라 수급자의 가정 등을 방문하여 간호, 진료보조, 요양에 관한 상담 또는 구강위생 등을 제공하는 서비스를 실천할 수 있도록 하고 있다(동법 제23조). 이때, 전자의 장기요양요원에 해당되는 것이 요양보호사이며, 후자에 해당되는 장기요양요원으로는 간호사・간호조무사・치과위생사 등이 있다.

한편, 장기요양급여의 종류에 따른 장기요양요원의 자격에도 차이가 있다. 예를 들면, 동법 시행령 제11조 「장기요양급여 종류별 장기요양요원의 범위」에 따르면, 동법 제23조 제2항에 따른 장기요양급여 종류별 장기요양요원의 범위를 다음과 같이 규정하고 있다. 즉, ① 동법 제23조 제1항 제1호 가목에 따른 방문요양에 관한 재가급여 업무를 하는 장기요양요원은 노인복지법 제39조의2에 따른 요양보호사 중 1급 또는 2급 자격을 가진 자로 한다. ② 동법 제23조 제1항 제1호 나목에 따른 방문목욕에 관한 재가급여 업무를 하는 장기요양요원은 노인복지법 제39조의2에 따른 요양보호사 중 1급 자격을 가진 자로 한다. ③ 동법 제23조 제1항 제1호 다목에 따른 방문간호의 재가급여 업무를 하는 장기요양요원은 다음 각 목의 어느 하나에 해당하는 자로 한다. 즉, ㉠ 의료법 제2조에 따른 간호사로서 2년 이상의 간호업무경력이 있는 자, ㉡ 의료법 제80조에 따른 간호조무사로서 3년 이상의 간호보조업무경력이 있고, 보건복지부장관이 지정한 교육기관에서 소정의 교육을 이수한 자, ㉢ 의료기사 등에 관한 법률 제2조에 따른 치과위생사(치과위생 업무를 하는 경우로 한정한다.) 등이다.

한편, 동법 제6조 「장기요양기본계획」에서는 보건복지부장관이 5년 단위로 장기요양기본계획을 수립함에 있어서 반드시 포함시켜야 할 사항 중의 하나로써 「연도별 장기요양기관 및 장기요양전문인력 확충 방안」을 제시하고 있다. 이때, 장기요양요원은 이와 같은 장기요양전문인력의 범주에 속하는 것으로 볼 수 있다. 이와 같이 노인장기요양보험제도의 모법에 해당되는 노인장기요양보험법에서는 요양보호사에 대한 규정을 직접 두고 있지 않은 입법 태도는 향후 개선의 여지가 있다고 본다.

2 노인복지법과 요양보호사

요양보호사에 관한 직접적인 법적 근거는 노인복지법에서 이를 규정하고 있다. 예를 들면, 노인복지법 제39조의2(요양보호사의 직무·자격증의 교부 등)에 따른 관련 내용을 살펴보면 다음과 같다. 즉, 「① 노인복지시설의 설치·운영자는 보건복지부령으로 정하는 바에 따라 노인 등의 신체활동 또는 가사활동 지원 등의 업무를 전문적으로 수행하는 요양보호사를 두어야 한다. ② 요양보호사가 되려는 사람은 노인복지법 제39조의3에 따라 요양보호사를 교육하는 기관(요양보호사교육기관)에서 교육과정을 마치고 시·도지사가 실시하는 요양보호사 자격시험에 합격하여야 한다. ③ 시·도지사는 제2항에 따라 요양보호사

자격시험에 합격한 사람에게 요양보호사 자격증을 교부하여야 한다.」라고 규정하고 있다. 이와 같은 규정에 따르면, 노인장기요양보험법에 의거하여 노인복지시설에서 근무하는 장기요양요원이 요양보호사에 해당되는 것으로 볼 수 있다.

한편, 요양보호사의 자격시험에 응시할 수 있는 응시자격에 대하여 동법 시행규칙 제29조의2에서 다음과 같이 규정하고 있다. 즉, 「① 동법 제39조의2 제2항에 따른 요양보호사 자격시험에 응시하려는 자는 동법 제39조의3에 따른 요양보호사를 교육하는 교육기관(요양보호사교육기관)에서 제2항에 따른 소정의 교육과정을 이수하여야 한다. ② 동법 제39조의2 제2항에 따른 요양보호사의 교육과정은 별표 10의2와 같다.」라고 규정하고 있다. 이때, 「별표 10의2」에 따른 요양보호사의 교육과정을 살펴보면 〈표 4-25〉와 같다.

표 4-25 요양보호사의 교육과정(별표 10의2)

1. 교육과정

가. 표준교육과정과 교육기간

구 분	과 목	교육 내용	세부 내용	교육시간	
				이론	실기
이론강의 (80시간) / 실기연습 (80시간)	요양 보호 개론	요양보호 관련 제도 및 서비스	사회복지제도 노인보건복지 서비스 제도의 개요 노인장기요양 서비스에서의 방문간호 장기요양보험 서비스 표준 노인보건복지 서비스 관련 자원	5	
		요양보호 업무의 목적 및 기능	요양보호업무의 목적과 기능 요양보호사의 기본원칙 및 역할 범위 요양보호 서비스 유형(시설 · 재가)	2	
		요양보호사의 직업윤리와 자세	요양보호사 직업윤리 및 윤리강령 요양보호사 직업적 태도 노인의 인권 및 학대예방 요양보호사의 자기관리 및 안전관리(건강관리, 스트레스 관리, 자기계발, 자격관리, 성희롱 대처 등)	8	6
		요양보호 대상자 이해	노년기 특성(생리 · 심리적 특성) 노인과 가족 관계	2	
	요양보호 관련 기초 지식	의학적 · 간호학적 기초지식	노인의 기본 건강상태 사정(이론 · 실기) 노인의 주요 질환(치매, 뇌졸중, 파킨슨질환 등) 노인의 건강증진 및 질병예방	12	3
	기본 요양 보호 각론	기본요양 보호기술	〈섭취 요양보호〉 식사 돕기(경구, 비경구) 복약 돕기와 약 보관	4	6
			〈배설 요양보호〉 화장실 사용 돕기 침상배설 돕기 이동변기 사용 돕기 기저귀 사용 돕기 유치 도뇨관(留置 導尿管) 사용 돕기	5	8
			〈개인위생 및 환경 요양보호〉 구강 · 두발 · 손발 · 회음부(會陰部) 청결 돕기 세면 · 목욕 돕기 옷 갈아입히기 침상청결 등 쾌적한 환경 유지하기	5	8
이론강의 (80시간) / 실기연습 (80시간)	기본 요양 보호 각론	기본요양 보호기술	〈체위변경과 이동 요양보호〉 침상 이동 돕기 휠체어 이동 돕기 보행(자가, 기구) 돕기 이송 돕기	6	8
			〈안전 및 감염 관련 요양보호〉 낙상/미끄러짐/넘어짐 예방 감염예방 및 욕창예방 흡인(吸引)	3	6
		가사 및 일상생활 지원	일상생활지원의 목적, 기능 및 기본원칙 식사준비와 영양관리	4	6

<table>
<tr><td rowspan="8"></td><td rowspan="4"></td><td></td><td>식품, 식기 등의 위생관리
피복과 침상의 청결관리 및 세탁
외출 돕기 및 일상업무 지원
쾌적한 거주 환경 유지하기</td><td></td><td></td></tr>
<tr><td>의사소통 및 여가지원</td><td>효율적 의사소통
의사소통 및 라포르(rapport)형성 방법
여가활동 돕기(TV시청, 음악듣기 등)</td><td>5</td><td>6</td></tr>
<tr><td>서비스 이용지원</td><td>요양보호 대상자 · 장소 특성파악 및 서비스 계획
변경지원
타 직종, 타 서비스와의 연계성
업무 보고회, 사례 검토회</td><td>3</td><td>4</td></tr>
<tr><td>요양보호 업무 기록 및 보고</td><td>기록과 보고의 목적 및 중요성
업무일지 기록 방법
업무 보고 방법</td><td>3</td><td>4</td></tr>
<tr><td rowspan="3">특수 요양 보호 각론</td><td>치매요양 보호 기술</td><td>치매대상자의 일상생활지원
치매대상자의 문제행동 대처
치매대상자와의 의사소통</td><td>6</td><td>6</td></tr>
<tr><td>임종 및 호스피스 요양보호 기술</td><td>죽음 및 임종단계
호스피스의 개요
임종대상자의 요양보호</td><td>3</td><td>3</td></tr>
<tr><td>응급처치 기술</td><td>응급처치(골절, 질식, 경련, 화상 등)
기본 소생술</td><td>4</td><td>6</td></tr>
<tr><td colspan="3">소 계</td><td>① 80</td><td>② 80</td></tr>
<tr><td rowspan="3">현장실습
(80시간)</td><td colspan="2">노인요양시설 실습</td><td>통합실습 I</td><td colspan="2">40</td></tr>
<tr><td colspan="2">재가노인복지시설 실습</td><td>통합실습 II</td><td colspan="2">40</td></tr>
<tr><td colspan="3">소 계</td><td colspan="2">③ 80</td></tr>
<tr><td colspan="4">총계(① + ② + ③)</td><td colspan="2">240</td></tr>
</table>

나. 자격 또는 사회복지 관련 면허 소지자의 교육과정 및 교육시간

1) 간호사

<table>
<tr><th rowspan="2">구 분</th><th rowspan="2">과 목</th><th rowspan="2">교육내용</th><th colspan="2">교육시간</th></tr>
<tr><th>이론</th><th>실기</th></tr>
<tr><td rowspan="8">이론강의
(26시간)
/
실기연습
(6시간)</td><td rowspan="4">요양보호개론</td><td>요양보호 관련 제도 및 서비스</td><td>5</td><td></td></tr>
<tr><td>요양보호 업무의 목적 및 기능</td><td>2</td><td></td></tr>
<tr><td>요양보호사의 직업윤리와 자세</td><td>8</td><td>4</td></tr>
<tr><td>요양보호 대상자 이해</td><td>2</td><td></td></tr>
<tr><td rowspan="2">기본 요양보호각론</td><td>서비스 이용지원</td><td>3</td><td></td></tr>
<tr><td>요양보호 업무 기록 및 보고</td><td>3</td><td>2</td></tr>
<tr><td>특수 요양보호각론</td><td>치매요양보호기술</td><td>3</td><td></td></tr>
<tr><td colspan="2">소 계</td><td>① 26</td><td>② 6</td></tr>
<tr><td>현장실습
(8시간)</td><td colspan="2">노인요양시설 또는 재가노인복지시설 실습</td><td colspan="2">③ 8</td></tr>
<tr><td colspan="3">총계(① + ② + ③)</td><td colspan="2">40</td></tr>
</table>

* 비고: 교육내용의 세부내용은 제1호 가목을 준용한다.

2) 사회복지사

구 분	과 목	교육내용	교육시간	
			이론	실기
이론강의 (32시간) / 실기연습 (10시간)	요양보호개론	요양보호 관련 제도 및 서비스	3	
		요양보호 업무의 목적 및 기능	2	
		요양보호사의 직업윤리와 자세	8	
	요양보호 관련 기초지식	의학적 · 간호학적 기초지식	10	4
	기본 요양보호각론	기본 요양보호기술	4	3
		요양보호 업무 기록 및 보고	2	
	특수 요양보호각론	치매요양보호기술	3	3
	소 계		① 32	② 10
현장실습 (8시간)	노인요양시설 또는 재가노인복지시설 등 실습		③ 8	
총계(① + ② + ③)			50	

* 비고: 교육내용의 세부내용은 제1호 가목을 준용한다.

3) 간호조무사 · 물리치료사 · 작업치료사

구 분	과 목	교육내용	교육시간	
			이론	실기
이론강의 (31시간) / 실기연습 (11시간)	요양보호개론	요양보호 관련 제도 및 서비스	5	
		요양보호 업무의 목적 및 기능	2	
		요양보호사의 직업윤리와 자세	8	4
		요양보호 대상자 이해	2	
	기본 요양보호각론	의사소통 및 여가지원	5	
		서비스 이용지원	3	
		요양보호 업무 기록 및 보고	3	4
	특수 요양보호각론	치매요양보호기술	3	3
	소 계		① 31	② 11
현장실습 (8시간)	노인요양시설 또는 재가노인복지시설 실습		③ 8	
총계(① + ② + ③)			50	

* 비고: 교육내용의 세부내용은 제1호 가목을 준용한다.

다. 경력자 및 자격 소지자 등의 교육시간 감면

1) 경력자의 교육시간 감면

가) 3)에 따른 경력인정기관으로부터 생활지도원, 유급가정봉사원 및 간병인 등 간병 요양 관련 종사자로서 1년(1,200시간) 이상의 경력을 인정받은 사람은 표준교육과정에서 실기연습시간 및 현장실습시간을 각각 2분의 1씩 감면할 수 있다.

나) 3)에 따른 경력인정기관 중 법 및 「노인장기요양보험법」에 따른 노인요양시설 · 재가노인복지시설 · 장기요양기관 또는 재가장기요양기관에서 생활지도원, 유급가정봉사원 및 간병인 등 간병 · 요양 관련 종사자로서 1년(1,200시간) 이상의 경력을 인정받은 사람은 가목에 추가하여 종사한 시설과 관련한 현장실습시간의 전부를 감면할 수 있다.

2) 자격 소지자 등의 현장실습시간 감면

3)에 따른 경력인정기관 중 법 및 「노인장기요양보험법」에 따른 노인요양시설 · 재가노인복지시설 · 장기요양기관 또는 재가장기요양기관에서 그 자격 또는 면허 소지자로서 종사하여 1년(1,200시간) 이상

의 경력을 인정받은 간호사 · 사회복지사 · 간호조무사 · 물리치료사 및 작업치료사는 현장실습시간의 전부를 감면할 수 있다.

3) 경력인정기관

가) 법에 따른 노인주거복지시설, 노인의료복지시설 또는 재가노인복지시설

나) 「국민기초생활 보장법」에 따른 지역자활센터 및 자활공동체

다) 「노인장기요양보험법」에 따른 장기요양기관 또는 재가장기요양기관

라) 「농어촌 등 보건의료를 위한 특별조치법」에 따른 보건진료소

마) 「의료법」에 따른 의료기관

바) 「장애인복지법」에 따른 장애인 생활시설, 장애인 지역사회재활시설(다만, 장애인 체육시설, 장애인 수련시설, 장애인 심부름센터, 수화통역센터, 점자도서관과 점자도서 및 녹음서 출판시설은 제외한다.) 또는 장애인 유료복지시설

사) 「정신보건법」에 따른 정신질환자생활시설, 정신질환자지역재활시설 또는 정신질환자종합시설(정신질환자생활시설 또는 정신질환자지역재활시설이 결합되어 있는 시설만을 말한다.)

아) 「지역보건법」에 따른 보건소 또는 보건지소

자) 그 밖에 보건복지부장관이 정하는 기관 또는 단체

2. 교육과정 운영기준

가. 실기연습의 경우 각 회당 교육인원은 최대 40명을 초과할 수 없다.

나. 현장실습은 다음의 기준을 준수하여야 한다.

1) 현장실습은 제1호에 따른 이론강의 및 실기연습을 이수한 후에 실시하여야 한다.

2) 요양보호사교육기관의 장은 3)에 따른 현장실습기관과 현장실습 연계를 하여야 한다.

3) 현장실습기관은 법 및 「노인장기요양보험법」에 따른 노인요양시설 · 재가노인복지시설 · 장기요양기관 및 재가장기요양기관으로서 현장실습에 관하여 보건복지부장관이 정하는 기준에 적합하여야 한다.

다. 요양보호사교육기관(현장실습기관을 포함한다)은 보건복지부장관이 정하는 교육과정 운영지침에 따라 요양보호사 교육(현장실습을 포함한다)을 실시하여야 한다.

3. 현장실습 평가기준

가. 평가기준

1) 실습평가체크리스트 각 항목을 적정하게 수행하고, 각 교육 세부내용별 평가 점수가 70점 이상이며, 전체 평균 점수가 80점 이상이어야 한다.

2) 각 교육 세부내용별 평가 점수는 교육생의 출석상황 및 교육참여도 등을 종합하여 평가한다.

나. 실습평가체크리스트 등 그 밖에 현장실습 평가에 필요한 사항은 보건복지부장관이 정한다.

다. 현장실습 불합격자에 대한 조치

1) 현장실습평가 불합격자는 일정시간 재교육 후 2차 평가를 받을 수 있도록 하여야 한다.

2) 현장실습기관은 현장실습 불합격자에게 재교육시간을 통보하여야 한다.

3) 재교육시간 등 그 밖에 현장실습 재교육에 필요한 사항은 보건복지부장관이 정한다.

4. 수료기준 등

가. 교육생이 제1호에 따른 이론강의 · 실기연습 및 현장실습을 각각 8할 이상 출석하고, 제3호의 현장실습 평가기준에 적합한 때에 교육과정을 수료한 것으로 인정한다.

나. 요양보호사교육기관의 장은 별지 제27호 서식의 요양보호사 교육수료자 명부를 작성하여 보관하여야 한다.

3 요양보호사 운용 현황

1) 노인장기요양 니즈 증대

장기요양보험제도가 정착되어 감에 따라서 장기요양 서비스를 이용할 수 있는 대상자, 장기요양인정자의 규모 역시 점차적으로 증가하고 있다. 예를 들면, 〈표 4-26〉에서 제시하고 있듯이 2013년도 기준으로 65세 이상 노인 619만 명 중의 약 11.1%에 해당되는 68만 6천여 명이 장기요양신청을 하였으며, 이들 중에서 54만여 명에 대하여 판정을 진행, 그 중에서 37만 8천 명이 등급 내 인정(1~3등급)을 받았다. 따라서 노인인구 대비 인정률은 2009년도의 5.4%에서 2013년도에는 6.1%로 늘어났다.

이와 같은 배경에는 후기 노령인구의 증가와 함께 인정기준의 완화정책, 예를 들면 인정점수가 53점에서 51점으로 낮아진 점 등도 작용하였을 것으로 본다. 이와 같은 장기요양 인정자의 규모 증가는 다른 측면에서 보면 이들에게 관련 서비스를 직접 제공하는 요양보호사의 양적 확대 및 질적 강화에 대한 필요성의 확대·강화와도 깊은 관계가 있다. 따라서 향후 요양보호사에 대한 효과적

표 4-26 노인장기요양 인정자 현황 등

(단위: 명)

구 분	2009	2010	2011	2012	2013
노인인구 (65세 이상)	5,286,383	5,448,984	5,644,758	5,921,977	6,192,762
신청자	522,293	622,346	617,081	643,409	685,852
판정자 (등급 내+등급 외)	390,530	465,777	478,446	495,445	535,328
인정자	286,907	315,994	324,412	341,788	378,493
(판정 대비 인정률)	(73.5%)	(67.8%)	(67.8%)	(69.0%)	(70.7%)
노인인구 대비 인정률	5.4%	5.8%	5.7%	5.8%	6.1%

주1) 연도말 기준[사망자(누적): ('09)73,942명, ('10)136,993명, ('11)266,819명, ('12)364,801명, ('13)467,668명 제외].

주2) 신청자, 판정자, 인정자는 누적기준.

* 자료: 국민건강보험공단(2014).

인 육성・관리운영제도의 마련은 노인장기요양보험제도의 지속가능한 발전을 위한 핵심적 조치의 하나가 될 것이다.

한편, 이와 같은 요양보호사의 규모 확대에 대한 필요성은 특히 시설을 중심으로 급속히 진행될 것으로 본다. 예를 들면, 〈표 4-27〉에서도 일부 나타나고 있듯이 2013년 현재 장기요양기관은 총 15,704개소이며, 이 중에서 재가기관이 11,056개소(70.4%), 시설기관이 4,648개소(29.6%)로써 개수에 있어서는 재가시설이 많지만, 시간이 지나면서 재가기관은 정체된 모습을 보이고 있음에 비하여 시설기관은 꾸준히 증가 현상을 보이고 있다. 따라서 요양보호사에 수요 역시 향후 시설기관을 중심으로 강화될 수 있을 것으로 본다.

표 4-27 노인장기요양기관 현황

(단위: 개)

구 분	2009		2010		2011		2012		2013	
	재가	시설	재가	시설	재가	시설	재가	시설	재가	시설
계	11,928	2,628	11,228	3,751	10,857	4,061	10,730	4,326	11,056	4,648

주) 각 연도말 기준, 지정 운영되고 있는 기관수.

* 자료: 국민건강보험공단(2014).

2) 요양보호사 충원 현황

요양보호사제도가 시행된 이후, 요양보호사 자격취득자의 현황을 살펴보면 다음과 같다. 즉, 2008년 8월 현재 182,565명, 2010년 12월 현재 983,823명, 2011년 12월 현재 1,063,812명, 2013년 12월 현재 1,177,235명으로 나타나고 있다(국민건강보험공단, 2014). 요양보호사제도가 도입된 이후 당해 자격 취득자의 규모가 100만 명을 상회하고 있다.

그런데 이와 같은 자격증 취득자의 취업 현황을 살펴보면 〈표 4-28〉과 같이 약 252,663명으로 약 21.5%에 지나지 않고 있다. 2013년 12월 현재 장기요양기관에 근무하고 장기요양요원의 현황을 보면 요양보호사가 252,663명(전년 대비 8.2% 증가), 사회복지사가 7,506명(전년 대비 11.2% 증가), 간호조무사가 7,552명(전년 대비 15.1% 증가)이지만, 요양보호사의 증가율은 상대적으로 낮은 편이다.[18]

표 4-28 노인장기요양기관 요양보호사 운영 현황

(단위: 명)

구 분		2009	2010	2011	2012	2013
합계 (재가+시설)	사회복지사	4,944	5,862	6,133	6,751	7,506
	의사(촉탁 포함)	852	997	1,081	1,142	1,233
	간호사	3,096	2,986	2,838	2,735	2,627
	간호조무사	3,873	5,069	5,859	6,560	7,552
	치과위생사	19	17	7	7	4
	물리(작업)치료사	1,207	1,412	1,530	1,626	1,740
	요양보호사	172,889	228,955	232,639	233,459	252,663
	영양사	660	719	776	835	918

주1) 각 직종 내 중복인원 제거(의사+촉탁의, 물리+작업치료사, 요양보호사1급+2급).
주2) 계는 급여종류별 중복인원 제거.
* 자료: 국민건강보험공단(2014).

이상에서 살펴본 바와 같이 노인장기요양보험제도의 정착과 함께 노인장기요양에 대한 니즈 역시 점차적으로 확대·강화되어가고 있다. 따라서 노인장기요양 서비스를 직접 담당한 전문 인력으로서의 요양보호사에 대한 중요성도 크게 확대되고 있다. 그럼에도 불구하고, 요양보호사제도에 대한 인식 제고와 관리 대책에 대해서는 소극적인 측면이 지속되고 있다. 지속가능한 노인장기요양보험제도의 토대 강화라는 차원에서 볼 때, 이에 대한 보다 체계적인 연구·검토와 개선책 마련이 긴요한 현안 과제가 될 것으로 본다(김윤진, 2008; 신재명, 2011).

제 8 절 한국의 노인장기요양보험제도 특징

1 개 관

앞에서도 살펴보았듯이 한국은 노인장기요양보험제도의 도입에 즈음하여 벤

18) 이에 비하여 간호사는 2009년도부터 매년 종사인력이 줄어들고 있다.

치마킹적 차원에서 선진 사례, 특히 독일과 일본의 사례를 집중적으로 검토하였다. 그와 같은 결과, 특히 한국의 노인장기요양보험제도와 일본의 개호보험제도 간에는 구조 및 이용절차 등에 있어서 매우 유사한 양상을 보이게 되었다(정재욱, 2008, 2009; 增田雅暢, 2008; 鄭載旭・白澤政和, 2006). 이와 같은 차원에서, 본 서에서는 한국의 노인장기요양보험제도와 일본 개호보험제도 간의 구조적 특징에 대한 이해에 도움을 주고자 하는 차원에서 본인이 2010년 한국사회복지학회 춘계학술대회의 「한・일분과 세션」에서 주제 발표되었던 관련 논문의 일부를 기술하고자 한다.[19]

물론, 앞에서도 지적되었듯이 본 논문이 발표된 이후, 한국과 일본 모두 관련 제도에 대한 상당한 수준의 개선작업이 있었다. 특히, 일본의 개호보험제도는 크게 두 번에 걸친 제도 개선이 있었다. 즉, 2012년 및 2014년의 개선이 이에 해당된다. 물론, 한국의 노인장기요양보험제도 역시 기존의 3등급이 5등급으로 변화하는 등의 제도 개선이 있었다. 그러나 이와 같은 제도 개선에도 불구하고 두 제도의 기본구조에는 별반 변화가 없다. 따라서 이하의 내용은 양국의 관련 제도를 비교・고찰하는 데 기여할 수 있을 것으로 본다. 물론, 이후에 그 동안의 변화 내용을 포함한 분석 내용을 다시 싣기로 한다.

2 입법 태도

한국의 노인장기요양보험법과 일본의 개호보험법은 〈표 4-29〉에서도 나타내고 있듯이, 입법체제적 측면에서 매우 유사한 형태를 취하고 있다. 예를 들면, 전체적으로 볼 때 개호보험법은 총 14개의 장으로, 노인장기요양보험법은 총 12개의 장으로 구성되어 있고 편재 순서도 비슷하다. 물론, 각 장에 따른 관련 법령 조문(항)의 편재 및 순서에 있어서도 매우 비슷한 흐름을 보이고 있다.

따라서 외형적으로 볼 때 노인장기요양보험법과 개호보험법은 법체제상으로는 매우 유사하며, 차이가 있다면 법령 조문(항)의 수의 차이 정도로 볼 수도 있다. 예를 들면, 개호보험법은 총 14개의 장에 총 215개 조항(사실상은 약 300

19) 논문 제목은 「한국장기요양보험제도의 운영구조의 특징 및 함의」임.

개의 법 조항으로 볼 수 있음)에 이르는 큰 규모의 법체계임에 비하여 노인장기요양보험법은 총 12개의 장에 총 70개 조항에 이르는 비교적 소규모의 법체계로 구성되어 있다(정재욱, 2009a). 따라서 장의 규모에서는 비슷하지만, 구체적인 법령 조문의 수에 있어서는 큰 차이를 보이고 있다.

한편, 이와 같은 규모상의 차이점이 나타나게 된 배경에는 기본적으로 법률을 제정하는 입법 태도의 차이와 깊은 관계가 있다고 본다. 즉, 노인장기요양보험법의 경우, 제도운영과정에 있어서 중요한 역할을 하게 될 핵심적 내용의 상당부분이 하위행정법령에 다수 위임되어 있다. 이와 같은 이유로 노인장기요양보험제도의 기본법인 노인장기요양보험법은 매우 단순한 형태의 기본조문을 중심으로 구성된 법체계로 나타나게 되었다. 이해하기에 따라서는 노인장기요양보험법은 노인복지법의「하위 법령」또는 핵심 사항을「행정입법에 위임시킨 법체계」로 보이기도 한다(이와 같은 내용은 2015년 6월 현재 행정입법권과 관련된 대통령 거부권 행사의 상황과도 일부 관계가 될 수 있음).

이에 비하여 개호보험법의 경우에는 제도운영에 따른 법적 안정성, 이해당사자의 이해관계의 명확화, 주민에 의한 제도통제력의 강화 등의 차원에서 기술적 측면의 내용에 대해서도 하위법령에의 위임을 최저한으로 줄이고, 그 대신에 관련 내용을 당해 법률에 직접 규정하는 입법 태도를 취하고 있다. 따라서 노인장기요양보험법에서는 당해 제도의 기본내용을 중심으로 법체제 및 내용을 구성하고 있음에 비하여, 개호보험법에서는 매우 구체적인 내용까지 당해 법체제에 직접 기술하고 있다(이용석, 2008; 정재욱 2009a).

이와 같은 입법 태도의 차이는 단순히 법체제상의 차이를 넘어서서, 앞으로 당해 제도의 운영과정에 있어서도 상당한 차이가 예상된다. 즉, 개괄적으로 보면 노인장기요양보험제도는 개호보험제도와 비교하여 제도운영에 따른 효율성 제고에 대한 높은 관심 및 행정기관의 관여 범위의 확대 등이 상대적으로 강조될 것으로 본다. 물론, 이와 같은 부분이 제도의 운영과정에서 구체적으로 어떻게 나타날 것인지는 향후 경험적으로 검증할 부분일 것이다.

표 4-29 개호보험법과 노인장기요양보험법 법체제 비교

<table>
<tr><th colspan="4">改正介護保險法</th><th colspan="2">老人長期療養保險法</th></tr>
<tr><td>1章</td><td colspan="3">總則</td><td>1章</td><td>總則(6個 條項)</td></tr>
<tr><td>2章</td><td colspan="3">被保險者</td><td>2章</td><td>長期療養保險(5個 條項)</td></tr>
<tr><td>3章</td><td colspan="3">介護認定審査會</td><td>3章</td><td>長期療養認定(11個 條項)</td></tr>
<tr><td rowspan="7">4章</td><td colspan="3">保險給付</td><td rowspan="7">4章</td><td rowspan="7">長期療養給與種類
(4個 條項)</td></tr>
<tr><td>第1節</td><td colspan="2">通則</td></tr>
<tr><td>第2節</td><td colspan="2">認定</td></tr>
<tr><td>第3節</td><td colspan="2">介護給付</td></tr>
<tr><td>第4節</td><td colspan="2">豫防給付</td></tr>
<tr><td>第5節</td><td colspan="2">市町村特別給付</td></tr>
<tr><td>第6節</td><td colspan="2">保險給付制限等</td></tr>
<tr><td rowspan="16">5章</td><td colspan="3">介護支援專門員, 事業者 및 施設</td><td rowspan="16">5章</td><td rowspan="16">長期療養給與提供
(4個 條項)</td></tr>
<tr><td rowspan="4">第1節</td><td colspan="2">介護支援專門員</td></tr>
<tr><td>제1관</td><td>登錄等</td></tr>
<tr><td>제2관</td><td>登錄試驗問題作成機關登錄等……</td></tr>
<tr><td>제3관</td><td>義務等</td></tr>
<tr><td>第2節</td><td colspan="2">指定居宅서비스事業者</td></tr>
<tr><td>第3節</td><td colspan="2">指定地域密着型서비스事業者</td></tr>
<tr><td>第4절</td><td colspan="2">指定居宅介護支援事業者</td></tr>
<tr><td rowspan="4">第5節</td><td colspan="2">介護保險施設</td></tr>
<tr><td>제1관</td><td>指定介護老人福祉施設</td></tr>
<tr><td>제2관</td><td>介護老人保健施設</td></tr>
<tr><td>제3관</td><td>指定介護療養型醫療施設</td></tr>
<tr><td>第6節</td><td colspan="2">指定介護豫防서비스事業者</td></tr>
<tr><td>第7節</td><td colspan="2">地域密着型介護豫防서비스事業者</td></tr>
<tr><td>第8節</td><td colspan="2">指定介護豫防支援事業者</td></tr>
<tr><td>第9節</td><td colspan="2">介護서비스情報公開</td></tr>
<tr><td>6章</td><td colspan="3">介護支援事業等</td><td>6章</td><td>長期療養機關(7個 條項)</td></tr>
<tr><td>7章</td><td colspan="3">介護保險事業計劃</td><td>7章</td><td>在家・施設給與費用等(7個 條項)</td></tr>
<tr><td rowspan="4">8章</td><td colspan="3">費用等</td><td rowspan="4">8章</td><td rowspan="4">長期療養委員會(3個 條項)</td></tr>
<tr><td>第1節</td><td colspan="2">費用負擔</td></tr>
<tr><td>第2節</td><td colspan="2">財政安定化基金等</td></tr>
<tr><td>第3節</td><td colspan="2">醫療保險者納付金</td></tr>
<tr><td>9章</td><td colspan="3">社會保險診療報酬支拂基金의 介護保險關係事業</td><td>9章</td><td>管理運營機關(7個 條項)</td></tr>
<tr><td>10章</td><td colspan="3">國民健康保險團體聯合會의 介護保險事業關係事業</td><td>10章</td><td>異議申請, 審査請求(3個 條項)</td></tr>
<tr><td>11章</td><td colspan="3">介護給付費審査委員會</td><td>11章</td><td>補則(9個 條項)</td></tr>
<tr><td>12章</td><td colspan="3">審査請求</td><td>12章</td><td>罰則(4個 條項)</td></tr>
<tr><td>13章</td><td colspan="3">雜則</td><td></td><td></td></tr>
<tr><td>14章</td><td colspan="3">罰則</td><td></td><td></td></tr>
<tr><td colspan="4">附則</td><td colspan="2">附則(3個 條項)</td></tr>
</table>

＊자료: 정재욱(2009a) 참조.

3 운영 구조

한국의 노인장기요양보험제도와 일본의 개호보험제도 간에는 구조적으로 유사한 측면도 많지만, 기술적인 부분에 있어서는 상당한 차이가 있는 것도 사실이다. 이와 같은 차원에서 한국 노인장기요양보험제도의 운영 구조의 상대적 특징을 살펴보면 다음과 같다.

첫째, 동 제도의 도입 과정에 따른 참여 주체 및 제도화 과정에 대한 특징이다. 노인장기요양보험제도의 경우, 제도화 과정에 있어서 중요한 역할을 하였던 그룹은 보건복지부장관의 자문위원적 성격의 다양한 위원회였다. 〈표 4-30〉에서도 제시하고 있듯이 노인장기요양보험제도는 1999년 12월부터 2007년 4월까지 약 6년 반에 걸쳐 보건복지부장관의 자문위원회의 성격을 가졌던 각종 위원회 및 위원의 참여 속에서 제도화가 추진되었다. 한편, 정부는 보건복지부가 마련한 임시(안)를 중심으로 3차례에 걸친 시범사업의 시행, 이를 통한 문제점의 사전 발견 및 제도 보완의 단계를 밟았다는 점에서 제도화 과정의 특성을 찾을 수 있다.

이와 같은 제도화 과정은 일본 개호보험제도와 비교하여 상당한 차이점 및 특징을 노정시키고 있다. 일본의 경우, 1996년 6월에 후생성(당시)산하의 상임위원회였던 노인보건복지위원회가 중심이 되어 제시하였던 안(案)에 대하여 정부가 이를 수용하는 형식으로 개호보험제도의 기본요강이 정리되었다. 따라서 개호보험제도의 준비 과정에 있어서 핵심적 역할을 하였던 그룹은 후생성산하의 상임위원회인 노인보건복지위원회였다.

동 위원회는 법령에 의하여 설치·운영되는 법정위원회로서 동 위원회가 주도적으로 약 2년 반에 걸친 노력으로 1996년 6월에 기본(안)이 마련되었다. 한편, 일본 국회는 제출된 동법(안)에 대하여 약 1년 간에 걸쳐 시민사회, 각급 지방자치단체, 그리고 유식자 등의 의견을 청취한 후, 동법(안)을 일부 내용하여 1997년 12월에 법(안)을 가결·공포하였고, 일본 정부는 동 제도 시행에 따른 혼란 방지를 위해 2년 간에 걸쳐 준비기간을 부여하여, 2000년 4월 1일부터 동 제도를 시행하였다(全國社會福祉協議會, 2001).

이렇게 볼 때, 노인장기요양보험제도와 개호보험제도의 제도화 과정의 주도적 참여그룹의 성격(한국은 자문그룹, 일본은 상임위의 중심), 입법화의 과정, 행정기관의 대응자세 등에서 많은 차이를 느끼게 한다. 특히, 노인장기요양보험제도의 경우 국민의 대의기관인 국회의 참여폭이 상대적으로 제한되고 소극적이었다고 본다(鄭載旭 · 白澤政和, 2007).

표 4-30 두 제도 간의 특성 비교

區 分		介護保險制度	老人長期療養保險制度
制度化過程 核心參與者		후생성(당시) 소속 상임위원회인 노인보건복지위원회	보건복지부장관의 자문기구인 다양한 형태의 위원회 및 보건복지부 공무원
政府 役割	立法 態度	가능한 당해 법률에 직접 규정	중요한 내용을 하위 법령에 위임
	役割	기본적 제도틀의 작성 · 운영에 초점	총괄적 수준의 강한 지도 · 감독권의 행사
保險者	保險者	시(구)정촌(기초지방자치단체)	국민건강보험공단(공기업)
	區域	시(구)정촌의 행정구역	전국
被保險者	被保險者	65세 이상(제1호피보험자) 및 45세부터 65세 미만자(제2호 피보험자)	국민건강보험가입자
	서비스 利用者	제1호피보험자 및 법률에 규정하고 있는 특정질병을 가진 제2호 피보험자	65세 이상의 노인 및 대통령령으로 규정하고 있는 질병을 가진 65세 미만자
서비스	提供 機關	거택개호사업자 및 개호보험시설	노인요양시설(노인요양공동생활가정 포함) 및 재가노인복지시설
	類型	• 개호급부(13종류 거택 서비스, 6종류 지역밀착형 서비스, 거택지원 서비스, 3종류 시설 서비스) • 예방급부(13종류 거택 서비스, 3종류 지역밀착형 서비스, 개호예방지원 서비스) • 시정촌특별급부	• 재가급여(6종류) • 시설급여 • 특별현금급여
	利用 節次	요개호인정[시(구)정촌] → 케어매니지먼트(사업자, 지역포괄지원센터) → 서비스 이용 → 계속관리	장기요양인정(공단) → 표준이용계획서 작성(공단) → 서비스 이용 → 계속관리
	豫防 事業	예방급부, 지역지원사업, 지역포괄지원센터	노인성 질환 예방사업
財政構造		보험료, 공비 부담, 직접 부담(전부 법률로써 규정), 公費 50%	보험료(대통령령), 공비 부담(법률), 직접 부담(법률), 公費 20% 수준

* 자료: 정재욱(2009a) 참조.

둘째, 제도운영에 따른 행정관여·통제의 범위 또는 그 가능성에 대한 부분이다. 이와 같은 입장을 밝혀줄 대표적인 부분이 위임입법 태도와 이에 따른 하위법령(下位法令)의 위상이다. 노인장기요양보험법은 〈표 4-29〉에서도 제시하고 있듯이, 총 12개 장과 70개 조항으로 편재된 비교적 소규모 법체계로 되어 있다. 동 제도의 운영 과정에 있어서 보험자, 서비스 이용자, 그리고 서비스 제공자 등에게 중요한 의미를 전달할 많은 내용들이 대통령령이나 보건복지부령 등과 같은 하위법령에 대부분 위임되어 있다.

예를 들면, 동 법률의 경우, 총 70개 조항 속에 「27개의 대통령령」과 「31개의 보건복지가족부령」에 대한 위임조항이 나타나고 있다. 하위법령에 위임되어 있는 중요한 내용을 제목의 차원에서만 살펴보면 다음과 같다. 즉, 노인성 질병의 범위, 장기요양인정 조사항목, 의사소견서의 예외대상의 범위 등, 등급판정의 기준, 장기요양인정서 및 표준장기요양이용계획서의 작성 방법, 장기요양인정의 유효 기간, 장기요양인정의 갱신·변경의 절차 및 운영 방안, 장기요양인정의 신청 등의 대리, 기타 재가급여의 범위, 장기요양기관의 지정, 재가장기요양기관의 신고(시설·인력 기준 등), 장기요양기관의 종류·기준, 장기요양급여의 종류별 장기요양요원의 범위·업무·보수교육, 장기요양기관의 시설·인력에 관한 변경 신고, 장기요양기관의 정보 안내 및 장기요양급여 비용의 명세서 및 서식 등, 장기요양기관의 지정 취소시 장기요양기관 재신고 제한, 장기요양위원회 등 각종 위원회 구성 및 운영 방식, 장기요양보험료율, 장애인 등 장기요양보험료 감면, 장기요양급여의 실시 기준·절차·방법·범위 등, 가족요양비, 특례요양비, 요양병원간병비 지급 절차, 소급적용 급여대상, 범위, 절차, 월 한도액의 적용대상 장기요양급여, 산정기준 및 방법, 재가 및 시설급여 비용의 산정방법 및 항목 등, 재가 및 시설급여 비용의 심사 기준, 가감지급 기준, 청구 절차 및 지급 방법 등, 본인 일부 부담금의 산정 방법, 감경 절차 및 감경 방법 등, 가족 등의 장기요양에 대한 보상 방법, 방문간호지시서 발급비용 등, 장기요양급여의 실시내용 평가 방법 등, 국가의 부담 및 지자체 부담, 과태료 부과·징수 절차 등이다(보건복지가족부, 2008a). 하위법령은 성격상 국민의 대의기관인 국회를 통한 시민통제보다는 행정기관을 중심으로 한 전문가 집단 및 관료통제가 보다 용이하게 나타날 수 있다.

따라서 노인장기요양보험제도의 운영 과정에 있어서 보험자(공단)는 민주통제를 요구하는 보험가입자의 입장보다는 행정관리・행정효율성을 중시하는 행정기관, 그리고 전문가・이익집단의 통제에 쉽게 노출될 가능성이 상대적으로 높을 수 있다고 본다. 따라서 동 제도의 운영 과정에 있어서 보건복지가족부는 물론, 각종 위원회 등으로 상징되는 전문가 및 이익집단의 영향력에 대한 이용자 지향적 민주적 통제방안의 모색이 향후 중요한 비중을 차지할 것으로 본다. 예를 들면, 노인장기요양기본계획서의 작성에서부터 인정신청, 보험료율, 요양급여방법 등에 이르기까지 대부분의 내용이 하위법령에 위임되어 있기 때문에, 동 제도 운영에 따른 중앙정부 및 전문가 지향적 결정이 세세한 부분까지 이루어질 수가 있다.

특히, 국민건강보험공단을 보험자로 하고 있는 바, 동 공단에 대한 보건복지부의 영향력은 재정・인사권은 물론 유・무형의 관리 영역에 걸쳐 폭넓게 이루어질 가능성이 높다. 개호보험제도의 경우, 보험자를 시(구)정촌으로 하고 있고, 제도운영상의 중요한 내용을 동 법률에 대부분 직접 규정함으로써 제도적 안정성이 상대적으로 높은 것으로 볼 수 있다. 물론, 일본도 중앙정부가 각종 시달(지침)을 통하여 유・무형의 행정통제를 하는 것도 사실이다(정재욱, 2005c).

이렇게 볼 때, 운영과정에 있어서 행정효율성과 행정통제력이 보다 적극적으로 나타날 가능성이 높은 쪽은 노인장기요양보험제도일 것으로 본다. 즉, 한국 노인장기요양보험제도는 일본 개호보험제도에 비하여 운영 과정에 있어서 중앙집권성(행정기관 간의 관계에서는 물론이고 공단내부 간의 조직운영에 있어서도)이 보다 강하게 나타날 가능성이 높다고 본다.[20]

셋째, 행정관리 또는 행정효율성에 대한 부분이다. 앞에서도 살펴보았듯이 두 제도 간에 나타나는 중요한 구성요인의 차이점의 하나는 보험자이다. 개호보험제도는 기초지방자치단체인 시(구)정촌을 보험자로 하고 있고, 노인장기요양보험제도는 공법인인 국민건강보험공단을 보험자로 하고 있다. 한국의 경우, 제도도입을 검토하였던 초기 단계에서부터 연구참여자의 대부분(전문가 및 관계공무원임)은 보험자로서의 시군(구)은 아니 된다는 태도였다. 이에 비하여 개호

20) 이와 같은 측면은 행정입법에 대한 한계와도 관계가 있다. 보기에 따라서는 사회복지분야 중에는 상위법과 행정입법 간에 충돌가능한 영역도 있는 것으로 평가된다(아시아경제, 2015. 6. 28).

보험제도는 지방분권개혁과 이념적 맥락을 같이하면서 추진되었고, 자연스럽게 시(구)정촌을 보험자로 하였다(小笠原裕次, 2001).

노인장기요양보험제도의 경우, 동 제도의 운영과 관련하여 재가 서비스나 지역사회의 참여 등을 강조하면서도 주민에게 가장 가까이 있는 시군의 역할을 제한시켜 놓고 있다. 한국의 노인장기요양보험제도는 주민참여 및 지방분권개혁과는 이념적 맥락을 같이하는 것으로 보기는 어렵다. 따라서 노인장기요양보험제도는 개호보험제도에 비하여 행정관리의 편의성과 행정효율성을 상대적으로 더 강조하는 운영 구조를 지니고 있다고 본다.

넷째, 보험가입자와 서비스 이용자 간의 이념적 차원의 분리와 이에 따른 관련 서비스 이용에 대한 자기책임성의 담보와 관련된 부분이다. 노인장기요양보험제도의 가입자는 국민건강보험가입자로 되어 있음에 비하여, 개호보험제도의 가입자는 시(구)정촌에 주소를 두고 있는 65세 이상의 자(제1호 피보험자)와 의료보험 등에 가입하고 있는 40세부터 64세까지의 자(제2호 피보험자)로 되어 있다. 따라서 개호보험제도의 경우, 피보험자와 서비스 이용자가 이념적 차원에서 동일하지만, 노인장기요양보험제도에서는 이들 간에 사실상 격차를 보인다. 노인장기요양보험제도의 경우 서비스 이용자가 사실상 노인계층으로 되어 있음에 비하여, 비용 부담은 국민 일반으로 되어 있다. 동 제도의 기본이념이 이용자에 대한 자립지원과 자기책임 및 시장원리에 따른 관련 서비스의 이용을 중시한다는 측면을 고려할 때, 노인장기요양보험제도는 서비스 이용에 따른 자기책임성을 담보하는 데 상대적 취약점도 엿볼 수 있다고 본다(정재욱, 2009b).

다섯째, 이용자 중심의 계획적·체계적 서비스 이용가능성에 대한 부분이다. 노인장기요양보험제도의 경우, 서비스 이용은 인정신청으로부터 시작된다. 노인장기요양보험제도의 경우, 관련 서비스를 필요로 하는 자는 관계 규정에 따라서 인정신청서를 공단에 제출, 공단은 이에 대한 조사와 함께 결과를 공단에 설치된 등급판정위원회에 제출, 동 판정위원회는 인정여부와 함께 등급판정을 한다. 공단은 판정위원회로부터 인정자로 판정된 자(수급자)에 대해서는 인정서와 함께 수급자의 서비스 이용에 따른 편의를 제공하는 차원에서 이용가능한 서비스의 종류와 이용 방법 등을 기술한 표준수발이용계획서를 작성하여 전달한다.

이에 비하여 개호보험제도에서는 수급자는 지정거택개호사업소 등에 소속된 개호지원전문인으로부터 이용자 자신의 복지 니즈에 부합되는 서비스 및 기타 내용을 포함한 개호서비스 이용계획서(care management plan)의 작성에 대한 지원을 받을 수가 있다(白澤政和, 2003a; 2003b; 白澤政和 外 2人, 1997). 즉, 개호보험제도에서는 서비스 이용자의 복지 니즈, 본인 및 가족의 자유로운 의견, 그리고 서비스의 선택·이용에 따른 자기결정권을 중시하는 케어매니지먼트의 기능이 제도화·활성화되어 있지만, 노인장기요양보험제도는 상대적으로 이용자 중심의 계획적·체계적 서비스 이용가능성이 취약한 운영 구조로 되어 있다(정재욱, 2006a; 박정호·여진주, 2008).

여섯째, 이용가능한 서비스의 범위 및 종류에 대한 부분이다. 노인장기요양보험제도에 따른 서비스는 크게 재가시설의 이용에 따른 재가급여, 보건의료시설의 이용에 따른 시설급여 및 특별현금급여로 되어 있다. 이때, 재가급여는 방문요양, 방문목욕, 방문간호, 주·야간보호, 단기보호 및 기타 재가급여로 되어 있고, 시설급여는 노인의료복지시설 등의 이용에 따른 급여로 나타나고 있다. 한편, 개호보험제도는 ① 개호급부(13개 종류의 거택 서비스, 6개 종류의 지역밀착형 서비스, 거택지원 서비스, 3개 종류의 시설 서비스), ② 예방급부(13개 종류의 거택 서비스, 3개 종류의 지역밀착형 서비스, 개호예방지원 서비스), ③ 시정촌의 조례로써 제공할 수 있는 시정촌특별급부가 있다. 이렇게 볼 때, 노인장기요양보험제도에 따른 이용가능한 서비스의 구조는 매우 단순하며, 나아가서 피보험자의 부담보험료 등에 상응하는 수준의 서비스 체제가 상대적으로 부족한 운영 구조로 볼 수 있다. 이를 다른 측면에서 보면, 노인장기요양보험제도는 제도 운영에 따른 비용 부담을 국민 일반에게 더 많이 전가하는 운영 구조의 측면이 강한 것으로도 볼 수도 있다.

일곱째, 노인장기요양서비스 공급자의 시장참여에 대한 부분이다. 노인장기요양보험제도와 개호보험제도 모두 서비스 공급자의 시장참여기능을 강조하고 있다. 그런데 노인장기요양보험제도의 경우, 이와 관련된 중요한 내용의 대부분을 하위법령에 위임, 관련 기관(시설)의 법적 요건(시설, 인력 등)이 보건복지부령 등으로 규정할 수 있게 되어 있다. 노인장기요양 서비스의 충분하고도 안정적 공급을 확보하기 위해서는 장기요양기관에 대한 민간부문의 활발한 참여는 필수적이지만(김귀자, 2008), 이와 같은 기관의 재산권 보호 및 관련 기관의 법적 안정성 등을 고려할 때, 이와 같은 입법 태도에 대해 많은 의문을 가진다. 물론, 개호보험제도에서는 사업자, 시설 요건 등을 동법에서 직접 규정하여 기관운영에 따른 법적 안정성을 담보하고 있다.

여덟째, 예방시스템에 부분이다. 지원이 필요 노인 등에 대한 공적 장기요양보험제도를 통한 서비스의 제공도 중요하지만, 보다 중요한 것은 노인의 자립생활을 강화시키는 것, 즉 예방사업이 매우 중요하다. 노인장기요양보험제도에서는 이와 관련하여 「노인이 일상생활을 혼자서 수행할 수 있는 온전한 심신상태를 유지하는 데 필요한 사업, 즉 노인성 질환 예방사업을 실시하도록 하면서, 이와 같은 사업을 추진하는 지방자치단체 및 공단에 대하여 소요 비용을 지원할 수 있도록」 규정하고 있다(동법 제4조 제1항 및 제2항). 한편, 개호보험제도의 경우, 개정개호보험제도(2006년 4월 1일)를 통하여 신예방급부체제의 구축의 일환으로써 다양한 형태의 예방급부, 지역지원사업 및 지역포괄지원센터 등을 운영하고 있다. 따라서 노인장기요양보험제도의 경우, 특히 예방사업과 관련된 운영구조가 상대적으로 취약한 것으로 볼 수 있다.

아홉째, 비용부담 구조이다. 동 제도의 재정 구조는 크게 피보험자의 보험료, 법령에 따른 행정기관(국가 등)의 공적 부담 및 서비스 이용자의 직접 부담분으로 되어 있다. 이때, 노인장기요양보험제도에서는 피보험자가 지불하는 보험료율을 대통령령으로 결정하며, 행정기관의 부담은 보험료 예상 수입액의 20/100, 그리고 서비스 이용자의 직접 부담으로는 재가급여시에는 총비용의 15/100, 시설급여시에는 총비용의 20/100을 부담하도록 되어 있다. 개호보험제도에서는 공적 부담이 전체 비용의 50%이며, 서비스의 이용자의 직접 부담액은 전체 비용의 10%이다. 따라서 노인장기요양보험제도는 재정안정과 관련하여 피보험자 및 서비스 이용자의 재정부담을 더 강조하는 운영 구조로 되어 있다고 볼 수 있다.

4 함 의

한국 노인장기요양보험제도의 모습을 일본의 개호보험제도와 단순 비교하여 보면 그 특징은 다음과 같다. 즉, 보험자로서 국민건강보험공단, 피보험자로서 국민건강보험피보험자, 재정 구조상에서 서비스 이용자에 대한 부담지향, 서비스 제공기관으로서의 시설중시, 이용가능한 서비스의 상대적 제한 등이 이에 해당된다. 따라서 한국의 노인장기요양보험제도는 운영 구조에 있어서 비교적 효율성과 능률성 등을 강조하는 관리지향적 측면이 부각되는 측면이 강하다고 본다. 이와 같은 모습은 기존의 국가발전전략과도 일맥 상통하는 측면이 있는 것은 아닌가 한다. 즉, 비교적 제한된 자원으로 주어진 국가발전목표를 조기에 달성하기 위하여 소위 「압축성장전략」을 추구하는 과정에서 효율성과 관리지향성을 강조하였던 흐름이 노인장기요양보험제도의 운영 구조에서도 반영된 일면이 있는 것은 아닌가 한다.

그러나 국가발전이 본격적 궤도에 진입하였던 1990년대 중반 이후부터는 효율성 못지않게 민주성과 주민참여[21)]가 강조되고 있듯이, 노인장기요양보험제도의 경우에도 이와 비슷한 양상이 나타날 수도 있지는 않을까 하는 생각을 한다. 즉, 제도화의 초기 단계에는 제한된 자원(주로 재정)의 효율적 이용의 강조, 상대적으로 적은 규모의 서비스 이용자의 존재(일본의 개호보험제도는 고령사회로의 진입 단계에서 고려하였음), 기존의 요양시설 이용비용(약 200만 원 전후)에 비한 상대적 저렴함(현, 50만 원 전후), 불특정다수인(국민건강보험가입자)에 의한 보험료 부담으로 인한 비용부담분산효과 등에 따른 효율성의 가치가 중시될 수도 있겠지만, 앞으로 서비스 이용자의 폭발적인 증가와 함께 보험료를 포함한 이용자 재정 부담 가중이 나타나게 될 경우, 동 제도에 대한 주민참여와 주민통제에 대한 가치가 더욱 중요한 부분으로 나타날 수도 있을 것으로 본다.

따라서 향후 고령사회로의 진입과 함께 노인장기요양보험 서비스 이용자의 급증과 이에 따른 운영재정의 확대 등을 고려할 때, 동 제도의 운영과 관련하여

21) 일본의 경우에는 participation을 參加로 기술한다. 參與는 職位의 하나에 속한다.

서비스의 양과 질의 확보, 공단의 관리능력의 향상 등도 중요하겠지만, 특히 고려하여야 할 부분은 피보험자의 자기결정권과 자기책임성을 보강할 수 있는 방향으로의 제도보완이 중요할 것으로 본다. 즉, 제도도입의 초기 단계에서는 관리지향적이며 효율성을 강조하는 현행 모형이 개호보험제도의 초기 모형보다 적실성이 높은 측면도 있을 것이다. 그러나 조만간 나타나게 될 제도적 성숙 단계로의 진입을 고려할 때, 피보험자의 자기결정권과 자기책임성을 보강할 수 있는 방향으로의 보험자의 위상 및 역할에 대한 재검토, 그리고 이와 관련된 지방자치단체의 역할 제고 등이 중요한 검토 대상으로 부상할 수 있을 것으로 본다.

특히, 지방자치단체의 역할과 관련하여 지역사회에 유·무형으로 산재하여 있는 비공식적 사회복지자원을 활용할 수 있는 제도개발은 중요한 과제가 될 것으로 본다. 이와 함께 노인장기요양보험법체제가 노인복지법체제의 하위부속체제와 같은 모습에 대한 개선도 중요한 영역이 될 것으로 본다. 노인장기요양보험제도하에서 앞으로 다양한 형태의 예방사업[22] 등이 시행될 경우, 노인복지와 관련된 제1차적 법체제는 사실상 노인장기요양보험법이 될 수가 있다. 일본의 경우, 노인복지와 관련된 핵심적 3대 입법이 노인복지법, 노인보건법 및 개호보험법이지만 시간이 갈수록 개호보험법의 비중이 증대하고 있고, 노인복지법은 사실상 노인복지에 대한 기본방향을 제시하는 기본법으로서의 성격이 강하다는 점도 눈여겨 볼만할 것이다. 이와 같은 측면에서 노인장기요양보험법체제에 대한 자기완결성을 강화시키는 방향으로의 제도 개선이 필요할 것으로 본다.

22) 동법 제4조에서는 이를 '노인성질환예방사업'으로 기술하고 있음.

부 록

「노인장기요양보험법」

(법률 제12067호; 시행 2014. 02. 14; 2013. 08. 13, 일부개정)

제1장 총 칙

제1조(목적) 이 법은 고령이나 노인성 질병 등의 사유로 일상생활을 혼자서 수행하기 어려운 노인등에게 제공하는 신체활동 또는 가사활동 지원 등의 장기요양급여에 관한 사항을 규정하여 노후의 건강증진 및 생활안정을 도모하고 그 가족의 부담을 덜어줌으로써 국민의 삶의 질을 향상하도록 함을 목적으로 한다.

제2조(정의) 이 법에서 사용하는 용어의 정의는 다음과 같다.

1. "노인등"이란 65세 이상의 노인 또는 65세 미만의 자로서 치매·뇌혈관성질환 등 대통령령으로 정하는 노인성 질병을 가진 자를 말한다.
2. "장기요양급여"란 제15조 제2항에 따라 6개월 이상 동안 혼자서 일상생활을 수행하기 어렵다고 인정되는 자에게 신체활동·가사활동의 지원 또는 간병 등의 서비스나 이에 갈음하여 지급하는 현금 등을 말한다.
3. "장기요양사업"이란 장기요양보험료, 국가 및 지방자치단체의 부담금 등을 재원으로 하여 노인등에게 장기요양급여를 제공하는 사업을 말한다.
4. "장기요양기관"이란 제31조에 따라 지정을 받은 기관 또는 제32조에 따라 지정의제된 재가장기요양기관으로서 장기요양급여를 제공하는 기관을 말한다.
5. "장기요양요원"이란 장기요양기관에 소

속되어 노인 등의 신체활동 또는 가사활동 지원 등의 업무를 수행하는 자를 말한다.

제3조(장기요양급여 제공의 기본원칙) ① 장기요양급여는 노인 등의 심신상태·생활환경과 노인 등 및 그 가족의 욕구·선택을 종합적으로 고려하여 필요한 범위 안에서 이를 적정하게 제공하여야 한다.

② 장기요양급여는 노인 등이 가족과 함께 생활하면서 가정에서 장기요양을 받는 재가급여를 우선적으로 제공하여야 한다.

③ 장기요양급여는 노인 등의 심신상태나 건강 등이 악화되지 아니하도록 의료서비스와 연계하여 이를 제공하여야 한다.

제4조(국가 및 지방자치단체의 책무 등) ① 국가 및 지방자치단체는 노인이 일상생활을 혼자서 수행할 수 있는 온전한 심신상태를 유지하는 데 필요한 사업(이하 "노인성질환예방사업"이라 한다)을 실시하여야 한다.

② 국가는 노인성질환예방사업을 수행하는 지방자치단체 또는 「국민건강보험법」에 따른 국민건강보험공단(이하 "공단"이라 한다)에 대하여 이에 소요되는 비용을 지원할 수 있다.

③ 국가 및 지방자치단체는 노인인구 및 지역특성 등을 고려하여 장기요양급여가 원활하게 제공될 수 있도록 충분한 수의 장기요양기관을 확충하고 장기요양기관의 설립을 지원하여야 한다.

④ 국가 및 지방자치단체는 장기요양급여가 원활히 제공될 수 있도록 공단에 필요한 행정적 또는 재정적 지원을 할 수 있다.

제5조(장기요양급여에 관한 국가정책방향) 국가는 제6조의 장기요양기본계획을 수립·시행함에 있어서 노인뿐만 아니라 장애인 등 일상생활을 혼자서 수행하기 어려운 모든 국민이 장기요양급여, 신체활동지원 서비스 등을 제공받을 수 있도록 노력하고 나아가 이들의 생활안정과 자립을 지원할 수 있는 시책을 강구하여야 한다.

제6조(장기요양기본계획) ① 보건복지부장관은 노인 등에 대한 장기요양급여를 원활하게 제공하기 위하여 5년 단위로 다음 각 호의 사항이 포함된 장기요양기본계획을 수립·시행하여야 한다.

1. 연도별 장기요양급여 대상인원 및 재원조달 계획
2. 연도별 장기요양기관 및 장기요양전문인력 확충 방안
3. 그 밖에 노인 등의 장기요양에 관한 사항으로서 대통령령으로 정하는 사항

② 지방자치단체의 장은 제1항에 따른 장기요양기본계획에 따라 세부시행계획을 수립·시행하여야 한다.

제 2 장 장기요양보험

제7조(장기요양보험) ① 장기요양보험사업은 보건복지부장관이 관장한다.

② 장기요양보험사업의 보험자는 공단으로 한다.

③ 장기요양보험의 가입자(이하 "장기요양보험가입자"라 한다)는 「국민건강보험법」 제5조 및 제109조에 따른 가입자로 한다. 〈개정 2011.12.31.〉

④ 공단은 제3항에도 불구하고 「외국인근로자의 고용 등에 관한 법률」에 따른 외국인근로자 등 대통령령으로 정하는 외국인이 신청하는 경우 보건복지부령으로 정하는 바에 따라 장기요양보험가입자에서 제외할 수 있다. 〈신설 2009.3.18, 2010.1.18.〉

제8조(장기요양보험료의 징수) ① 공단은 장

기요양사업에 사용되는 비용에 충당하기 위하여 장기요양보험료를 징수한다.

② 제1항에 따른 장기요양보험료는 「국민건강보험법」 제69조에 따른 보험료(이하 이 조에서 "건강보험료"라 한다)와 통합하여 징수한다. 이 경우 공단은 장기요양보험료와 건강보험료를 구분하여 고지하여야 한다. 〈개정 2011.12.31.〉

③ 공단은 제2항에 따라 통합 징수한 장기요양보험료와 건강보험료를 각각의 독립회계로 관리하여야 한다.

제9조(장기요양보험료의 산정) ① 장기요양보험료는 「국민건강보험법」 제69조제4항 및 제5항에 따라 산정한 보험료액에서 같은 법 제74조 또는 제75조에 따라 경감 또는 면제되는 비용을 공제한 금액에 장기요양보험료율을 곱하여 산정한 금액으로 한다. 〈개정 2011.12.31.〉

② 제1항에 따른 장기요양보험료율은 제45조에 따른 장기요양위원회의 심의를 거쳐 대통령령으로 정한다.

제10조(장애인 등에 대한 장기요양보험료의 감면) 공단은 「장애인복지법」에 따른 장애인 또는 이와 유사한 자로서 대통령령으로 정하는 자가 장기요양보험가입자 또는 그 피부양자인 경우 제15조 제2항에 따른 수급자로 결정되지 못한 때 대통령령으로 정하는 바에 따라 장기요양보험료의 전부 또는 일부를 감면할 수 있다.

제11조(장기요양보험가입 자격 등에 관한 준용) 「국민건강보험법」 제5조, 제6조, 제8조부터 제11조까지, 제69조 제1항부터 제3항까지, 제76조부터 제86조까지 및 제110조는 장기요양보험가입자·피부양자의 자격취득·상실, 장기요양보험료 등의 납부·징수 및 결손처분 등에 관하여 이를 준용한다. 이 경우 "보험료"는 "장기요양보험료"로, "건강보험"은 "장기요양보험"으로, "가입자"는 "장기요양보험가입자"로 본다. 〈개정 2011.12.31.〉

제 3 장 장기요양인정

제12조(장기요양인정의 신청자격) 장기요양인정을 신청할 수 있는 자는 노인 등으로서 다음 각 호의 어느 하나에 해당하는 자격을 갖추어야 한다.

1. 장기요양보험가입자 또는 그 피부양자
2. 「의료급여법」 제3조 제1항에 따른 수급권자(이하 "의료급여수급권자"라 한다)

제13조(장기요양인정의 신청) ① 장기요양인정을 신청하는 자(이하 "신청인"이라 한다)는 공단에 보건복지부령으로 정하는 바에 따라 장기요양인정신청서(이하 "신청서"라 한다)에 의사 또는 한의사가 발급하는 소견서(이하 "의사소견서"라 한다)를 첨부하여 제출하여야 한다. 다만, 의사소견서는 공단이 제15조 제1항에 따라 등급판정위원회에 자료를 제출하기 전까지 제출할 수 있다.

② 제1항에도 불구하고 거동이 현저하게 불편하거나 도서·벽지 지역에 거주하여 의료기관을 방문하기 어려운 자 등 대통령령으로 정하는 자는 의사소견서를 제출하지 아니할 수 있다.

③ 의사소견서의 발급비용·비용부담방법·발급자의 범위, 그 밖에 필요한 사항은 보건복지부령으로 정한다.

제14조(장기요양인정 신청의 조사) ① 공단은 제13조 제1항에 따라 신청서를 접수한 때 보건복지부령으로 정하는 바에 따라 소속 직원으로 하여금 다음 각 호의 사항을

조사하게 하여야 한다. 다만, 지리적 사정 등으로 직접 조사하기 어려운 경우 또는 조사에 필요하다고 인정하는 경우 특별자치시·특별자치도·시·군·구(자치구를 말한다. 이하 같다)에 대하여 조사를 의뢰하거나 공동으로 조사할 것을 요청할 수 있다. 〈개정 2013.8.13.〉

1. 신청인의 심신상태
2. 신청인에게 필요한 장기요양급여의 종류 및 내용
3. 그 밖에 장기요양에 관하여 필요한 사항으로서 보건복지부령으로 정하는 사항

② 제1항에 따라 조사를 하는 자는 조사일시, 장소 및 조사를 담당하는 자의 인적사항 등을 미리 신청인에게 통보하여야 한다.

③ 공단 또는 제1항 단서에 따른 조사를 의뢰받은 특별자치시·특별자치도·시·군·구는 조사를 완료한 때 조사결과서를 작성하여야 한다. 조사를 의뢰받은 특별자치시·특별자치도·시·군·구는 지체 없이 공단에 조사결과서를 송부하여야 한다. 〈개정 2013.8.13.〉

제15조(등급판정 등) ① 공단은 제14조에 따른 조사가 완료된 때 조사결과서, 신청서, 의사소견서, 그 밖에 심의에 필요한 자료를 제52조에 따른 장기요양등급판정위원회(이하 "등급판정위원회"라 한다)에 제출하여야 한다.

② 등급판정위원회는 신청인이 제12조의 신청자격요건을 충족하고 6개월 이상 동안 혼자서 일상생활을 수행하기 어렵다고 인정하는 경우 심신상태 및 장기요양이 필요한 정도 등 대통령령으로 정하는 등급판정기준에 따라 장기요양급여를 받을 자(이하 "수급자"라 한다)로 판정한다.

③ 등급판정위원회는 제2항에 따라 심의·판정을 하는 때 신청인과 그 가족, 의사소견서를 발급한 의사 등 관계인의 의견을 들을 수 있다.

제16조(장기요양등급판정기간) ① 등급판정위원회는 신청인이 신청서를 제출한 날부터 30일 이내에 제15조에 따른 장기요양등급판정을 완료하여야 한다. 다만, 신청인에 대한 정밀조사가 필요한 경우 등 기간 이내에 등급판정을 완료할 수 없는 부득이한 사유가 있는 경우 30일 이내의 범위에서 이를 연장할 수 있다.

② 공단은 등급판정위원회가 제1항 단서에 따라 장기요양인정심의 및 등급판정기간을 연장하고자 하는 경우 신청인 및 대리인에게 그 내용·사유 및 기간을 통보하여야 한다.

제17조(장기요양인정서) ① 공단은 등급판정위원회가 장기요양인정 및 등급판정의 심의를 완료한 경우 지체 없이 다음 각 호의 사항이 포함된 장기요양인정서를 작성하여 수급자에게 송부하여야 한다.

1. 장기요양등급
2. 장기요양급여의 종류 및 내용
3. 그 밖에 장기요양급여에 관한 사항으로서 보건복지부령으로 정하는 사항

② 공단은 등급판정위원회가 장기요양인정 및 등급판정의 심의를 완료한 경우 수급자로 판정받지 못한 신청인에게 그 내용 및 사유를 통보하여야 한다. 이 경우 특별자치시장·특별자치도지사·시장·군수·구청장(자치구의 구청장을 말한다. 이하 같다)은 공단에 대하여 이를 통보하도록 요청할 수 있고, 요청을 받은 공단은 이에 응하여야 한다. 〈개정 2013.8.13.〉

③ 공단은 제1항에 따라 장기요양인정서를 송부하는 때 장기요양급여를 원활히 이용

할 수 있도록 제28조에 따른 월 한도액 범위 안에서 표준장기요양이용계획서를 작성하여 이를 함께 송부하여야 한다.

④ 제1항 및 제3항에 따른 장기요양인정서 및 표준장기요양이용계획서의 작성방법에 관하여 필요한 사항은 보건복지부령으로 정한다.

제18조(장기요양인정서를 작성할 경우 고려사항) 공단은 장기요양인정서를 작성할 경우 제17조제1항 제2호에 따른 장기요양급여의 종류 및 내용을 정하는 때 다음 각 호의 사항을 고려하여 정하여야 한다.

1. 수급자의 장기요양등급 및 생활환경
2. 수급자와 그 가족의 욕구 및 선택
3. 시설급여를 제공하는 경우 장기요양기관이 운영하는 시설 현황

제19조(장기요양인정의 유효기간) ① 제15조에 따른 장기요양인정의 유효기간은 최소 1년 이상으로서 대통령령으로 정한다.

② 제1항의 유효기간의 산정방법과 그 밖에 필요한 사항은 보건복지부령으로 정한다.

제20조(장기요양인정의 갱신) ① 수급자는 제19조에 따른 장기요양인정의 유효기간이 만료된 후 장기요양급여를 계속하여 받고자 하는 경우 공단에 장기요양인정의 갱신을 신청하여야 한다.

② 제1항에 따른 장기요양인정의 갱신 신청은 유효기간이 만료되기 전 30일까지 이를 완료하여야 한다.

③ 제12조부터 제19조까지의 규정은 장기요양인정의 갱신절차에 관하여 준용한다.

제21조(장기요양등급 등의 변경) ① 장기요양급여를 받고 있는 수급자는 장기요양등급, 장기요양급여의 종류 또는 내용을 변경하여 장기요양급여를 받고자 하는 경우 공단에 변경신청을 하여야 한다.

② 제12조부터 제19조까지의 규정은 장기요양등급의 변경절차에 관하여 준용한다.

제22조(장기요양인정 신청 등에 대한 대리) ① 장기요양급여를 받고자 하는 자 또는 수급자가 신체적·정신적인 사유로 이 법에 따른 장기요양인정의 신청, 장기요양인정의 갱신신청 또는 장기요양등급의 변경신청 등을 직접 수행할 수 없을 때 본인의 가족이나 친족, 그 밖의 이해관계인은 이를 대리할 수 있다.

② 「사회복지사업법」에 따른 사회복지전담공무원은 관할 지역 안에 거주하는 자에 대한 제1항에 따른 장기요양인정신청 등을 본인 또는 가족의 동의를 받아 대리할 수 있다.

③ 제1항 및 제2항에도 불구하고 장기요양급여를 받고자 하는 자 또는 수급자가 제1항에 따른 장기요양인정신청 등을 할 수 없는 경우 특별자치시장·특별자치도지사·시장·군수·구청장이 지정하는 자는 이를 대리할 수 있다. 〈개정 2013.8.13.〉

④ 제1항부터 제3항까지의 규정에 따른 장기요양인정신청 등의 방법 및 절차 등에 관하여 필요한 사항은 보건복지부령으로 정한다.

제 4 장　장기요양급여의 종류

제23조(장기요양급여의 종류) ① 이 법에 따른 장기요양급여의 종류는 다음 각 호와 같다. 〈개정 2011.6.7.〉

1. 재가급여

가. 방문요양: 장기요양요원이 수급자의 가정 등을 방문하여 신체활동 및 가사활동 등을 지원하는 장기요양급여

나. 방문목욕: 장기요양요원이 목욕설비를 갖춘 장비를 이용하여 수급자의 가정 등을 방문하여 목욕을 제공하는 장기요양급여
다. 방문간호: 장기요양요원인 간호사 등이 의사, 한의사 또는 치과의사의 지시서(이하 "방문간호지시서"라 한다)에 따라 수급자의 가정 등을 방문하여 간호, 진료의 보조, 요양에 관한 상담 또는 구강위생 등을 제공하는 장기요양급여
라. 주·야간보호: 수급자를 하루 중 일정한 시간 동안 장기요양기관에 보호하여 신체활동 지원 및 심신기능의 유지·향상을 위한 교육·훈련 등을 제공하는 장기요양급여
마. 단기보호: 수급자를 보건복지부령으로 정하는 범위 안에서 일정 기간 동안 장기요양기관에 보호하여 신체활동 지원 및 심신기능의 유지·향상을 위한 교육·훈련 등을 제공하는 장기요양급여
바. 기타 재가급여: 수급자의 일상생활·신체활동 지원에 필요한 용구를 제공하거나 가정을 방문하여 재활에 관한 지원 등을 제공하는 장기요양급여로서 대통령령으로 정하는 것
2. 시설급여: 장기요양기관이 운영하는 「노인복지법」 제34조에 따른 노인의료복지시설 등에 장기간 동안 입소하여 신체활동 지원 및 심신기능의 유지·향상을 위한 교육·훈련 등을 제공하는 장기요양급여
3. 특별현금급여
가. 가족요양비: 제24조에 따라 지급하는 가족장기요양급여
나. 특례요양비: 제25조에 따라 지급하는 특례장기요양급여
다. 요양병원간병비: 제26조에 따라 지급하는 요양병원장기요양급여

② 제1항 제1호 및 제2호에 따라 장기요양급여를 제공할 수 있는 장기요양기관의 종류 및 기준과 장기요양급여 종류별 장기요양요원의 범위·업무·보수교육 등에 관하여 필요한 사항은 대통령령으로 정한다.
③ 장기요양급여의 제공 기준·절차·방법·범위, 그 밖에 필요한 사항은 보건복지부령으로 정한다.

제24조(가족요양비) ① 공단은 다음 각 호의 어느 하나에 해당하는 수급자가 가족 등으로부터 제23조 제1항 제1호 가목에 따른 방문요양에 상당한 장기요양급여를 받은 때 대통령령으로 정하는 기준에 따라 당해 수급자에게 가족요양비를 지급할 수 있다.
1. 도서·벽지 등 장기요양기관이 현저히 부족한 지역으로서 보건복지부장관이 정하여 고시하는 지역에 거주하는 자
2. 천재지변이나 그 밖에 이와 유사한 사유로 인하여 장기요양기관이 제공하는 장기요양급여를 이용하기가 어렵다고 보건복지부장관이 인정하는 자
3. 신체·정신 또는 성격 등 대통령령으로 정하는 사유로 인하여 가족 등으로부터 장기요양을 받아야 하는 자
② 제1항에 따른 가족요양비의 지급절차와 그 밖에 필요한 사항은 보건복지부령으로 정한다.

제25조(특례요양비) ① 공단은 수급자가 장기요양기관이 아닌 노인요양시설 등의 기관 또는 시설에서 재가급여 또는 시설급여에 상당한 장기요양급여를 받은 경우 대통령령으로 정하는 기준에 따라 당해 장기요양급여비용의 일부를 당해 수급자에게 특례요양비로 지급할 수 있다.
② 제1항에 따라 장기요양급여가 인정되는 기관 또는 시설의 범위, 특례요양비의 지급

절차, 그 밖에 필요한 사항은 보건복지부령으로 정한다.

제26조(요양병원간병비) ① 공단은 수급자가 「의료법」 제3조 제2항 제3호 라목에 따른 요양병원에 입원한 때 대통령령으로 정하는 기준에 따라 장기요양에 사용되는 비용의 일부를 요양병원간병비로 지급할 수 있다. 〈개정 2009.1.30, 2011.6.7.〉

② 제1항에 따른 요양병원간병비의 지급절차와 그 밖에 필요한 사항은 보건복지부령으로 정한다.

제 5 장 장기요양급여의 제공

제27조(장기요양급여의 제공 시기) ① 수급자는 제17조 제1항에 따른 장기요양인정서가 도달한 날부터 장기요양급여를 받을 수 있다.

② 제1항에도 불구하고 수급자는 돌볼 가족이 없는 경우 등 대통령령으로 정하는 사유가 있는 경우 신청서를 제출한 날부터 장기요양인정서가 도달되는 날까지의 기간 중에도 장기요양급여를 받을 수 있다.

③ 제2항에 따라 장기요양급여가 인정되는 범위와 절차 등은 대통령령으로 정한다.

제28조(장기요양급여의 월 한도액) ① 장기요양급여는 월 한도액 범위 안에서 제공한다. 이 경우 월 한도액은 장기요양등급 및 장기요양급여의 종류 등을 고려하여 산정한다.

② 제1항에 따른 월 한도액의 산정기준 및 방법, 그 밖에 필요한 사항은 보건복지부령으로 정한다.

제29조(장기요양급여의 제한) ① 공단은 장기요양급여를 받고 있거나 받을 수 있는 자가 다음 각 호의 어느 하나에 해당하는 경우 장기요양급여를 중단하거나 제공하지 아니하게 하여야 한다.

1. 거짓이나 그 밖의 부정한 방법으로 장기요양인정을 받은 경우
2. 고의로 사고를 발생하도록 하거나 본인의 위법행위에 기인하여 장기요양인정을 받은 경우

② 공단은 장기요양급여를 받고 있는 자가 정당한 사유 없이 제60조 또는 제61조에 따른 요구에 응하지 아니하거나 답변을 거절한 경우 장기요양급여의 전부 또는 일부를 제공하지 아니하게 할 수 있다.

제30조(장기요양급여의 제한 등에 관한 준용) 「국민건강보험법」 제53조 제1항 제4호, 같은 조 제2항부터 제6항까지 및 제54조는 이 법에 따른 보험료 체납자 등에 대한 장기요양급여의 제한 및 장기요양급여의 정지에 관하여 준용한다. 이 경우 "가입자"는 "장기요양보험가입자"로, "보험급여"는 "장기요양급여"로 본다. 〈개정 2011.12.31.〉

제 6 장 장기요양기관

제31조(장기요양기관의 지정) ① 장기요양기관을 설치·운영하고자 하는 자는 소재지를 관할 구역으로 하는 특별자치시장·특별자치도지사·시장·군수·구청장으로부터 지정을 받아야 한다. 〈개정 2013.8.13.〉

② 제1항에 따라 장기요양기관으로 지정받고자 하는 자는 보건복지부령으로 정하는 장기요양에 필요한 시설 및 인력을 갖추어야 한다.

③ 특별자치시장·특별자치도지사·시장·군수·구청장은 제1항에 따라 장기요양기관을 지정한 때 지체 없이 지정 명세를 공단에 통보하여야 한다. 〈개정 2013.8.13.〉

④ 장기요양기관의 지정절차와 그 밖에 필요한 사항은 보건복지부령으로 정한다.

제32조(재가장기요양기관의 설치) ① 제23조 제1항 제1호의 재가급여 중 어느 하나 이상에 해당하는 장기요양급여를 제공하고자 하는 자는 시설 및 인력을 갖추어 재가장기요양기관을 설치하고 특별자치시장・특별자치도지사・시장・군수・구청장에게 이를 신고하여야 한다. 신고를 받은 특별자치시장・특별자치도지사・시장・군수・구청장은 신고 명세를 공단에 통보하여야 한다. 〈개정 2013.8.13.〉

② 제1항 전단에 따라 설치의 신고를 한 재가장기요양기관은 장기요양기관으로 본다.

③ 의료기관이 아닌 자가 설치・운영하는 재가장기요양기관은 방문간호를 제공하는 경우 방문간호의 관리책임자로서 간호사를 둔다.

④ 제1항에 따른 시설 및 인력기준, 그 밖에 필요한 사항은 보건복지부령으로 정한다.

제33조(장기요양기관의 시설・인력에 관한 변경) 장기요양기관은 시설 및 인력 중 보건복지부령이 정하는 중요한 사항을 변경하는 경우 보건복지부령으로 정하는 바에 따라 특별자치시장・특별자치도지사・시장・군수・구청장에게 신고하여야 한다. 신고를 받은 특별자치시장・특별자치도지사・시장・군수・구청장은 지체 없이 변경 명세를 공단에 통보하여야 한다. 〈개정 2013.8.13.〉

제34조(장기요양기관 정보의 안내 등) ① 장기요양기관은 수급자가 장기요양급여를 쉽게 선택하도록 하고 장기요양기관이 제공하는 급여의 질을 보장하기 위하여 장기요양기관별 급여의 내용, 시설・인력 등 현황자료 등을 공단이 운영하는 인터넷 홈페이지에 게시하여야 한다.

② 제1항에 따른 게시 내용, 방법, 절차, 그 밖에 필요한 사항은 보건복지부령으로 정한다.

제35조(장기요양기관의 의무 등) ① 장기요양기관은 수급자로부터 장기요양급여신청을 받은 때 장기요양급여의 제공을 거부하여서는 아니 된다. 다만, 입소정원에 여유가 없는 경우 등 정당한 사유가 있는 경우는 그러하지 아니하다.

② 장기요양기관은 제23조 제3항에 따른 장기요양급여의 제공 기준・절차 및 방법 등에 따라 장기요양급여를 제공하여야 한다.

③ 장기요양기관의 장은 장기요양급여를 제공한 수급자에게 장기요양급여비용에 대한 명세서를 교부하여야 한다.

④ 장기요양기관의 장은 장기요양급여 제공에 관한 자료를 기록・관리하여야 한다. 〈신설 2010.3.17.〉

⑤ 장기요양기관은 제40조 제1항 단서에 따라 면제받거나 같은 조 제3항에 따라 감경받는 금액 외에 영리를 목적으로 수급자가 부담하는 재가 및 시설 급여비용(이하 "본인일부부담금"이라 한다)을 면제하거나 감경하는 행위를 하여서는 아니 된다. 〈신설 2013.8.13.〉

⑥ 누구든지 영리를 목적으로 금전, 물품, 노무, 향응, 그 밖의 이익을 제공하거나 제공할 것을 약속하는 방법으로 수급자를 장기요양기관에 소개, 알선 또는 유인하는 행위 및 이를 조장하는 행위를 하여서는 아니 된다. 〈신설 2013.8.13.〉

⑦ 제3항에 따른 장기요양급여비용의 명세서, 제4항에 따라 기록・관리하여야 할 장기요양급여 제공 자료의 내용 및 보존기한, 그 밖에 필요한 사항은 보건복지부령으로

정한다. 〈개정 2010.3.17, 2013.8.13.〉
[제목개정 2013.8.13.]

제36조(장기요양기관의 폐업 등 신고) ① 장기요양기관의 장은 폐업하거나 휴업하고자 하는 경우 폐업이나 휴업 예정일 전 30일까지 특별자치시장·특별자치도지사·시장·군수·구청장에게 신고하여야 한다. 신고를 받은 특별자치시장·특별자치도지사·시장·군수·구청장은 지체 없이 신고 명세를 공단에 통보하여야 한다. 〈개정 2013.8.13.〉

② 특별자치시장·특별자치도지사·시장·군수·구청장은 제1항에 따라 폐업 또는 휴업신고를 접수한 경우 인근지역에 대체 장기요양기관이 없는 경우 등 장기요양급여에 중대한 차질이 우려되는 때 장기요양기관의 폐업 또는 휴업 철회를 권고하거나 그 밖의 다른 조치를 강구하여야 한다. 〈개정 2013.8.13.〉

③ 특별자치시장·특별자치도지사·시장·군수·구청장은 「노인복지법」 제43조에 따라 노인의료복지시설 등(장기요양기관이 운영하는 시설인 경우에 한한다)에 대하여 사업정지 또는 폐지 명령을 하는 경우 지체 없이 공단에 그 내용을 통보하여야 한다. 〈개정 2013.8.13.〉

④ 삭제 〈2013.8.13.〉

⑤ 장기요양기관의 장은 제1항에 따라 폐업 또는 휴업 신고를 할 때 보건복지부령으로 정하는 바에 따라 장기요양급여 제공 자료를 공단으로 이관하여야 한다. 다만, 휴업 신고를 하는 장기요양기관의 장이 휴업 예정일 전까지 공단의 허가를 받은 경우에는 장기요양급여 제공 자료를 직접 보관할 수 있다. 〈신설 2010.3.17, 2013.8.13.〉

제37조(장기요양기관 지정의 취소 등) ① 특별자치시장·특별자치도지사·시장·군수·구청장은 장기요양기관이 다음 각 호의 어느 하나에 해당하는 경우 그 지정을 취소하거나 6개월의 범위에서 업무정지를 명할 수 있다. 다만, 제1호 또는 제7호에 해당하는 경우에는 지정을 취소하여야 한다. 〈개정 2013.8.13.〉

1. 거짓이나 그 밖의 부정한 방법으로 지정을 받은 경우
2. 제31조 제2항에 따른 지정기준에 적합하지 아니한 경우
3. 제35조 제1항을 위반하여 장기요양급여를 거부한 경우

3의2. 제35조제5항을 위반하여 본인일부부담금을 면제하거나 감경하는 행위를 한 경우

3의3. 제35조 제6항을 위반하여 수급자를 소개, 알선 또는 유인하는 행위 및 이를 조장하는 행위를 한 경우

4. 거짓이나 그 밖의 부정한 방법으로 재가 및 시설 급여비용을 청구한 경우
5. 제61조 제2항에 따른 자료제출 명령에 따르지 아니하거나 거짓으로 자료제출을 한 경우나 질문 또는 검사를 거부·방해 또는 기피하거나 거짓으로 답변한 경우
6. 장기요양기관의 종사자 등이 다음 각 목의 어느 하나에 해당하는 행위를 한 경우

가. 수급자의 신체에 폭행을 가하거나 상해를 입히는 행위

나. 수급자에게 성적 수치심을 주는 성폭행, 성희롱 등의 행위

다. 자신의 보호·감독을 받는 수급자를 유기하거나 의식주를 포함한 기본적 보호 및 치료를 소홀히 하는 방임행위

7. 업무정지기간 중에 장기요양급여를 제공한 경우

② 특별자치시장·특별자치도지사·시장·

군수·구청장은 제1항에 따라 지정을 취소하거나 업무정지명령을 한 경우에는 지체 없이 그 내용을 공단에 통보하고, 보건복지부령으로 정하는 바에 따라 보건복지부장관에게 통보한다. 이 경우 시장·군수·구청장은 관할 특별시장·광역시장 또는 도지사를 거쳐 보건복지부장관에게 통보하여야 한다. 〈개정 2013.8.13.〉

③ 특별자치시장·특별자치도지사·시장·군수·구청장은 재가장기요양기관이 다음 각 호의 어느 하나에 해당하는 경우 시설을 폐쇄할 것을 명하거나 6개월의 범위에서 업무정지를 명할 수 있다. 다만, 제1호 또는 제5호에 해당하는 경우 폐쇄명령을 하여야 한다. 〈개정 2013.8.13.〉

1. 거짓이나 그 밖의 부정한 방법으로 신고한 경우
2. 제32조 제1항에 따라 갖추어야 하는 시설 및 인력을 갖추지 아니한 경우
3. 제1항 제3호, 제3호의2, 제3호의3, 제5호 또는 제6호에 해당하는 경우
4. 거짓이나 그 밖의 부정한 방법으로 재가급여비용을 청구한 경우
5. 업무정지기간 중에 장기요양급여를 제공한 경우

④ 특별자치시장·특별자치도지사·시장·군수·구청장은 제3항에 따라 재가장기요양기관에 대하여 폐쇄명령 또는 업무정지명령을 한 경우 지체 없이 그 내용을 공단에 통보하고, 보건복지부령으로 정하는 바에 따라 보건복지부장관에게 통보하며, 이 경우 시장·군수·구청장은 관할 특별시장·광역시장 또는 도지사를 거쳐 보건복지부장관에게 통보하여야 한다. 폐쇄명령을 받은 재가장기요양기관은 제1항에 따라 장기요양기관의 지정이 취소된 것으로 본다. 〈개정 2013.8.13.〉

⑤ 다음 각 호의 어느 하나에 해당하는 자는 제31조에 따라 장기요양기관으로 지정받거나 제32조에 따라 재가장기요양기관의 설치신고를 할 수 없다. 〈개정 2013.8.13.〉

1. 제1항 또는 제3항에 따라 지정취소 또는 폐쇄명령을 받은 후 1년이 지나지 아니한 자(법인인 경우 그 대표자를 포함한다)
2. 제1항 또는 제3항에 따라 업무정지명령을 받고 업무정지기간이 지나지 아니한 자(법인인 경우 그 대표자를 포함한다)

⑥ 제1항 및 제3항에 따른 행정처분의 기준은 보건복지부령으로 정한다. 〈개정 2013.8.13.〉

제37조의2(과징금의 부과 등) ① 특별자치시장·특별자치도지사·시장·군수·구청장은 제37조 제1항 각 호의 어느 하나 또는 같은 조 제3항 각 호의 어느 하나(제37조 제1항 제4호 및 제3항 제4호는 제외한다)에 해당하는 행위를 이유로 업무정지명령을 하여야 하는 경우로서 그 업무정지가 해당 장기요양기관을 이용하는 수급자에게 심한 불편을 줄 우려가 있는 등 보건복지부장관이 정하는 특별한 사유가 있다고 인정되는 경우에는 업무정지명령을 갈음하여 5천만 원 이하의 과징금을 부과할 수 있다. 다만, 제37조 제1항 제6호를 위반한 행위로서 보건복지부령으로 정하는 경우에는 그러하지 아니하다.

② 특별자치시장·특별자치도지사·시장·군수·구청장은 제37조 제1항 제4호 또는 제3항 제4호에 해당하는 행위를 이유로 업무정지명령을 하여야 하는 경우로서 그 업무정지가 해당 장기요양기관을 이용하는 수급자에게 심한 불편을 줄 우려가 있는 등 보건복지부장관이 정하는 특별한 사유가 있다고 인정되는 경우에는 업무정지명령

을 갈음하여 거짓이나 그 밖의 부정한 방법으로 청구한 금액의 5배 이하의 금액을 과징금으로 부과할 수 있다.

③ 제1항 및 제2항에 따른 과징금을 부과하는 위반행위의 종류 및 위반의 정도 등에 따른 과징금의 금액과 과징금의 부과절차 등에 필요한 사항은 대통령령으로 정한다.

④ 특별자치시장 · 특별자치도지사 · 시장 · 군수 · 구청장은 제1항 및 제2항에 따라 과징금을 내야 할 자가 납부기한까지 내지 아니한 경우에는 지방세 체납처분의 예에 따라 징수한다.

⑤ 특별자치시장 · 특별자치도지사 · 시장 · 군수 · 구청장은 제1항 및 제2항에 따른 과징금의 부과와 징수에 관한 사항을 보건복지부령으로 정하는 바에 따라 기록 · 관리하여야 한다.

[본조신설 2013.8.13.]

제37조의3(위반사실 등의 공표) ① 특별자치시장 · 특별자치도지사 · 시장 · 군수 · 구청장은 장기요양기관이 거짓으로 재가 · 시설 급여비용을 청구하였다는 이유로 제37조 또는 제37조의2에 따른 처분이 확정된 경우로서 다음 각 호의 어느 하나에 해당하는 경우에는 위반사실, 처분내용, 장기요양기관의 명칭 · 주소, 장기요양기관의 장의 성명, 그 밖에 다른 장기요양기관과의 구별에 필요한 사항으로서 대통령령으로 정하는 사항을 공표할 수 있다.

1. 거짓으로 청구한 금액이 1천만 원 이상인 경우
2. 거짓으로 청구한 금액이 장기요양급여비용 총액의 100분의 10 이상인 경우

② 특별자치시장 · 특별자치도지사 · 시장 · 군수 · 구청장은 제1항에 따른 공표 여부 등을 심의하기 위하여 공표심의위원회를 설치 · 운영할 수 있다.

③ 제1항에 따른 공표 여부의 결정 방법, 공표 방법 · 절차 및 제2항에 따른 공표심의위원회의 구성 · 운영 등에 필요한 사항은 대통령령으로 정한다.

[본조신설 2013.8.13.]

제37조의4(행정제재처분 효과의 승계) ① 제37조 제1항 각 호의 어느 하나 또는 같은 조 제3항 각 호의 어느 하나에 해당하는 행위를 이유로 한 행정제재처분(이하 "행정제재처분"이라 한다)의 효과는 그 처분을 한 날부터 1년 간 다음 각 호의 어느 하나에 해당하는 자에게 승계된다.

1. 장기요양기관을 양도한 경우 양수인
2. 법인이 합병된 경우 합병으로 신설되거나 합병 후 존속하는 법인
3. 장기요양기관 폐업 후 같은 장소에서 장기요양기관을 운영하는 자 중 종전에 행정제재처분을 받은 자(법인인 경우 그 대표자를 포함한다)나 그 배우자 또는 직계혈족

② 행정제재처분의 절차가 진행 중일 때에는 다음 각 호의 어느 하나에 해당하는 자에 대하여 그 절차를 계속 이어서 할 수 있다.

1. 장기요양기관을 양도한 경우 양수인
2. 법인이 합병된 경우 합병으로 신설되거나 합병 후 존속하는 법인
3. 장기요양기관 폐업 후 1년 이내에 같은 장소에서 장기요양기관을 운영하는 자 중 종전에 위반행위를 한 자(법인인 경우 그 대표자를 포함한다)나 그 배우자 또는 직계혈족

③ 제1항 및 제2항에도 불구하고 제1항 각 호의 어느 하나 또는 제2항 각 호의 어느 하나에 해당하는 자(이하 "양수인 등"이라 한다)가 양수, 합병 또는 운영 시에 행정제재처분 또는 위반사실을 알지 못하였음을

증명하는 경우에는 그러하지 아니하다.

④ 행정제재처분을 받았거나 그 절차가 진행 중인 자는 보건복지부령으로 정하는 바에 따라 지체 없이 그 사실을 양수인 등에게 알려야 한다.

[본조신설 2013.8.13.]

제7장 재가 및 시설 급여비용 등

제38조(재가 및 시설 급여비용의 청구 및 지급) ① 장기요양기관은 수급자에게 제23조에 따른 재가급여 또는 시설급여를 제공한 경우 공단에 장기요양급여비용을 청구하여야 한다.

② 공단은 제1항에 따라 장기요양기관으로부터 재가 또는 시설 급여비용의 청구를 받은 경우 이를 심사하여 장기요양에 사용된 비용 중 공단부담금(재가 및 시설 급여비용 중 본인일부부담금을 공제한 금액을 말한다)을 당해 장기요양기관에 지급하여야 한다.

③ 공단은 제54조제2항에 따른 장기요양기관의 장기요양급여평가 결과에 따라 장기요양급여비용을 가산 또는 감액조정하여 지급할 수 있다.

④ 제1항부터 제3항까지의 규정에 따른 재가 및 시설 급여비용의 심사기준, 장기요양급여비용의 가감지급의 기준, 청구절차 및 지급방법 등에 관한 사항은 보건복지부령으로 정한다.

제39조(재가 및 시설 급여비용의 산정) ① 재가 및 시설 급여비용은 급여종류 및 장기요양등급 등에 따라 제45조에 따른 장기요양위원회의 심의를 거쳐 보건복지부장관이 정하여 고시한다.

② 보건복지부장관은 제1항에 따라 재가 및 시설 급여비용을 정할 때 대통령령으로 정하는 바에 따라 국가 및 지방자치단체로부터 장기요양기관의 설립비용을 지원받았는지 여부 등을 고려할 수 있다.

③ 제1항에 따른 재가 및 시설 급여비용의 구체적인 산정방법 및 항목 등에 관하여 필요한 사항은 보건복지부령으로 정한다.

제40조(본인일부부담금) ① 재가 및 시설 급여비용은 다음 각 호와 같이 수급자가 부담한다. 다만, 수급자 중 「국민기초생활 보장법」에 따른 수급권자는 그러하지 아니하다.

1. 재가급여: 당해 장기요양급여비용의 100분의 15
2. 시설급여: 당해 장기요양급여비용의 100분의 20

② 다음 각 호의 장기요양급여에 대한 비용은 수급자 본인이 전부 부담한다.

1. 이 법의 규정에 따른 급여의 범위 및 대상에 포함되지 아니하는 장기요양급여
2. 수급자가 제17조 제1항 제2호에 따른 장기요양인정서에 기재된 장기요양급여의 종류 및 내용과 다르게 선택하여 장기요양급여를 받은 경우 그 차액
3. 제28조에 따른 장기요양급여의 월 한도액을 초과하는 장기요양급여

③ 다음 각 호의 어느 하나에 해당하는 자에 대하여는 본인일부부담금의 100분의 50을 감경한다. 〈개정 2009.5.21, 2010.3.17.〉

1. 「의료급여법」 제3조 제1항 제2호부터 제9호까지의 규정에 따른 수급권자
2. 소득·재산 등이 보건복지가족부장관이 정하여 고시하는 일정 금액 이하인 자. 다만, 도서·벽지·농어촌 등의 지역에 거주하는 자에 대하여 따로 금액을 정할 수 있다.
3. 천재지변 등 보건복지가족부령으로 정하는 사유로 인하여 생계가 곤란한 자

④ 제1항부터 제3항까지의 규정에 따른 본인일부부담금의 산정방법, 감경절차 및 감경방법 등에 관하여 필요한 사항은 보건복지가족부령으로 정한다. 〈개정 2009.5.21.〉

제41조(가족 등의 장기요양에 대한 보상) ① 공단은 장기요양급여를 받은 금액의 총액이 보건복지부장관이 정하여 고시하는 금액 이하에 해당하는 수급자가 가족 등으로부터 제23조 제1항 제1호 가목에 따른 방문요양에 상당한 장기요양을 받은 경우 보건복지부령으로 정하는 바에 따라 본인일부부담금의 일부를 감면하거나 이에 갈음하는 조치를 할 수 있다.

② 제1항에 따른 본인일부부담금의 감면방법 등 필요한 사항은 보건복지부령으로 정한다.

제42조(방문간호지시서 발급비용의 산정 등) 제23조 제1항 제1호 다목에 따라 방문간호지시서를 발급하는 데 사용되는 비용, 비용부담방법 및 비용 청구 · 지급절차 등에 관하여 필요한 사항은 보건복지부령으로 정한다.

제43조(부당이득의 징수) ① 공단은 장기요양급여를 받은 자 또는 장기요양급여비용을 받은 자가 다음 각 호의 어느 하나에 해당하는 경우 그 장기요양급여 또는 장기요양급여비용에 상당하는 금액을 징수한다.

1. 제28조의 월 한도액 범위를 초과하여 장기요양급여를 받은 경우
2. 제29조 또는 제30조에 따라 장기요양급여의 제한 등을 받을 자가 장기요양급여를 받은 경우
3. 제37조 제1항 제4호 · 제3항 제3호에 따른 거짓이나 그 밖의 부정한 방법으로 재가 및 시설 급여비용을 청구하여 이를 지급받은 경우
4. 그 밖에 이 법상의 원인 없이 공단으로부터 장기요양급여를 받거나 장기요양급여비용을 지급받은 경우

② 공단은 제1항의 경우 거짓 보고 또는 증명에 의하거나 거짓 진단에 따라 장기요양급여가 제공된 때 거짓의 행위에 관여한 자에 대하여 장기요양급여를 받은 자와 연대하여 제1항에 따른 징수금을 납부하게 할 수 있다.

③ 공단은 제1항의 경우 거짓이나 그 밖의 부정한 방법으로 장기요양급여를 받은 자와 같은 세대에 속한 자(장기요양급여를 받은 자를 부양하고 있거나 다른 법령에 따라 장기요양급여를 받은 자를 부양할 의무가 있는 자를 말한다)에 대하여 거짓이나 그 밖의 부정한 방법으로 장기요양급여를 받은 자와 연대하여 제1항에 따른 징수금을 납부하게 할 수 있다.

④ 공단은 제1항의 경우 장기요양기관이 수급자로부터 거짓이나 그 밖의 부정한 방법으로 장기요양급여비용을 받은 때 당해 장기요양기관으로부터 이를 징수하여 수급자에게 지체 없이 지급하여야 한다.

제44조(구상권) ① 공단은 제3자의 행위로 인한 장기요양급여의 제공사유가 발생하여 수급자에게 장기요양급여를 행한 때 그 급여에 사용된 비용의 한도 안에서 그 제3자에 대한 손해배상의 권리를 얻는다.

② 공단은 제1항의 경우 장기요양급여를 받은 자가 제3자로부터 이미 손해배상을 받은 때 그 손해배상액의 한도 안에서 장기요양급여를 행하지 아니한다.

제 8 장 장기요양위원회

제45조(장기요양위원회의 설치 및 기능) 다

음 각 호의 사항을 심의하기 위하여 보건복지부장관 소속으로 장기요양위원회를 둔다.

1. 제9조 제2항에 따른 장기요양보험료율
2. 제24조부터 제26조까지의 규정에 따른 가족요양비, 특례요양비 및 요양병원간병비의 지급기준
3. 제39조에 따른 재가 및 시설 급여비용
4. 그 밖에 대통령령으로 정하는 주요 사항

제46조(장기요양위원회의 구성) ① 장기요양위원회는 위원장 1인, 부위원장 1인을 포함한 16인 이상 22인 이하의 위원으로 구성한다.

② 위원장이 아닌 위원은 다음 각 호의 자 중에서 보건복지부장관이 임명 또는 위촉한 자로 하고, 각 호에 해당하는 자를 각각 동수로 구성하여야 한다.

1. 근로자단체, 사용자단체, 시민단체(「비영리민간단체 지원법」 제2조에 따른 비영리민간단체를 말한다), 노인단체, 농어업인단체 또는 자영자단체를 대표하는 자
2. 장기요양기관 또는 의료계를 대표하는 자
3. 대통령령으로 정하는 관계 중앙행정기관의 고위공무원단 소속 공무원, 장기요양에 관한 학계 또는 연구계를 대표하는 자, 공단 이사장이 추천하는 자

③ 위원장은 보건복지부차관이 되고, 부위원장은 위원 중에서 위원장이 지명한다.

④ 장기요양위원회 위원의 임기는 3년으로 한다. 다만, 공무원인 위원의 임기는 재임기간으로 한다.

제47조(장기요양위원회의 운영) ① 장기요양위원회 회의는 구성원 과반수의 출석으로 개의하고 출석위원 과반수의 찬성으로 의결한다.

② 장기요양위원회의 효율적 운영을 위하여 분야별로 실무위원회를 둘 수 있다.

③ 이 법에서 정한 것 외에 장기요양위원회의 구성·운영, 그 밖에 필요한 사항은 대통령령으로 정한다.

제 9 장 관리운영기관

제48조(관리운영기관 등) ① 장기요양사업의 관리운영기관은 공단으로 한다.

② 공단은 다음 각 호의 업무를 관장한다. 〈개정 2010.3.17.〉

1. 장기요양보험가입자 및 그 피부양자와 의료급여수급권자의 자격관리
2. 장기요양보험료의 부과·징수
3. 신청인에 대한 조사
4. 등급판정위원회의 운영 및 장기요양등급 판정
5. 장기요양인정서의 작성 및 표준장기요양이용계획서의 제공
6. 장기요양급여의 관리 및 평가
7. 수급자에 대한 정보제공·안내·상담 등 장기요양급여 관련 이용지원에 관한 사항
8. 재가 및 시설 급여비용의 심사 및 지급과 특별현금급여의 지급
9. 장기요양급여 제공내용 확인
10. 장기요양사업에 관한 조사·연구 및 홍보
11. 노인성질환예방사업
12. 이 법에 따른 부당이득금의 부과·징수 등
13. 장기요양급여의 제공기준을 개발하고 장기요양급여비용의 적정성을 검토하기 위한 장기요양기관의 설치 및 운영
14. 그 밖에 장기요양사업과 관련하여 보건복지부장관이 위탁한 업무

③ 공단은 제2항 제13호의 장기요양기관을 설치하는 목적에 필요한 최소한의 범위에서 이를 설치·운영하여야 한다. 〈신설 2010.3.17.〉

④ 「국민건강보험법」 제17조에 따른 공단의 정관은 장기요양사업과 관련하여 다음 각 호의 사항을 포함·기재한다. 〈개정 2010.3.17, 2011.12.31.〉

1. 장기요양보험료
2. 장기요양급여
3. 장기요양사업에 관한 예산 및 결산
4. 그 밖에 대통령령으로 정하는 사항

제49조(공단의 장기요양사업 조직 등) 공단은 「국민건강보험법」 제29조에 따라 공단의 조직 등에 관한 규정을 정할 때 장기요양사업을 수행하기 위하여 두는 조직 등을 건강보험사업을 수행하는 조직 등과 구분하여 따로 두어야 한다. 다만, 제48조 제2항 제1호 및 제2호의 자격관리와 보험료 부과·징수업무는 그러하지 아니하다. 〈개정 2011.12.31.〉

제50조(장기요양사업의 회계) ① 공단은 장기요양사업에 대하여 독립회계를 설치·운영하여야 한다.

② 공단은 장기요양사업 중 장기요양보험료를 재원으로 하는 사업과 국가·지방자치단체의 부담금을 재원으로 하는 사업의 재정을 구분하여 운영하여야 한다. 다만, 관리운영에 필요한 재정은 구분하여 운영하지 아니할 수 있다.

제51조(권한의 위임 등에 관한 준용) 「국민건강보험법」 제32조 및 제38조는 이 법에 따른 이사장의 권한의 위임 및 준비금에 관하여 준용한다. 이 경우 "보험급여"는 "장기요양급여"로 본다. 〈개정 2011.12.31.〉

제52조(등급판정위원회의 설치) ① 장기요양인정 및 장기요양등급 판정 등을 심의하기 위하여 공단에 장기요양등급판정위원회를 둔다.

② 등급판정위원회는 특별자치시·특별자치도·시·군·구 단위로 설치한다. 다만, 인구 수 등을 고려하여 하나의 특별자치시·특별자치도·시·군·구에 2 이상의 등급판정위원회를 설치하거나 2 이상의 특별자치시·특별자치도·시·군·구를 통합하여 하나의 등급판정위원회를 설치할 수 있다. 〈개정 2013.8.13.〉

③ 등급판정위원회는 위원장 1인을 포함하여 15인의 위원으로 구성한다.

④ 등급판정위원회 위원은 다음 각 호의 자 중에서 공단 이사장이 위촉한다. 이 경우 특별자치시장·특별자치도지사·시장·군수·구청장이 추천한 위원은 7인, 의사 또는 한의사가 1인 이상 각각 포함되어야 한다. 〈개정 2013.8.13.〉

1. 「의료법」에 따른 의료인
2. 「사회복지사업법」에 따른 사회복지사
3. 특별자치시·특별자치도·시·군·구 소속 공무원
4. 그 밖에 법학 또는 장기요양에 관한 학식과 경험이 풍부한 자

⑤ 등급판정위원회 위원의 임기는 3년으로 한다. 다만, 공무원인 위원의 임기는 재임기간으로 한다.

제53조(등급판정위원회의 운영) ① 등급판정위원회 위원장은 위원 중에서 특별자치시장·특별자치도지사·시장·군수·구청장이 위촉한다. 이 경우 제52조 제2항 단서에 따라 2 이상의 특별자치시·특별자치도·시·군·구를 통합하여 하나의 등급판정위원회를 설치하는 때 해당 특별자치시장·특별자치도지사·시장·군수·구

청장이 공동으로 위촉한다. 〈개정 2013. 8.13.〉

② 등급판정위원회 회의는 구성원 과반수의 출석으로 개의하고 출석위원 과반수의 찬성으로 의결한다.

③ 이 법에 정한 것 외에 등급판정위원회의 구성·운영, 그 밖에 필요한 사항은 대통령령으로 정한다.

제54조(장기요양급여의 관리·평가) ① 공단은 장기요양기관이 제공하는 장기요양급여 내용을 지속적으로 관리·평가하여 장기요양급여의 수준이 향상되도록 노력하여야 한다.

② 공단은 장기요양기관이 제23조 제3항에 따른 장기요양급여의 제공 기준·절차·방법 등에 따라 적정하게 장기요양급여를 제공하였는지를 평가한 후 그 결과를 공개하는 등 필요한 조치를 할 수 있다.

③ 제2항에 따른 장기요양급여 제공내용의 평가 방법 및 평가 결과의 공개 방법, 그 밖에 필요한 사항은 보건복지부령으로 정한다.

제10장 이의신청 및 심사청구

제55조(이의신청) ① 장기요양인정·장기요양등급·장기요양급여·부당이득·장기요양급여비용 또는 장기요양보험료 등에 관한 공단의 처분에 이의가 있는 자는 공단에 이의신청을 할 수 있다.

② 제1항에 따른 이의신청은 처분이 있은 날부터 90일 이내에 문서로 하여야 한다. 다만, 정당한 사유로 본문의 기간 이내에 이의신청을 할 수 없었음을 소명한 때는 그러하지 아니하다.

③ 공단은 장기요양심사위원회를 구성하여 제1항에 따른 이의신청사건을 심의하게 하여야 한다.

④ 제3항에 따른 장기요양심사위원회의 구성·운영 및 위원의 임기, 그 밖에 필요한 사항은 대통령령으로 정한다.

제56조(심사청구) ① 제55조에 따른 이의신청에 대한 결정에 불복하는 자는 결정처분을 받은 날부터 90일 이내에 장기요양심판위원회(이하 "심판위원회"라 한다)에 심사청구를 할 수 있다.

② 심판위원회는 보건복지부장관 소속으로 두고, 위원장 1인을 포함한 20인 이내의 위원으로 구성한다.

③ 심판위원회의 위원은 관계 공무원, 법학, 그 밖에 장기요양사업 분야의 학식과 경험이 풍부한 자 중에서 보건복지부장관이 임명 또는 위촉한다.

④ 심판위원회의 구성·운영 및 위원의 임기, 그 밖에 필요한 사항은 대통령령으로 정한다.

제57조(행정소송) 공단의 처분에 이의가 있는 자와 제55조에 따른 이의신청 또는 제56조에 따른 심사청구에 대한 결정에 불복하는 자는 「행정소송법」으로 정하는 바에 따라 행정소송을 제기할 수 있다.

제11장 보 칙

제58조(국가의 부담) ① 국가는 매년 예산의 범위 안에서 당해 연도 장기요양보험료 예상수입액의 100분의 20에 상당하는 금액을 공단에 지원한다.

② 국가와 지방자치단체는 대통령령으로 정하는 바에 따라 의료급여수급권자의 장기요양급여비용, 의사소견서 발급비용, 방문간호지시서 발급비용 중 공단이 부담하여야 할 비용(제40조 제1항 단서 및 제3항

제1호에 따라 면제 및 감경됨으로 인하여 공단이 부담하게 되는 비용을 포함한다) 및 관리운영비의 전액을 부담한다.

③ 제2항에 따라 지방자치단체가 부담하는 금액은 보건복지부령으로 정하는 바에 따라 특별시·광역시·특별자치시·도·특별자치도와 시·군·구가 분담한다. 〈개정 2013.8.13.〉

④ 제2항 및 제3항에 따른 지방자치단체의 부담액 부과, 징수 및 재원관리, 그 밖에 필요한 사항은 대통령령으로 정한다.

제59조(전자문서의 사용) ① 장기요양사업에 관련된 각종 서류의 기록, 관리 및 보관은 보건복지부령으로 정하는 바에 따라 전자문서로 한다. 〈개정 2013.8.13.〉

② 공단 및 장기요양기관은 장기요양기관의 지정신청, 재가·시설 급여비용의 청구 및 지급 등에 대하여 전산매체 또는 전자문서교환방식을 이용하여야 한다.

③ 제1항 및 제2항에도 불구하고 정보통신망 및 정보통신 서비스 시설이 열악한 지역 등 보건복지부장관이 정하는 지역의 경우 전자문서·전산매체 또는 전자문서교환방식을 이용하지 아니할 수 있다.

제60조(자료의 제출 등) ① 공단은 장기요양급여 제공내용 확인, 장기요양급여의 관리·평가 및 장기요양보험료 산정 등 장기요양사업 수행에 필요하다고 인정할 때 다음 각 호의 어느 하나에 해당하는 자에게 자료의 제출을 요구할 수 있다.

1. 장기요양보험가입자 또는 그 피부양자 및 의료급여수급권자
2. 수급자 및 장기요양기관

② 제1항에 따라 자료의 제출을 요구받은 자는 성실히 이에 응하여야 한다.

제61조(보고 및 검사) ① 보건복지부장관 또는 특별자치시장·특별자치도지사·시장·군수·구청장은 다음 각 호의 어느 하나에 해당하는 자에게 보수·소득이나 그 밖에 보건복지부령으로 정하는 사항의 보고 또는 자료의 제출을 명하거나 소속 공무원으로 하여금 관계인에게 질문을 하게 하거나 관계 서류를 검사하게 할 수 있다. 〈개정 2013.8.13.〉

1. 장기요양보험가입자
2. 피부양자
3. 의료급여수급권자

② 보건복지부장관 또는 특별자치시장·특별자치도지사·시장·군수·구청장은 다음 각 호의 어느 하나에 해당하는 자에게 장기요양급여의 제공 명세 등 장기요양급여에 관련된 자료의 제출을 명하거나 소속 공무원으로 하여금 관계인에게 질문을 하게 하거나 관계 서류를 검사하게 할 수 있다. 〈개정 2013.8.13.〉

1. 장기요양기관
2. 장기요양급여를 받은 자

③ 제1항 및 제2항의 경우에 소속 공무원은 그 권한을 표시하는 증표를 지니고 이를 관계인에게 내보여야 한다.

제62조(비밀누설금지) 다음 각 호에 해당하는 자는 업무수행 중 알게 된 비밀을 누설하여서는 아니 된다. 〈개정 2013.8.13.〉

1. 특별자치시·특별자치도·시·군·구, 공단, 등급판정위원회 및 장기요양기관에 종사하고 있거나 종사한 자
2. 제24조부터 제26조까지의 규정에 따른 가족요양비·특례요양비 및 요양병원간병비와 관련된 급여를 제공한 자

제63조(청문) 특별자치시장·특별자치도지사·시장·군수·구청장은 다음 각 호의 어느 하나에 해당하는 처분 또는 공표를 하

려는 경우에는 청문을 하여야 한다.

1. 제37조 제1항에 따른 장기요양기관 지정취소 또는 업무정지명령

2. 제37조 제3항에 따른 재가장기요양기관 폐쇄명령 또는 업무정지명령

3. 제37조의3에 따른 위반사실 등의 공표

[전문개정 2013.8.13.]

제64조(시효 등에 관한 준용) 「국민건강보험법」 제91조, 제92조, 제96조, 제103조, 제104조, 제107조, 제111조 및 제112조는 시효, 기간의 계산, 자료의 제공, 공단 등에 대한 감독, 권한의 위임 및 위탁, 업무의 위탁, 단수처리 등에 관하여 준용한다. 이 경우 "보험료"를 "장기요양보험료"로, "보험급여"를 "장기요양급여"로, "요양기관"을 "장기요양기관"으로, "건강보험사업"을 "장기요양사업"으로 본다. 〈개정 2011.12.31.〉

제65조(다른 법률에 따른 소득 등의 의제금지) 이 법에 따른 장기요양급여로 지급된 현금 등은 「국민기초생활 보장법」 제2조 제8호 및 제9호의 소득 또는 재산으로 보지 아니한다.

제66조(수급권의 보호) 장기요양급여를 받을 권리는 양도 또는 압류하거나 담보로 제공할 수 없다.

제 12 장 벌 칙

제67조(벌칙) ① 다음 각 호의 어느 하나에 해당하는 자는 2년 이하의 징역 또는 2천만 원 이하의 벌금에 처한다.

1. 제31조를 위반하여 지정받지 아니하고 장기요양기관을 설치·운영하거나 거짓이나 그 밖의 부정한 방법으로 지정받은 자

2. 제32조를 위반하여 신고하지 아니하고 재가장기요양기관을 설치·운영하거나 거짓이나 그 밖의 부정한 방법으로 신고한 자

3. 제35조 제5항을 위반하여 본인일부부담금을 면제 또는 감경하는 행위를 한 자

4. 제35조 제6항을 위반하여 수급자를 소개, 알선 또는 유인하는 행위를 하거나 이를 조장한 자

5. 제62조를 위반하여 업무수행 중 알게 된 비밀을 누설한 자

② 다음 각 호의 어느 하나에 해당하는 자는 1년 이하의 징역 또는 1천만 원 이하의 벌금에 처한다.

1. 제35조 제1항을 위반하여 정당한 사유 없이 장기요양급여의 제공을 거부한 자

2. 거짓이나 그 밖의 부정한 방법으로 장기요양급여를 받거나 다른 사람으로 하여금 장기요양급여를 받게 한 자

[전문개정 2013.8.13.]

제68조(양벌규정) 법인의 대표자, 법인이나 개인의 대리인·사용인 및 그 밖의 종사자가 그 법인 또는 개인의 업무에 관하여 제67조에 해당하는 위반행위를 한 때에는 그 행위자를 벌하는 외에 그 법인 또는 개인에 대하여도 해당 조의 벌금형을 과한다. 다만, 법인 또는 개인이 그 위반행위를 방지하기 위하여 해당 업무에 관하여 상당한 주의와 감독을 게을리하지 아니한 경우에는 그러하지 아니하다. 〈개정 2010.3.17.〉

제69조(과태료) ① 정당한 사유 없이 다음 각 호의 어느 하나에 해당하는 자에게는 500만 원 이하의 과태료를 부과한다. 〈개정 2010.3.17, 2013.8.13.〉

1. 삭제 〈2013.8.13.〉

2. 제33조를 위반하여 신고하지 아니하거나 거짓이나 그 밖의 부정한 방법으로 신고한 자

2의2. 제34조를 위반하여 장기요양기관에 관

한 정보를 게시하지 아니하거나 거짓으로 게시한 자

2의3. 제35조 제3항을 위반하여 수급자에게 장기요양급여비용에 대한 명세서를 교부하지 아니하거나 거짓으로 교부한 자

3. 제35조 제4항을 위반하여 장기요양급여제공 자료를 기록·관리하지 아니한 사람

4. 제36조 제1항 또는 제5항을 위반하여 폐업·휴업 신고 또는 자료이관을 하지 아니하거나 거짓이나 그 밖의 부정한 방법으로 신고한 자

4의2. 제37조의4 제4항을 위반하여 행정제재처분을 받았거나 그 절차가 진행 중인 사실을 양수인등에게 지체 없이 알리지 아니한 자

5. 삭제 〈2013.8.13.〉

6. 거짓이나 그 밖의 부정한 방법으로 수급자에게 장기요양급여비용을 부담하게 한 자

7. 제60조 또는 제61조에 따른 보고 또는 자료제출 요구·명령에 따르지 아니하거나 거짓으로 보고 또는 자료제출을 한 자나 질문 또는 검사를 거부·방해 또는 기피하거나 거짓으로 답변한 자

② 제1항에 따른 과태료는 대통령령으로 정하는 바에 따라 관할 특별자치시장·특별자치도지사·시장·군수·구청장이 부과·징수한다. 〈신설 2013.8.13.〉

제70조 삭제 〈2013.8.13.〉

부칙 〈법률 제12067호, 2013. 8. 13.〉

제1조(시행일) 이 법은 공포 후 6개월이 경과한 날부터 시행한다.

제2조(과징금에 관한 적용례) 제37조의2의 개정규정은 이 법 시행 후 최초의 위반행위부터 적용한다.

제3조(위반사실 등의 공표에 관한 적용례) 제37조의3의 개정규정은 이 법 시행 후 최초의 위반행위부터 적용한다.

제4조(행정제재처분 효과의 승계에 관한 적용례) 제37조의4의 개정규정은 이 법 시행 후 최초의 위반행위에 대한 처분부터 적용한다.

제5조(행정처분 등에 관한 경과조치) 제37조의 개정규정에도 불구하고 이 법 시행 전의 위반행위에 대한 행정처분의 적용과 지정 및 신고의 제한은 종전의 규정에 따른다.

제6조(벌칙 및 과태료에 관한 경과조치) 이 법 시행 전의 위반행위에 대하여 벌칙 및 과태료를 적용할 때에는 종전의 규정에 따른다.

참고문헌

국내 문헌

권중돈(2007). 노인복지론(2판). 학지사.

국민건강보험공단(2014). 2013년 노인장기요양통계연보.

김복순(2014). "65세 이상 노인 인구의 고용구조 및 소득." 한국노동연구원. 월간노동리뷰. 10월호(특집).

김상균 외 8인(2013). 사회복지개론. 나남.

김용현(2009). "PSD(의존특별수당) 도입으로 본 프랑스 노인복지정책의 변화: 복지정책에서 보건정책으로." 사회복지정책. 36(3). 한국사회복지정책연구원.

김윤진(2008). 노인장기요양보험에 대한 요양보호사의 인식과 직무만족도에 관한 연구. 원광대학교 대학원. 박사학위논문.

김정헌(2003). 복지행정론. 대명.

김정휘(1990). 노인심리학(역). 성원사.

대한민국정부(2008). 저출산·고령사회기본계획(보완판 최종).

―――――(2015). 제2차 저출산·고령사회기본계획: 고령사회분야 보완판.

대한적십자사(2006). 노인건강교육.

모종린(2013). 이민강국. 한국학술정보(주).

박경일 외 7인(2005). 사회복지학 강의. 양서원.

박광덕(1998). 현대사회복지정책론. 박영사.

박동자(2012). "외국의 장기요양보험제도(1): 독일." 선우덕 외 15인. 최신장기요양보험제도: 현황과 과제. 노인연구정보센터.

박차상 외 5인(2008). 한국 노인복지학. 학지사.
박혜미(2014). "프랑스 개인별자립성수당(APA)의 개념적 배경과 서비스 전달에 대한 연구." 한국공공관리학보. 28(3). 한국공공관리학회.
보건복지가족부(2002). 마드리드 고령화국제행동계획.
보건복지부(2009). 2010 노인복지사업 안내.
―――――(2010. 10. 26). 보도자료: 저출산·고령사회 본격 대비를 위한 제2차 기본계획 확정.
―――――(2014). 2014년 노인실태조사 보고서.
보건사회연구원(2001). 노인요양보험제도의 도입 방안에 관한 연구.
보험연구원(2010). 저출산·고령화와 금융역할. 컨퍼런스.
서울시(2012. 9. 6). 노인 등 대체명칭 공모결과.
선우덕(2012). "노인장기요양보장제도의 개요." 선우덕 외 15인. 최신장기요양보험제도: 현황과 과제. 노인연구정보센터.
성규탁(1985). 사회복지행정조직론(역). 박영사.
신재명(2011). "요양보호사 직무향상을 위한 정책 제언." 한국요양보호사중앙회. 요양보호사 직무향상을 위한 정책토론회.
아시아경제(2015). "국회법 개정 무엇이 '문제'이고 '왜' 난리인가?" 2015. 6. 28.
윤철수 외 8인(2008). 사회복지개론. 학지사.
이계택(1994). 복지행정학강의. 나남출판사.
이광재(2007). 노인장기요양보험제도의 이해. 공동체.
―――(2012). 노인장기요양보험법 총론. 공동체.
이소원(2002). 노인대상 방송프로그램 분석.
이윤숙(1983). "노인과 성(성과 문화)." 현대사회와 노인복지. 아산사회복지사업재단.
인구보건복지협회(2014). 유엔인구기금(UNFPA): 2014세계인구현황보고서(한국어판).
임연옥(2010). "노화에 대한 이해." 한림대학교 고령사회연구소. 고령사회의 이해. 川化.
임효연(2012). "장기요양서비스 이용지원체제." 선우덕 외 15인. 최신장기요양보험제도: 현황과 과제. 노인연구정보센터.
장미혜(2013). "여성노인의 생활실태와 빈곤해소 방안." 보건복지포럼. 2013. 12.
장병원(2009). 일본노인장기요양정책: 개호보험제도 심층분석. 양서원.
장성태(2002). 고령화사회의 노인문제와 교회의 역할.
장인협·최성재(1987). 노인복지학. 서울대학교 출판부.
정경희 외(2005). 정책보고서05-3: 2004년도 전국노인생활실태 및 복지욕구조사. 한국보건사회연구원.
정재욱(1995). "복지정책으로써의 도시저소득계층을 위한 주택확대방안에 관한 연구." 창원대학교. 사회과학연구(1).
———(2001). “일본의 복지행정기초구조의 개혁배경과 방향 고찰.” 한국사회과학회. 사회과학연구. 창간호.
———(2005). “일본의 사회복지체제에 있어서의 사회복지서비스에 대한 이용지원체제의 구조와 특징에 관한 연구.” 한국사회복지학. 57(1). 한국사회복지학회.
———(2006a). 일본 사회복지제도의 개혁과 시사점. 대왕사.
———(2006b). “일본의 개호보험제도체제상의 개호지원전문원제도의 구조와 특징.” 한국사회복지학. 58(1). 한국사회복지학회.
———(2009a). “한・일 노인장기요양보험제도의 운영구조의 특징에 관한 연구.” 지역발전연구. 8(2).
———(2009b). “노인장기요양보험제도의 도입과정과 제도적 특징에 관한 연구.” 창원대학교. 사회과학연구 16.
———(2009c). “일본 노인복지제도의 제도화과정 및 개정개호보험제도의 구조적 특징 고찰.” 창원대학교. 종합연구원논문집(1).
———(2010). “한국장기요양보험제도의 운영구조의 특징 및 함의.” 2010한국사회복지학회춘계학술대회. 별책.
———(2011). “노인복지.” 현외성 외 12인. 사회복지학의 이해. 양서원.
———(2012). “일본의 사례관리.” 현외성 외 8인. 사회복지 사례관리론. 공동체.
———(2013). “최근 일본개호보험제도의 개혁방향과 특징.” 창원대학교. 창원대논문집(2).
중앙일보. 2005. 5. 20.
최옥채 외 3인(2007). 인간행동과 사회환경.
최일섭・최재성(1996). 사회문제와 사회복지. 나남.
통계청(2007). 고령자 통계.
———(2009). 2009 고령자 통계.
———(2011). 장래인구추계.
———(2014). 2013출생통계: 국가승인통계 제101013호.
하상락(1997). 한국사회복지사론. 박영사.
한국경제연구원(2015). 인구・가구 특성의 변화가 소득분배 구조에 미치는 영향 분석(보고서).
한국노동연구원(2014). 월간노동리뷰.
한국여성정책연구원(2012). 2012노인안전실태조사.
한림대학교(2010). 고령사회의 이해. 천화.
현외성(2010). 노인복지학신론. 양서원.
———(2012). 사회복지정책강론. 양서원.
현외성 외 4명(1998). 노인상담 이론과 실제.

현외성 외 12인(2011). 사회복지학의 이해. 양서원.
홍백의(2005). "우리나라 노인빈곤의 원인에 관한 연구." 한국사회복지학회지. 57(4). 한국사회복지학회.

국외 문헌

中央法規出版編集部(2014). 改正介護保険制度のポイント: 平成27年からの介護保険制度はこう変わる. 中央法規.
福祉士養性講座編輯委員會(2001). 社會福祉原論.
福祉士養性講座編集委員會(2004). 老人福祉論. 中央法規.
福祉士養成講座編集委員會(2007). 老人福祉論. 中央法規.
藤本健太郎(2014). "ドイツの介護保険." 増田雅暢(編著). 世界の介護保険(第2版). 法律文化社.
増田雅暢(2008). "日本ドイツ韓國の介護保険制度の比較考察." 上智大學社會福祉研究. 第32号.
増田雅暢(2014). "高齢者介護保険保障システムの基本的視点." 増田雅暢(編著). 世界の介護保険(第2版). 法律文化社.
市川禮子(1993). 生きてる感じや: 喜樂苑がめざすノーマライゼーション. 自治体研究社.
永和良之助 外 2人(2011). 高齢者福祉論. ミネルバ書房.
內閣府(2010). 少子化社會に關する國際意識調査
長谷憲明(2015). "介護保険の動向と實際例." 東京都福祉保健財団. 福ナビ.
仲村優一・秋山智久(2001). 社會福祉概論. ミネルバ書房.
直井道子・中野いく子(2010). よくやかる高齢者福祉. ミネルバ書房.
日本厚生勞働省(2014). 人口動態統計特殊報告.
那須宗一(1989). 老年學事典. ミネルバ書房.
小笠原裕次(2001). 老人福祉論. ミネルバ書房.
大山　博・武川正吾(1991). 社會政策と社會行政. 法律文化社.
社會福祉士養性講座編集委員會(2015). 高齢者に對する支援と介護保険制度. 中央法規.
白澤政和(2000). ケアマネジメント概論. 中央法規.
白澤政和(2003). ケアマネジャー養成テキストブック. 中央法規.
總務廳長官官房高齢社會對策室(1997). 數字で見る高齢社會1997.
東京大學出版會(1990). 住宅政策と社會保障.
全國社會福祉協議會(2001). 社會福祉概論.
全國社會福祉協議會(2006). 老人福祉論.
全國社會福祉協議會(2012). 老人福祉論. 全社協.
鄭載旭(2006). "韓國の老人スバル保険制度の導入とその構造的特徵." 大阪市立大學. 生活科學

研究誌(5).

———(2007). "日本の介護保険制度の構造的特徵と示唆点." 訪日學術研究者論文集. 第十三劵.

———(2007). "介護支援專門員における業務ストレスとケアマネジメント實踐との關係に關する考察." 昌原大. 社會科學研究. 15.

———(2008). "機關支援の媒介機能を中心とする介護支援專門員の業務環境と業務効果性との關係の考察." 昌原大. 社會科學研究. 15.

鄭載旭 外 1人(2007). "介護保険制度としての韓國のスバル保険制度の內容と構造に關する一考察." 海外社會保障研究. 158. 國立社會保障・人口問題研究所.

Beaver, M. L.(1983). *Human Service Practice with the Elderly*. Englewood Cliffs, N. J.: Prentice-Hall.

Breen, L. B.(1960). "The Aging Individual." *In Handbook of Social Gerontology*. Chicago. University of Chicago Press.

Cowgil, D. O. & Holmes, L. D.(1972). *Aging and Modernization*. New York: Appleton-century-crofts.

Hasenfeld. Y.(1983). *Human Service Organization*. Englewood Cliffs, N. J.: Prentice-Hall.

International Conference of Gerontology(1951). *Report on the 2nd International Conference of Gerontology*.

U. N.(2010). *World Population Prospects: The 2010 Reviews*.

——(2012). *World Population Prospects: The 2012 Revision*; 內閣府(2014). 平成25年版高齢社會白書.

——(2013). *World Population Prospects: The 2012 Revision*.

http://unstats.un.org/unsd/demographic/products/dyb/dybsets/2013.pdf.

http://www.unfpa.or.jp/issues/glossary/glossary-KA.html.

찾아보기

ㄴ

ㄷ

ㄹ

ㅁ

ㅂ

ㅅ

ㅈ

ㅊ

ㅋ

ㅌ

ㅍ

ㅎ

정재욱

〈학력 및 주요 경력〉

- 중앙대학교 법과대학 행정학과(행정학사)
- 중앙대학교 대학원(행정학 석사)
- 중앙대학교 대학원(행정학 박사)
- 고려대학교 대학원(사회복지학 박사학위과정 휴학)
- 東京大學(객원연구원2회), 大阪市立大學(객원교수2회), 横浜国立大学(객원교수1회)
- 한국사회복지학회 한 · 일분과위원회(위원)
- 일한문화교류기금수령
- 한국요양보호사중앙회(자문위원)
- 창원대학교 사회과학대학(장) 및 전국행정대학원협의회(의장)
- 일본노년사회과학회(회원)
- 창원대학교 행정학과 및 사회복지대학원(교수)

〈주요 저서 및 논문〉

- "민원행정의 효율적인 처리 방안 모색." 한국행정학회보. 24권. 1994.
- "지방정부에 대한 이론적 접근과 통합모형의 향성." 한국지방자치학회보. 8호. 1998.
- "일본 개호보험제도체제상의 개호지원전문원제도의 구조와 특징." 한국사회복지학. 58(1). 한국사회복지학회. 2006.
- "한국장기요양보험제도의 운영구조의 특징 및 함의." 한국사회복지학회 2010 춘계학술대회발표. 2010.
- "자활근로자사업 참여자의 참여효과성 영향요인 분석." 지역발전연구11(1). 한국지역발전학회. 2011.
- 「일본사회복지제도의 개혁과 시사점」. 대왕사. 2006.
- 「사회복지사례관리론」. 현외성 외 8인. 공동체. 2012.
- "介護保険制度としての韓国のスバル保険制度の内容と構造に関する一考察." 海外社会保障研究. 158. 國立社會保障 · 人口問題研究所. 2007.
- "日本の介護保険制度の構造的特徴と示唆点." 訪日學術研究者論文集. 13. 2007.
- "Operating Structure and Implications of Public Long-Term Care System for the Elderly(PLCIS) in Korea." *3rd International Conference on the Cultural Aging Initiative*. East Rock Institute and Yale School of Nursing. 2013.

고령시대와
노인장기요양보험제도
-한국·일본·독일을 중심으로-

펴낸날 제1판 제1쇄 2015년 7월 10일
지은이 정재욱
펴낸이 임춘환
펴낸곳 도서출판 대영문화사
주소 서울특별시 용산구 청파로 61길 5(청파동 1가) 제일빌딩 2층
등록 1975년 12월 26일 제3-16호
전화 (02)716-3883, (02)714-3062
팩스 (02)703-3839
홈페이지 http://www.dymbook.co.kr

ISBN 978-89-7644-529-2
값 16,000원